Unterrichtssequenzen Hauswirtschaftlich-sozialer Bereich

Verantwortliches Handeln im integrativen Hauswirtschaftsunterricht

7. Jahrgangsstufe

Band 1

Erarbeitet von Christa Troll, Heidi Klapfenberger, Sabine Seiwald, Andrea Höck, Evi Günther

Illustrationen: Cartoonstudio Meder

Auer Verlag GmbH

Verwendete Abkürzungen:

AWT: Arbeit-Wirtschaft-Technik
EL: Esslöffel
GMA: Garmachungsart
GR: Grundrezept
GtB: Gewerblich-technischer Bereich
HsB: Hauswirtschaftlich-sozialer Bereich
KtB: Kommunikationstechnischer Bereich
LZ: Lernziel
M: Mittlere-Reife-Zug
Min.: Minuten
Msp.: Messerspitze
PAA: Praktische Arbeitsaufgabe
R: Regelklasse
TKK: Tiefkühlkost
TL: Teelöffel
UE: Unterrichtseinheit
VT: Vorbereitungstechnik/Verarbeitungstechnik
WTG: Werken/Textiles Gestalten

Gedruckt auf umweltbewusst gefertigtem, chlorfrei gebleichtem
und alterungsbeständigem Papier.

4. überarbeitete und aktualisierte Auflage. 2006
© by Auer Verlag GmbH, Donauwörth
Alle Rechte vorbehalten
Das Werk und seine Teile sind urheberrechtlich geschützt. Jede Nutzung in anderen als den gesetzlich zugelassenen Fällen bedarf der vorherigen schriftlichen Einwilligung des Verlages.
Hinweis zu § 52 a UrhG: Weder das Werk noch seine Teile dürfen ohne eine solche Einwilligung eingescant und in ein Netzwerk eingestellt werden. Dies gilt auch für Intranets von Schulen und sonstigen Bildungseinrichtungen.
Gesamtherstellung: Ludwig Auer GmbH, Donauwörth
ISBN 978-3-403-0**2938**-0
ISBN 3-403-0**2938**-7

www.auer-verlag.de

Inhalt

Vorüberlegungen 4

Der Lehrplan 5
Übersicht 5
Lernfeld Arbeit-Wirtschaft-Technik 6

Klassengebundener Lehrplan für die 7. Jahrgangsstufe, Hauswirtschaftlich-sozialer Bereich   7
Praktische Anmerkungen zum klassengebundenen Lehrplan 7
Klassengebundener Lehrplan für die 7. Jahrgangsstufe, HsB mit fächerübergreifenden Hinweisen 8

Realisierung des klassengebundenen Lehrplans 14
Praktische Tipps zum Einsatz der Unterrichtsmaterialien 14

Unterrichtssequenzen für die 7. Jahrgangsstufe 15
Nur gemeinsam sind wir stark! 15
Plane deinen Arbeitsplatz! 20
Spülen mit Köpfchen! 25
Wir bedienen den Herd fachgerecht 28
Wir garen im Backofen 35
Müll – (k)ein Problem? 40
Mülltrennung – ein Muss! 47
Müllvermeidung – der bessere Weg! 54
Tischkultur 57
Wir arbeiten und feiern mit Kindern 64
Gesundheitsbewusste Ernährung 71
Bausteine des Lebens – Vitamine und Mineralstoffe 76
Den Vitamin- und Mineralstoffkillern auf der Spur 84
Sparen Kräuter und Gewürze Salz? 90
Wasser ist lebensnotwendig 96
Fett ist nicht gleich Fett 102
Dem Fett auf der Spur 108
Zucker auf dem Prüfstand 113
Sind Ballaststoffe wirklich Ballast? 119
Eiweiß – Nahrung für Muskeln und Hirn 125
Auswertung der Ernährungsprotokolle 133
Einkauf von Obst und Gemüse 142
Achte auf das Etikett! 147
Küche aus anderen Ländern: Der Mexiko-Trend 153
Fächerübergreifendes Projekt 157

Rezeptverzeichnis 167

Vorüberlegungen

Die Intention dieser Reihe ist es, Ihnen die tägliche Unterrichtsvorbereitung zu erleichtern. Deshalb finden Sie im vorliegenden Band 1 ab S. 8 einen aktuellen klassengebundenen Lehrplan vor. Die angegebenen 27 Unterrichtseinheiten können aus dem Angebot dieses Bandes zu Unterrichtssequenzen zusammengestellt werden, die den Stoff der gesamten 7. Jahrgangsstufe im Hauswirtschaftlich-sozialen Bereich abdecken. Die Zusammenstellung der Unterrichtseinheiten zu Sequenzen sollte jede Lehrkraft nach den individuellen Gegebenheiten ihrer Klasse selbst vornehmen. So könnte z. B. eine Sequenz zum Thema „Umweltbewusstsein" aus den Unterrichtseinheiten 6, 7 und 8 zusammengestellt werden.

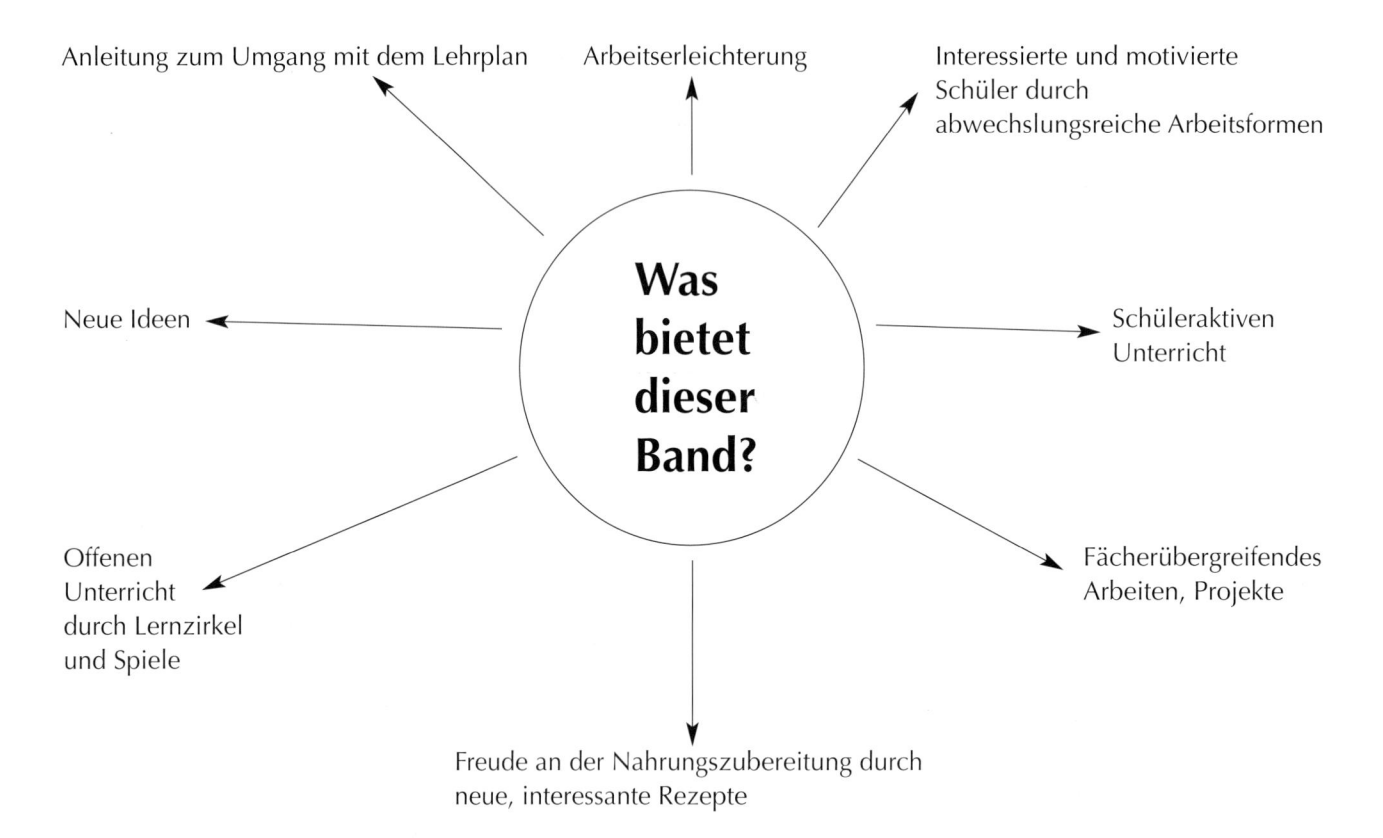

Was bietet dieser Band?

- Anleitung zum Umgang mit dem Lehrplan
- Arbeitserleichterung
- Interessierte und motivierte Schüler durch abwechslungsreiche Arbeitsformen
- Neue Ideen
- Schüleraktiven Unterricht
- Offenen Unterricht durch Lernzirkel und Spiele
- Fächerübergreifendes Arbeiten, Projekte
- Freude an der Nahrungszubereitung durch neue, interessante Rezepte

Ergänzend zum vorliegenden Band ist im Auer Verlag das Buch „Unterrichtssequenzen Hauswirtschaftlich-sozialer Bereich, 7. Jahrgangsstufe, Band 2" (Best.-Nr. **4329**) erschienen. Es enthält 11 neue Unterrichtseinheiten mit variierter Schwerpunktsetzung, die in Kombination mit Band 1 wiederum zu einem klassengebundenen Lehrplan zusammengestellt werden können. Zudem ergänzt es den vorliegenden Band u. a. durch Materialien zum Lernen mit dem Computer und zum Bereich „Aktuelle Entwicklungen".

Der Lehrplan

Übersicht

Gesellschaftliche Ziele:
- Menschenwürde
- Frieden
- Freiheitliche Ordnung
- Deutschland, Europa, Welt
- Interkulturelle Erziehung
- Umwelt

Auftrag der Hauptschule
Kapitel I

Persönliche Ziele:
- Gesundheit
- Sexualität, Partnerschaft, Familie
- Verbrauchererziehung
- Freizeit
- Medien
- Verkehrs- und Sicherheitserziehung

HsB, 7. Jahrgangsstufe
Übersicht über die Lernbereiche
Kapitel II und III

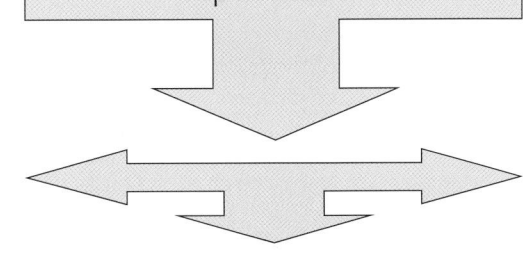

Aktuelle Entwicklungen/ Tendenzen/Trends im Haushalt

Lernbereich 5:
Aktuelle Informationen wahrnehmen

Soziales Handeln im Bezugsrahmen des Haushalts

Lernbereich 6:
Soziale Verhaltensweisen in der Teamarbeit und in Betreuungssituationen

Lernbereich 7:
Pflege von Esskultur als Lebensstil

Haushalten/Ernähren

Lernbereich 1: Planen und Beschaffen
Lernbereich 2: Gesunderhalten und Ernähren
Lernbereich 3: Lebensmittel auswählen und verarbeiten
Lernbereich 4: Technische Hilfen im Haushalt nutzen

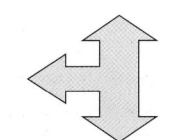

Nutzen des Computers zur Informationsbeschaffung und -verarbeitung

Lernbereich 8:
Einsatz des Computers zur Informationsbeschaffung

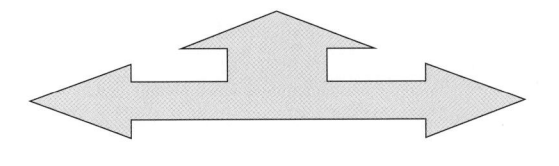

Projekt

Lernbereich 9:
Schüler arbeiten und wirtschaften für einen Markt

Arbeit-Wirtschaft-Technik (Leitfach), Kommunikationstechnischer Bereich

Nach: Lehrplan für die Hauptschule

Lernfeld Arbeit-Wirtschaft-Technik

Fächerübergreifender Unterricht und fachliche Kooperation sind wichtige Bestandteile des alltäglichen Unterrichts, da komplexe Lerninhalte meist nicht in einem einzelnen Fach vermittelt werden können. Die Lehrplaneinheit 7.9 „Schüler arbeiten und wirtschaften für einen Markt" ist als Projekt konzipiert, das unter der Leitung des Faches Arbeit-Wirtschaft-Technik in Zusammenarbeit mit den Hauswirtschaftlich-sozialen und Kommunikationstechnischen Bereichen geplant und durchgeführt werden soll.

Das Lernfeld Arbeit-Wirtschaft-Technik besteht aus folgenden Fächern (nach Lehrplan für die Hauptschule):

Leitfach
Arbeit-Wirtschaft-Technik (AWT)
Jahrgangsstufe 5–9/10

Arbeitspraktische Fächer	Jahrgangsstufe
Werken/Textiles Gestalten (WTG)	5–6
Optionaler Bereich Werken/Textiles Gestalten	7–9/10
Gewerblich-technischer Bereich (GtB)	7–9/10
Kommunikationstechnischer Bereich (KtB) mit optionalem Bereich Buchführung	7–9/10
Hauswirtschaftlich-sozialer Bereich (HsB)	7–9/10

Folgende Inhalte des Lernfeldes Arbeit-Wirtschaft-Technik werden in der 7. Jahrgangsstufe behandelt (Fächerverbindungen sind mit gleicher Farbe bezeichnet):

Leitfach Arbeit-Wirtschaft-Technik
- Erster Zugang zu betrieblicher Erwerbsarbeit und Beruf
- Wirtschaften im privaten Haushalt
- Arbeit und Technik im privaten Haushalt
- Schüler arbeiten und wirtschaften für einen Markt

Hauswirtschaftlich-sozialer Bereich	Kommunikationstechnischer Bereich	Gewerblich-technischer Bereich
– Haushalten/Ernähren – Aktuelle Entwicklungen/Tendenzen/Trends im Haushalt – Soziales Handeln im Bezugsrahmen des Haushalts – Nutzen des Computers – Projekt: „Schüler arbeiten und wirtschaften für einen Markt"	– 10-Finger-Tastschreiben/Texteingabe – Dokumentbearbeitung/Dokumentgestaltung – EDV-Grundlagen – Projekt „Schüler arbeiten und wirtschaften für einen Markt": Erstellen eines Printproduktes	– Technisches Zeichnen – Projekt „Rund um das Fahrrad" – Materialbereiche Holz, Metall, Kunststoff – Technisches Umfeld – Elektrotechnik

Klassengebundener Lehrplan für die 7. Jahrgangsstufe, Hauswirtschaftlich-sozialer Bereich

Praktische Anmerkungen zum klassengebundenen Lehrplan

Einsatz in R- und M-Gruppen

Der auf den folgenden Seiten abgedruckte klassengebundene Lehrplan für die 7. Jahrgangsstufe ist sowohl für R-Gruppen (Regelklassen) als auch für M-Gruppen (Mittlere-Reife-Zug) konzipiert. Zusätzliche Lerninhalte für die M-Gruppen sind mit (M) gekennzeichnet.

Aktuelle Entwicklungen/Tendenzen/Trends im Haushalt

Die Umsetzung des Lernziels 7.5 „Aktuelle Informationen wahrnehmen" (R-Gruppen) bzw. 7.5 „Sich mit aktuellen Informationen auseinander setzen" (M-Gruppen) könnte auch durch wöchentliche Schüler-Referate erfolgen. Weitere Hinweise und Materialien für die unterrichtspraktische Umsetzung finden Sie im 2. Band für die 7. Jahrgangsstufe (Auer Verlag, Best.-Nr. **4329**).

Einsatz des Computers

Das Lernziel 7.8 „Einsatz des Computers zur Informationsbeschaffung"/7.8.1 „Informationen entnehmen" finden Sie in fast jeder Unterrichtseinheit. Dies bedeutet nicht, dass jede Woche mit dem Computer gearbeitet werden muss. Treffen Sie eine Auswahl unter Berücksichtigung der Interessen Ihrer Schüler und deren Leistungsvermögen. Auch die Gegebenheiten in Ihrer Schule müssen natürlich beachtet werden. Für den Einsatz des Computers finden Sie im 2. Band für die 7. Jahrgangsstufe (siehe oben) und im 2. Band für die 8. Jahrgangsstufe (Auer Verlag, Best.-Nr. **4330**) weitere Tipps und Materialien, z. B. Internetadressen, Software-Angebote und verschiedene Arbeitsblätter. Bedenken Sie bitte, dass das Internet ein sehr schnelllebiges Medium ist und Internetadressen von heute morgen schon nicht mehr existieren.

Lebensmitteleinkauf

Das Lernziel 7.1.2 „Einschlägige Hilfen beim Lebensmitteleinkauf" wird als durchgängiges Unterrichtsprinzip umgesetzt. Die Schüler sollen nach Möglichkeit selbstständig einkaufen, und zwar unter Beachtung von Preiswürdigkeit und Qualität. Hier kann eine Differenzierung zwischen R- und M-Gruppen stattfinden. Weiteres Material dazu finden Sie ebenfalls im 2. Band.

Rezeptbausteine

Im klassengebundenen Lehrplan sowie in den Unterrichtseinheiten finden Sie für ein Thema oft mehrere Rezeptvorschläge vor. Wählen Sie, evtl. zusammen mit ihren Schülern, das passende Rezept aus.

Der pädagogische Freiraum

„Der Lehrplan geht von einem durchschnittlichen Zeitbedarf von 25 Wochen aus. Bei insgesamt etwa 37 Unterrichtswochen steht ein entsprechender Freiraum zur Verfügung, der nicht von vornherein verplant werden darf. Er kann zur vertieften Behandlung einzelner Unterrichtsinhalte, zum Eingehen auf Schülerinteressen, zum erzieherischen Gespräch und für die Gestaltung des Schullebens verwendet werden" (Lehrplan für die Hauptschule, Kapitel I).

Klassengebundener Lehrplan für die 7. Jahrgangsstufe, HsB mit fächerübergreifenden Hinweisen

UE	LZ	Praktische Arbeitsaufgabe	Thema	Seitenangabe	LZ	Fächerübergreifende Hinweise
1	7.1.1 7.2.2 7.6.1		**Nur gemeinsam sind wir stark!** – Kennenlernen der Kücheneinrichtung – Ämterplan – Klären organisatorischer Punkte: Kochgeld, Kleidung, persönliche Hygiene, Mappenführung – Positionen innerhalb einer Gruppe (M) – Soziogramm unserer Kochgruppe (M) – Regeln im Umgang miteinander vereinbaren	S. 15 ff.	7.2 7.2 7.2.1	**Katholische Religionslehre** Nachgeben oder sich durchsetzen – Konflikte fair austragen **Ethik** Umgang mit Konflikten **Arbeit-Wirtschaft-Technik** Auskommen mit dem Haushaltseinkommen
2	7.1.1 7.2.2 7.3.2 7.4.1 7.4.2 7.7.1	PAA: Quarkspeise mit Obst VT: Schneiden, Funktionsgerechter Einsatz des elektrischen Rührgerätes	**Plane deinen Arbeitsplatz!** – Gestalten des Arbeitsplatzes nach rationellen und ergonomischen Gesichtspunkten – Bedeutung der Hygiene für den Einzelnen und für andere: persönliche Hygiene, Hygiene am Arbeitsplatz, Hygiene bei der Lebensmittelverarbeitung – Arbeiten mit dem Rezept – Unfallverhütung beim Einsatz technischer Geräte	S. 20 ff.	7.2.2 7.3.1 7.4.1	**Deutsch** Sach- und Gebrauchstexte lesen, verstehen und beurteilen **Physik/Chemie/Biologie** Gefahren im Umgang mit Elektrizität **Arbeit-Wirtschaft-Technik** Technikanwendung bei der Produktion von Gütern und Dienstleistungen
3	7.1.1 7.2.2 7.3.2 7.5.1 7.7.1 (7.8.1)	PAA: Gurken in Dillsahne VT: Schälen GR: Grundzutaten einer Salatmarinade	**Spülen mit Köpfchen!** – Umweltbewusster Umgang mit Wasser, Energie und Reinigungsmitteln – Informationen zum Trinkwasserverbrauch einholen und bewerten (M) – Hygienemaßnahmen beachten und praktizieren	S. 25 ff.	7.1.2 7.2.2 7.4.1	**Deutsch** Sich und andere informieren Sach- und Gebrauchstexte lesen, verstehen und beurteilen **Arbeit-Wirtschaft-Technik** Technikanwendung bei der Produktion von Gütern und Dienstleistungen

Troll u. a.: Unterrichtssequenzen Hauswirtschaftlich-sozialer Bereich (7. Jgst. Bd. 1)
© Auer Verlag GmbH, Donauwörth

Troll u. a.: Unterrichtssequenzen Hauswirtschaftlich-sozialer Bereich (7. Jgst. Bd. 1)
© Auer Verlag GmbH, Donauwörth

UE	LZ	Praktische Arbeitsaufgabe	Thema	Seitenangabe	LZ	Fächerübergreifende Hinweise
4	7.1.1 7.2.2 7.3.2 7.4.1 7.4.2 (7.8.1)	PAA: Bunte Nudelpfanne *oder* Tortellini in Schinken-Sahnesoße *oder* Kartoffel-Lauchsuppe GMA: Kochen, Dünsten	**Wir bedienen den Herd fachgerecht** – Funktionsgerechter Einsatz des Herdes – Umgang mit der Gebrauchsanweisung – Auswahl des Kochgeschirrs – Unfallgefahren, Unfallverhütung – Energiesparendes Garen – Sachgemäße und umweltfreundliche Reinigung	S. 28 ff.	7.1.2 7.2.2 7.2.1 7.3.1	**Deutsch** Sich und andere informieren Sach- und Gebrauchstexte lesen, verstehen und beurteilen **Physik/Chemie/Biologie** Brandbekämpfung, Brandschutz Gefahren im Umgang mit Elektrizität
5	7.1.1 7.3.2 7.4.1 7.4.2 (7.8.1)	PAA: Pizzataschen *oder* Käsesoufflé GMA: Backen im Rohr	**Wir garen im Backofen** – Funktion des Backrohrs – Energiesparendes Backen – Auswahl des Backgeschirrs – Unfallgefahren erkennen und vermeiden – Sachgemäße und umweltfreundliche Reinigung/Werterhaltende Pflege	S. 35 ff.	7.1.2 7.2.2 7.2.1 7.3.1	**Deutsch** Sich und andere informieren Sach- und Gebrauchstexte lesen, verstehen und beurteilen **Physik/Chemie/Biologie** Brandbekämpfung, Brandschutz Gefahren im Umgang mit Elektrizität
6	7.1.1 7.1.2 7.2.2 7.3.2 7.5.1 (7.8.1)		**Müll – (k)ein Problem?** (Projektorientierter Unterricht) – Evtl. Infos einholen bei der Stadt oder Gemeinde – Problembewusstsein wecken – Tagesmüll der Schule sammeln und sortieren – Müll bei der jeweiligen Sammelstelle entsorgen – Zusammenarbeit mit dem Hausmeister	S. 40 ff.	7.1.2 7.2.2	**Deutsch** Sich und andere informieren Sach- und Gebrauchstexte lesen, verstehen und beurteilen
7	7.1.1 7.2.2 7.3.2 (7.8.1)	PAA: Ananas-Marzipan-Kuchen *oder* Kirsch-Schokoflocken-Kuchen VT: Aufstreichen des Teiges GMA: Backen im Rohr	**Mülltrennung – ein Muss!** – Müllarten und deren Entsorgungssorte – Hygiene bei der Müllsammlung	S. 47 ff.	7.1.2 7.2.2	**Deutsch** Sich und andere informieren Sach- und Gebrauchstexte lesen, verstehen und beurteilen

UE	LZ	Praktische Arbeitsaufgabe	Thema	Seitenangabe	LZ	Fächerübergreifende Hinweise
8	7.1.1 7.1.2 7.3.1 7.3.2 (7.8.1)	PAA: Tomaten mit Mozzarella *oder* Griechischer Bauernsalat	**Müllvermeidung – der bessere Weg!** – Verpackungsaufwand bei Lebensmitteln – Umweltfreundliche Produkte – Einkaufsregeln für den ökologischen Einkauf – Angaben zur Umweltverträglichkeit (M) – Beurteilen von Einkaufsstätten im näheren Umfeld (M)	S. 54 ff.	7.1.2 7.2.2 7.2.2	**Deutsch** Sich und andere informieren Sach- und Gebrauchstexte lesen, verstehen und beurteilen **Arbeit-Wirtschaft-Technik** Einkaufen für den privaten Bedarf
9	7.1.1 7.3.2 7.7.1 7.7.2 (7.8.1)	PAA: Champignon-Schinken-Risotto *oder* Fischfilet mit pikantem Belag GMA: Dünsten *oder* Backen im Rohr	**Tischkultur** – Tischdecken für alltägliche Mahlzeiten – Einfache Formen des Anrichtens und Garnierens – Tischmanieren, Tischgespräche – Kultivierte Formen des Speisens als Bereicherung erfahren – Die heimische Tischkultur mit der anderer Kulturen vergleichen, interkulturelle Gemeinsamkeiten und Unterschiede diskutieren (M)	S. 57 ff.	7.3 7.4 7.1.2	**Katholische Religionslehre** Muslime bei uns – einander besser verstehen **Evangelische Religionslehre** Einander begegnen – Glaube und Leben der Muslime **Deutsch** Sich und andere informieren
10	7.1.1 7.1.2 7.6.1 7.6.2 (7.8.1)		**Wir arbeiten und feiern mit Kindern** (Projektorientierter Unterricht in der Vorweihnachtszeit mit Kindern) – Allgemeine Vorüberlegungen zum Ablauf – Evtl. Hospitieren in Zielgruppe, z. B. Grundschulklasse – Planen einer gemeinsamen Aktion (räumlich, zeitlich, personell, finanziell)	S. 64 ff.	7.3 7.1.2	**Ethik** Miteinander leben und lernen **Deutsch** Sich und andere informieren
11	7.1.1 7.3.2 7.6.1 7.6.2 7.7.1 (7.8.1)	PAA: Bratapfel, Wanda *oder* Schokocrossies GMA: Backen im Rohr	**Wir planen weihnachtliches Backen und die Herstellung von Weihnachtsdekoration mit Kindern** – Kriterien zur Rezeptauswahl – Auswahl und Erproben der gemeinsamen Aktion – Dekorationsmöglichkeiten erproben		7.3 7.1.2	**Ethik** Miteinander leben und lernen **Deutsch** Sich und andere informieren
12	7.1.1 7.3.2 7.6.1 7.6.2 7.7.1 7.7.2 (7.8.1)	PAA: Wanda und Schokocrossies, Bratapfel, evtl. Teepunsch VT: Anrichten von Plätzchen GMA: Backen im Rohr, Kochen	**Die HsB-Gruppe arbeitet und feiert mit Kindern** – In der Arbeitsgruppe konkrete Aufgaben übernehmen, mit den Kindern durchführen – Ansprechende Tischgestaltung – Ansprechendes Präsentieren von Speisen und Getränken – Umgangsformen, Tischmanieren – Nachbesprechung des projektorientierten Unterrichts		7.3 7.1.2	**Ethik** Miteinander leben und lernen **Deutsch** Sich und andere informieren

Troll u.a.: Unterrichtssequenzen Hauswirtschaftlich-sozialer Bereich (7. Jgst. Bd. 1)
© Auer Verlag GmbH, Donauwörth

Troll u. a.: Unterrichtssequenzen Hauswirtschaftlich-sozialer Bereich (7. Jgst. Bd. 1)
© Auer Verlag GmbH, Donauwörth

UE	LZ	Praktische Arbeitsaufgabe	Thema	Seitenangabe	LZ	Fächerübergreifende Hinweise
13	7.1.1 7.2.1 7.3.1 7.3.2 (7.8.1)	PAA: Salatfondue mit Nussdip	**Gesundheitsbewusste Ernährung** – Essgewohnheiten der Deutschen – Lebensgewohnheiten: früher und heute – Ernährungsfehler – Hausaufgabe: Führen eines Ernährungsprotokolls – Ernährungsempfehlungen im Hinblick auf gesundheitlichen Wert von Lebensmitteln – Ernährungskreis	S. 71 ff.	7.1.2 7.1	**Deutsch** Sich und andere informieren **Sport** Gesundheit
14	7.1.1 7.2.1 7.3.1 7.3.2 (7.8.1)	PAA: Bunte Salatplatte mit Schnittlauchecken VT: Raspeln	**Bausteine des Lebens – Vitamine und Mineralstoffe** – Vitamin- und Mineralstoffmangel bei Jugendlichen – Aufgaben der Vitamine und Mineralstoffe – Vitamin- und mineralstoffreiche Lebensmittel – Regeln für eine vitamin- und mineralstoffreiche Ernährung – Bewertung der PAA mit Hilfe des Ernährungskreises oder Auswertung des Ernährungsprotokolls	S. 76 ff.	7.1.2 7.1	**Deutsch** Sich und andere informieren **Sport** Gesundheit
15	7.1.1 7.2.1 7.3.1 7.3.2 (7.8.1)	PAA: Chinapfanne mit Reis *oder* Putengeschnetzeltes mit Ananas und Reis GMA: Dünsten	**Den Vitamin- und Mineralstoffkillern auf der Spur** – Gefahren für Vitamine und Mineralstoffe – Nährstoffschonende Lagerung, Vorbereitung und Zubereitung – Herstellung und Verwendung von Sprossen	S. 84 ff.	7.1.2 7.1	**Deutsch** Sich und andere informieren **Sport** Gesundheit
16	7.1.1 7.2.1 7.3.1 7.3.2 7.4.1 (7.8.1)	PAA: Basilikumnudeln *oder* Sesamkartoffeln mit Zucchinitsatsiki VT: Raspeln GMA: Kochen	**Sparen Kräuter und Gewürze Salz?** – Kräuter und Gewürze schmecken und erfahren – Gefahren einer salzreichen Ernährung – Wirkungsweise und Einsatzmöglichkeiten verschiedener Kräuter	S. 90 ff.	7.1.2 7.1	**Deutsch** Sich und andere informieren **Sport** Gesundheit
17	7.1.1 7.2.1 7.3.1 7.3.2 7.4.1 (7.8.1)	PAA: Sportler-Drink, Beeren-Shake VT: Mixen	**Wasser ist lebensnotwendig** – Lebensmittelgruppe: Getränke – Aufgaben des Wassers für die Gesundheit – Täglicher Flüssigkeitsbedarf – Vergleich und Bewertung verschiedener Getränke – Auswahl von Getränken hinsichtlich ihres gesundheitlichen Wertes	S. 96 ff.	7.1.2 7.1	**Deutsch** Sich und andere informieren **Sport** Gesundheit

UE	LZ	Praktische Arbeitsaufgabe	Thema	Seitenangabe	LZ	Fächerübergreifende Hinweise
18	7.1.1 7.2.1 7.3.1 7.3.2 (7.8.1)	PAA: Blattsalat mit gebratenen Pilzen *oder* Gebratene Putenbrust auf Eissalat GMA: Braten in der Pfanne	**Fett ist nicht gleich Fett** – Lebensmittelgruppe: Fette – Herkunft der Fette – Bedeutung der Fette für den Körper – Sensorische Prüfung von Ölen und Fetten – Auswahl unter Berücksichtigung von Geschmack und gesundheitlichem Wert – Küchentechnische Verwendung von Fett	S. 102 ff.	7.1.2 7.1	**Deutsch** Sich und andere informieren **Sport** Gesundheit
19	7.1.1 7.2.1 7.3.1 7.3.2 (7.8.1)	PAA: Käse-Wurst-Salat, Toast VT: Schneiden	**Dem Fett auf der Spur** – Versteckte Fette – sichtbare Fette – Fett-Tagesbedarf – Vergleich des Fettgehalts verschiedener Rezepte mit unterschiedlichen Zutaten – Möglichkeiten der Fetteinsparung – Fetthaltige Lebensmittel in der täglichen Speiseplanung	S. 108 ff.	7.1.2 7.1	**Deutsch** Sich und andere informieren **Sport** Gesundheit
20	7.1.1 7.2.1 7.3.1 7.3.2 (7.8.1)	PAA: Kokoskugeln mit Ahornsirup *oder* Gebackene Banane mit Dattelsahne GMA: Backen in der Pfanne	**Zucker auf dem Prüfstand** – Lebensmittelgruppe: Süßigkeiten – Vor- und Nachteile von weißem Zucker – Zuckergehalt von Speisen und Getränken – Alternativen zu Zucker – Möglichkeiten der Zuckereinsparung in der täglichen Speiseplanung	S. 113 ff.	7.1.2 7.1	**Deutsch** Sich und andere informieren **Sport** Gesundheit
21	7.1.1 7.2.1 7.3.1 7.3.2 (7.8.1)	PAA: Hirseauflauf mit Bananensoße *oder* Vollkorn-Laugenbrezen GMA: Backen im Rohr	**Sind Ballaststoffe wirklich Ballast?** – Lebensmittelgruppe: Brot und Getreideprodukte – Bedeutung/Aufgaben der Ballaststoffe/Faserstoffe – Sensorische Prüfung von Weißmehl- und Vollkornprodukten – Ballaststoffreiche Lebensmittel in der täglichen Speiseplanung	S. 119 ff.	7.1.2 7.1	**Deutsch** Sich und andere informieren **Sport** Gesundheit
22	7.1.1 7.2.1 7.3.1 7.3.2 (7.8.1)	PAA: Gratinierte Milchkartoffeln *oder* Quarknockerln mit Erdbeersoße GMA: Backen im Rohr *oder* Garziehen	**Eiweiß – Nahrung für Muskeln und Hirn** – Lebensmittelgruppe: eiweißreiche Lebensmittel – Bedeutung und Aufgaben von Eiweiß für den Körper – Vorkommen in Lebensmitteln – Krankheiten durch eine falsche Ernährung mit Eiweiß – Bedarfsdeckung auf Kosten der Dritten Welt? – Biologische Wertigkeit, günstige Eiweißverbindungen – Eiweißreiche Lebensmittel in der täglichen Speiseplanung	S. 125 ff.	7.1.2 7.1	**Deutsch** Sich und andere informieren **Sport** Gesundheit

Troll u. a.: Unterrichtssequenzen Hauswirtschaftlich-sozialer Bereich (7. Jgst. Bd. 1)
© Auer Verlag GmbH, Donauwörth

Troll u. a.: Unterrichtssequenzen Hauswirtschaftlich-sozialer Bereich (7. Jgst. Bd. 1)
© Auer Verlag GmbH, Donauwörth

UE	LZ	Praktische Arbeitsaufgabe	Thema	Seitenangabe	LZ	Fächerübergreifende Hinweise
23	7.1.1 7.2.1 7.3.1 7.3.2 (7.8.1)	PAA: Kartoffel-Rahmsuppe oder Schnelle Vollkornbrötchen GMA: Kochen oder Backen im Rohr	**Auswertung der Ernährungsprotokolle** – Auswerten der Ernährungsprotokolle – Ernährungsempfehlungen im Hinblick auf gesundheitlichen Wert von Lebensmitteln – Ernährungskreis – Ernährungsspiel	S. 133 ff.	7.1.2 7.1	**Deutsch** Sich und andere informieren **Sport** Gesundheit
24	7.1.1 7.1.2 7.3.1 7.3.2 (7.8.1)	PAA: Äpfel im Vanillemantel oder Apfelküchlein oder Gebackene Apfelspeise mit Vanillesoße GMA: Kochen oder Frittieren oder Backen im Rohr	**Einkauf von Obst und Gemüse** – Sensorische Prüftechniken: Sehen, Tasten, Riechen, Schmecken – Qualitätskennzeichen von Lebensmitteln, z. B. Frische, Regionalität, Saisonalität, Verpackungsaufwand – Biologischer und konventioneller Anbau – Preise ermitteln und vergleichen – Finanzielle Einsparmöglichkeiten bedenken	S. 142 ff.	7.1.2 7.2.2	**Deutsch** Sich und andere informieren **Arbeit-Wirtschaft-Technik** Einkaufen für den privaten Bedarf
25	7.1.1 7.1.2 7.3.1 7.3.2 7.5.1 (7.8.1)	PAA: Überbackener Birnentoast oder Überbackener Toast mit Putenbrust GMA: Überbacken	**Achte auf das Etikett!** – Lebensmittelkennzeichnung – Preisangaben – Rechte der Verbraucher: „Wie führe ich eine Reklamation durch?" – Angaben zur Umweltverträglichkeit (M)	S. 147 ff.	7.1.2 7.2.2	**Deutsch** Sich und andere informieren **Arbeit-Wirtschaft-Technik** Einkaufen für den privaten Bedarf
26	7.1.1 7.3.1 7.3.2 7.7.1 7.7.2 (7.8.1)	PAA: Mexikanische Küche VT: Schneiden GMA: Backen im Rohr, Braten in der Pfanne	**Küche aus anderen Ländern: Der Mexiko-Trend** – Typische Gewürze – Kennzeichen der mexikanischen Küche	S. 153 ff.	7.1.2 7.1.1 7.1.2	**Deutsch** Sich und andere informieren **Geschichte/Sozialkunde/Erdkunde** Lateinamerika vor 1500 Entdeckungen und Eroberungen
27	7.9: 7.9.1 7.9.2 7.9.3 7.9.4 7.9.5 7.9.6		**Schüler arbeiten und wirtschaften für einen Mark: Erstellen eines Kochbuches mit ausländischen Spezialitäten** (Fächerübergreifendes Projekt) – Angebot und Nachfrage – Planung – Beschaffung/Auswahl – Produktion eines Kochbuches und Probehäppchen – Durchführung des Verkaufs – Bewerten der Ergebnisse	S. 157 ff.	7.3 7.4	**Arbeit-Wirtschaft-Technik** Schüler arbeiten und wirtschaften für einen Markt **Kommunikationstechnischer Bereich** Schüler arbeiten und wirtschaften für einen Markt

Realisierung des klassengebundenen Lehrplans

Praktische Tipps zum Einsatz der Unterrichtsmaterialien

Zu jeder UE finden Sie:

- Artikulation
- Lernziele
- Medienübersicht
- Evtl. unterrichtspraktische Hinweise
- Medien als Kopiervorlagen zur Gestaltung des Unterrichts, z. B. Bilder, Arbeitsaufträge, Lernzirkel, Spiele usw.
- Evtl. Rezeptbaustein(e) zum Austauschen
- Arbeitsblatt bzw. -blätter als Kopiervorlage(n) für die Hand der Schüler/innen
- Lösungsvorschläge für die Arbeitsaufgaben und die Arbeitsblätter (z. T. verkleinert)

Umgang mit Kopiervorlagen

Für manche Unterrichtsmaterialien, wie z. B. Spiele, ist es ratsam, diese auf farbiges Papier zu kopieren und zu laminieren.
Bei manchen Stundenvorschlägen finden Sie Rezeptbausteine zum Austauschen vor. So können Sie die Arbeitsblätter auch individuell neu zusammenstellen. Schüler/innen genießen es, wenn sie zwischen zwei Rezeptalternativen wählen können!
Zu allen relevanten Arbeitsaufgaben und Arbeitsblättern finden Sie ein Lösungsblatt (z. T. verkleinert) mit möglichen Antworten vor. Dies ist immer nur ein Vorschlag. Verwenden Sie Formulierungen, die im Unterrichtsgespräch von Ihren Schülern erarbeitet werden.

Differenzierung

Bei der Erarbeitung der Unterrichtssequenzen haben wir uns an der oberen Leistungsgrenze der Hauptschule orientiert. Reduzieren Sie die Anforderungen, wo immer es Ihnen nötig erscheint.
Geben Sie Ihren Schülern Wahlmöglichkeiten, z. B. bei der Sozialform (Einzel-, Partner- oder Gruppenarbeit) oder Rezeptalternativen. Dies gibt ihnen das Gefühl von Mitverantwortung und Freiheit.

Lernzirkel

Was ist ein Lernzirkel?

Diese Unterrichtsmethode ist sehr schüleraktiv. Im Grunde ist sie einer arbeitsteiligen Gruppenarbeit sehr ähnlich, nur führen die Gruppen die meisten Aufgaben aus, nicht nur eine einzige! Die Schüler sehen so nicht nur eine Sichtweise eines Problems, sondern erfassen ein ganzes Spektrum an Sichtweisen. Die Lernstationen sind fest, und die Gruppen rotieren, daher auch der Name Lernzirkel.
Schrecken Sie nicht zurück, Lernzirkel in schwierigen Gruppen aufzubauen. Oft macht man gerade dort sehr positive Erfahrung.

Möglicher Einsatz eines Lernzirkels

Einen Lernzirkel können Sie zur Neuerarbeitung, Übung, Wiederholung insbesondere vor Leistungsnachweisen oder als Kombination einsetzen.
Lassen Sie Ihre Schüler mit allen Sinnen arbeiten. Umso höher ist der Lernerfolg Ihrer Schüler und deren Motivation. Jede Station sollte entweder einen anderen Sinn (Riechen, Schmecken, Tasten usw.), eine andere Tätigkeit (Lesen, Unterstreichen, Zuordnen usw.) oder eine unterschiedliche Form der Sicherung verlangen.
Unterscheiden Sie Pflicht- von Wahlstationen. Geben Sie den flinken Schülern die Chance, mehr Stationen zu durchlaufen oder Zusatzstationen auszuwählen. Geben Sie aber nicht zu viele Freiheiten, wenn Sie diese Methode neu einführen. Dies könnte Ihre Schüler überfordern!
Ein Lernzirkel ist auch als arbeitsteilige Gruppenarbeit in abgekürzter Form durchführbar, z. B. bei Zeitmangel.

Auswertung

Nicht alle Lernstationen müssen ausgewertet werden. Dies würde den unterrichtlichen Rahmen sprengen und die Schüler überfordern. Eine Fixierung der Ergebnisse direkt auf dem Arbeitsblatt hilft, Zeit zu sparen.

Unterrichtssequenzen für die 7. Jahrgangsstufe

Nur gemeinsam sind wir stark!

Artikulation:

Anfangsphase: Was wünsche ich mir im Fach Hauswirtschaft? Schüler schreiben Wünsche und Erwartungen auf Papierstreifen und heften diese an eine Pinnwand oder Tafel

1. Teilziel: Kennenlernen der Schulkücheneinrichtung

2. Teilziel: Kennenlernen des Ämterplans

3. Teilziel: Gruppeneinteilung – Gruppensoziogramm:
- Jeder Schüler macht an der Tafel von seinem Namen zu einem Namen, mit dem er gerne in der Koje zusammen wäre, einen Pfeil
- Arbeitsteilige Gruppenarbeit „Positionen der Gruppe", Auswertung
- Auswertung des eigenen Soziogramms
- Regeln für eine gute Zusammenarbeit (dabei auch auf die Wünsche und Erwartungen in der Anfangsphase zurückgreifen!)
- Vertiefung: Alle Schüler stehen im Kreis und werfen einander ein Wollknäuel zu, es entsteht ein Netz
- Einteilung der Kojen (Postkarten-Puzzle)

Schlussphase[1]: Geschichte, Diskussion

Lernziele:

Die Schüler sollen …
- … die Einrichtung der Schulküche kennen lernen.
- … anfallende Arbeiten vor und während des Unterrichts kennen lernen (z. B. Ämterplan).
- … die Positionen innerhalb einer Gruppe erkennen.
- … ein Soziogramm der Hauswirtschaftsgruppe erarbeiten.
- … Regeln für eine gute Zusammenarbeit entwerfen.

Medien:

Wortkarten mit den Namen der Schüler kreisförmig an der Tafel angeordnet, Arbeitsaufgaben, Tonpapier für Plakat (Regeln), Wollknäuel, Postkarten-Puzzle, Arbeitsblätter (auch auf Folie)

Hinweise:

- Teilziel 1 und 2 können im Unterrichtsgespräch erarbeitet werden.
- Einen Lernzirkel zum 1. Teilziel finden Sie im 2. Band für die 7. Jahrgangsstufe.
- Für die Schlussphase können Sie eine Geschichte zum Vorlesen auswählen.

Arbeitsteilige Gruppen-, Partner- oder Einzelarbeit (3. Teilziel)

Medien: Arbeitsaufgabe, Arbeitsblatt

> **Aufgabe: Star**
>
> 1. Lies den Text durch und suche in der Zeichnung auf dem Arbeitsblatt diese Position. Trage sie in das Kästchen ein.
>
> Der Schüler, der die meisten Pfeile bekommt, hat in der Gruppe eine Führungsposition, ist der **„Star"**. Er gibt in der Gruppe den „Ton" an. Sein Einfluss auf die Gruppe kann für die schulische Arbeit positiv oder negativ sein:
> - Positive Eigenschaften: Verantwortungsbewusstsein, Leistungsbereitschaft usw.
> - Negative Eigenschaften: Null-Bock-Mentalität, Leistungsverweigerung, Aggressivität usw.

---
[1] Die Schlussphase entspricht einer Gesamtzusammenfassung der erarbeiteten Teilziele.

Medien:
Arbeitsaufgabe,
Arbeitsblatt

Aufgabe: Außenseiter

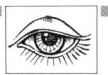

1. Lies den Text durch und suche in der Zeichnung auf dem Arbeitsblatt diese Position. Trage sie in das Kästchen ein.

Es gibt Schüler, die von niemandem gewählt werden. Sie sind den anderen entweder gleichgültig oder sie werden bewusst abgelehnt. Der **Außenseiter** kann je nach Person unterschiedlich auf diese frustrierende Situation reagieren:
– Er zieht sich zurück, ist total unauffällig und gibt auf.
– Er wird aggressiv, will durch Clown-Spielereien die Aufmerksamkeit der Lehrer oder der Mitschüler auf sich ziehen.

Medien:
Arbeitsaufgabe,
Arbeitsblatt

Aufgabe: Clique

1. Lies den Text durch und suche in der Zeichnung auf dem Arbeitsblatt diese Position. Trage sie in das Kästchen ein.

Es gibt Schüler-Paare oder Gruppen (= **Cliquen**), die nur miteinander und nicht mit den restlichen Mitgliedern der Gruppe zusammenarbeiten wollen. Dies wirkt sich schlecht auf die Teamfähigkeit der ganzen Gruppe aus. Auch später im Arbeitsleben kann man sich die Kollegen nicht aussuchen. Jeder muss lernen, mit jedem zusammenarbeiten zu können.

Postkarten-Puzzle (3. Teilziel)

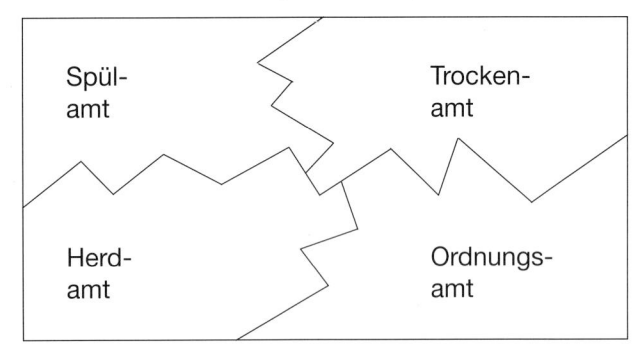

Spül-amt | Trocken-amt
Herd-amt | Ordnungs-amt

Sie brauchen vier unterschiedliche Postkarten. Sie zerschneiden diese in drei oder vier Teile, je nachdem, wie groß ihre Kochgruppen sind. Jeder Schüler erhält ein Puzzleteil. Anschließend werden die Karten wieder zusammengesetzt. Die Schüler eines Postkarten-Puzzles bilden eine Kochgruppe.
Sie können sogar den Schülern mit einem Puzzleteil ein Amt zuweisen, indem Sie auf die Rückseite der Puzzleteile die Ämter eintragen.
Hinweis: In den ersten Wochen empfiehlt es sich, die Kochgruppen mit diesem Spiel öfters zu ändern. So lernen sich alle Schüler besser kennen und akzeptieren. Später kann man Neigungsgruppen bilden lassen.

Geschichte (Schlussphase)

Fabel von der Sonne und dem Wind

Eines Tages stritten der Wind und die Sonne miteinander, wer von ihnen eine höhere Gewalt über Menschen ausüben könne. „Siehst du diesen Mann da unten?", fragte der Wind. „Ich werde ihm binnen einer Minute Hut und Mantel entreißen." Der Wind begann also, kräftig zu blasen. Aber je heftiger er pfiff, umso fester drückte der Herr seinen Hut auf den Kopf und knöpfte seinen Mantel zu. Erschöpft gab der Wind schließlich auf. Dann war die Sonne an der Reihe. Sie begann, freundlich zu lächeln. Und es wurde so schön und warm, dass der Passant von sich aus bald Hut und Mantel auszog.

Die Schraube

Eine kleine Schraube saß in einem riesigen Panzerschiff mit tausend anderen Schrauben und hielt zwei Stahlplatten zusammen. Eines Tages sagte die Schraube: „Ich will es mir ein bisschen bequem machen; das ist ja meine eigene Sache und geht niemanden etwas an!" Aber als die anderen Schrauben hörten, dass da eine etwas locker werden wollte, da protestierten sie und riefen: „Bist du verrückt? Wenn du herausfällst, dann wird es nicht lange dauern, bis auch wir herausfallen."
In Windeseile ging das Gerücht durch das ganze Schiff: „Die kleine Schraube hat was vor!" Alles war entsetzt. Der riesige Körper des Schiffes ächzte und bebte in allen Fugen. Und alle Rippen, Platten und Schrauben sandten eine gemeinsame Botschaft an die kleine Schraube und baten sie, nur ja an ihrer Stelle zu bleiben, sonst würde das ganze Schiff untergehen, und keiner würde den Hafen erreichen.

| Name: | Klasse: 7 | Datum: | **HsB** | Nr.: |

Nur gemeinsam sind wir stark!

Regeln für eine gute Zusammenarbeit:

| Name: | Klasse: 7 | Datum: | **HsB** | Nr.: |

Wir verteilen die Arbeit gerecht

Folgende Arbeiten sind von allen vor dem Unterricht zu erledigen:

_____
_____
_____

	vor dem Unterricht	während des Unterrichts	nach dem Unterricht
Spülamt			
Trockenamt			
Herdamt			
Ordnungsamt			

Lösungsvorschlag zu S. 17

Nur gemeinsam sind wir stark!

Außenseiter — zieht sich zurück oder ist aggressiv.

Julia → Anna (Außenseiter)

Clique: Juri, Ali, Sven — will nicht mit anderen Schülern zusammenarbeiten.

Timo → Lisa → Max

Star (Max) — wird von vielen Mitschülern gewählt.

Es gibt positive und negative Führungspersonen. Sie beeinflussen die Stimmung der ganzen Gruppe.

Regeln für eine gute Zusammenarbeit:

1. Jeder erfüllt sein eigenes Amt gewissenhaft.
2. Wer Zeit hat, hilft einem anderen Mitglied der Kochgruppe.
3. Wir lachen keinen aus.
4. Wir versuchen, Außenseiter mit einzubeziehen.
5. Wir arbeiten möglichst ruhig.
6. Wir versuchen, mit jedem Mitglied der Gruppe zusammenzuarbeiten.
7. Wenn uns etwas stört, äußern wir die Kritik ruhig.
8. (...)

Lösungsvorschlag zu S. 18

Wir verteilen die Arbeit gerecht

Folgende Arbeiten sind von allen vor dem Unterricht zu erledigen:

Schürze anziehen, Hände waschen, Mappe und Federmäppchen herrichten, Haare zusammenbinden, Amt erledigen

	vor dem Unterricht	während des Unterrichts	nach dem Unterricht
Spülamt	Lappen und Trockentücher herrichten	Schmutziges Geschirr spülen	Schmutziges Geschirr spülen, Spüle säubern
Trockenamt	Abfallteller bereitstellen	Gespültes Geschirr abtrocknen und aufräumen	Esstisch abwischen, Stühle hochstellen, Geschirr trocknen und aufräumen, Schränke kontrollieren
Herdamt	Ordnungstopf bereitstellen	Herd sauber halten	Herd reinigen, Abfälle trennen, Arbeitsfläche reinigen
Ordnungsamt	Lebensmittel verteilen	Mithilfe bei anderen Ämtern	Tafel wischen, Abfallbehälter leeren

Plane deinen Arbeitsplatz!

Artikulation:

Anfangsphase: Einführung in den Umgang mit einem Rezept, gemeinsames Lesen

1. Teilziel: Der rationelle Arbeitsplatz
Gruppenarbeit: Jede Koje richtet den Arbeitsplatz für die Zubereitung des Rezeptes her, Auswertung

2. Teilziel: Zubereiten der Quark-Obstspeise
– Rationelles Schneiden, Sicherung: Zeichnung zum rationellen Würfeln vervollständigen
– Umgang mit dem Handrührgerät

3. Teilziel: Hygiene in der Schulküche
(Siehe Aufgabe auf dem Arbeitsblatt!)

Schlussphase: Gruppenarbeit: Zuordnungsspiel (evtl. als Differenzierung; Schüler ordnen Wort- und passende Bildkarten zu)

Lernziele:

Die Schüler sollen …

… einen Arbeitsplatz nach ergonomischen Gesichtspunkten vorbereiten.

… mögliche Unfallgefahren erkennen und Möglichkeiten zur Vermeidung kennen lernen.

… Obst rationell und genau würfeln.

… die Handhabung des elektrischen Handrührgerätes kennen lernen.

… Regeln zur Hygiene in der Schulküche formulieren.

Medien:

Zuordnungsspiel (für jede Gruppe kopieren, laminieren und schneiden), Arbeitsblatt

Zuordnungsspiel (Schlussphase): siehe S. 21–23

Lösungsvorschlag zu S. 24

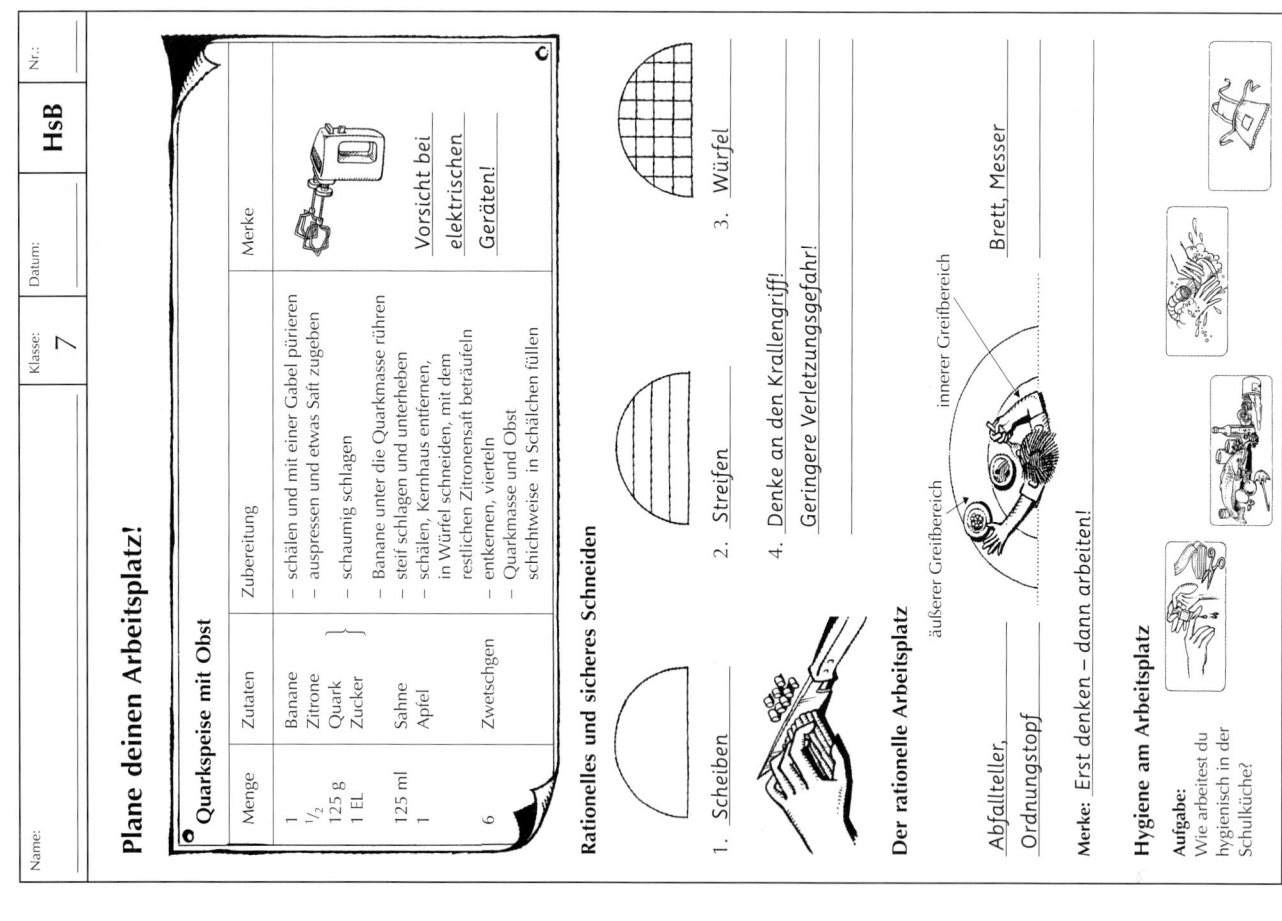

Plane deinen Arbeitsplatz!

Quarkspeise mit Obst

Menge	Zutaten	Zubereitung	Merke
1	Banane	– schälen und mit einer Gabel pürieren	
½	Zitrone	– auspressen und etwas Saft zugeben	
125 g	Quark	– schaumig schlagen	
1 EL	Zucker		
125 ml	Sahne	– Banane unter die Quarkmasse rühren	Vorsicht bei elektrischen Geräten!
1	Apfel	– steif schlagen und unterheben – schälen, Kernhaus entfernen, in Würfel schneiden, mit dem restlichen Zitronensaft beträufeln	
6	Zwetschgen	– entkernen, vierteln – Quarkmasse und Obst schichtweise in Schälchen füllen	

Rationelles und sicheres Schneiden

1. Scheiben
2. Streifen
3. Würfel
4. Denke an den Krallengriff! Geringere Verletzungsgefahr!

Der rationelle Arbeitsplatz

äußerer Greifbereich
innerer Greifbereich

Abfallteller, Ordnungstopf — Brett, Messer

Merke: Erst denken – dann arbeiten!

Hygiene am Arbeitsplatz

Aufgabe: Wie arbeitest du hygienisch in der Schulküche?

Hände vor und während des Kochens waschen	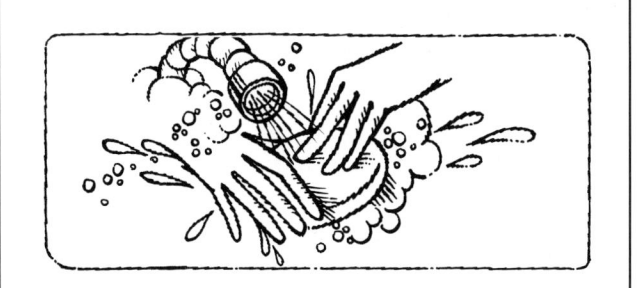
Elektrische Geräte vom Wasser fern halten	
Wunden verbinden	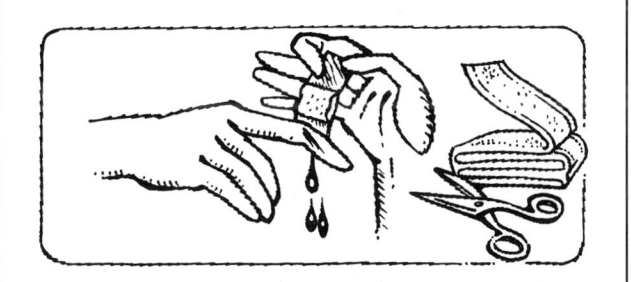
Stand- und trittfeste Leiter benutzen	
Sauberkeit und Ordnung am Arbeitsplatz	
Verschüttetes sofort wegwischen	

Unterheben	vorsichtig z. B. bei Sahne
Rutschfeste Unterlage	
Pürieren	
Innerer Greifbereich	
Zu Schnee schlagen	
Äußerer Greifbereich	

Abstand zu scharfen Arbeitsgeräten halten	
Würfel schneiden	
Arme nicht überkreuzen	
Krallengriff	
Schaumig schlagen	
Zitronenpresse	

| Name: | Klasse: 7 | Datum: | **HsB** | Nr.: |

Plane deinen Arbeitsplatz!

Quarkspeise mit Obst

Menge	Zutaten	Zubereitung	Merke
1	Banane	– schälen und mit einer Gabel pürieren	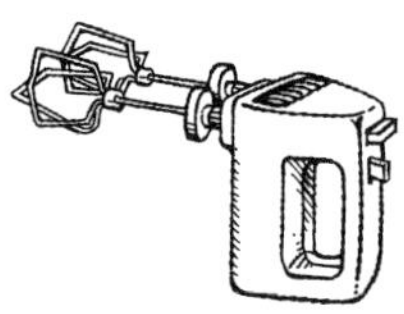
½	Zitrone	– auspressen und etwas Saft zugeben	
125 g	Quark	– schaumig schlagen	
1 EL	Zucker		
		– Banane unter die Quarkmasse rühren	
125 ml	Sahne	– steif schlagen und unterheben	
1	Apfel	– schälen, Kernhaus entfernen, in Würfel schneiden, mit dem restlichen Zitronensaft beträufeln	
6	Zwetschgen	– entkernen, vierteln	
		– Quarkmasse und Obst schichtweise in Schälchen füllen	

Rationelles und sicheres Schneiden

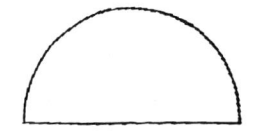

1. 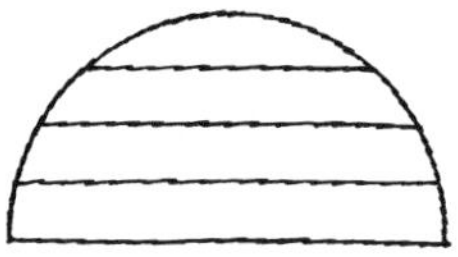 _____   2. 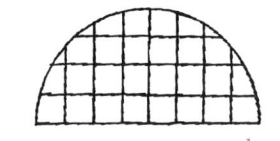 _____   3. _____

4. _____

Der rationelle Arbeitsplatz

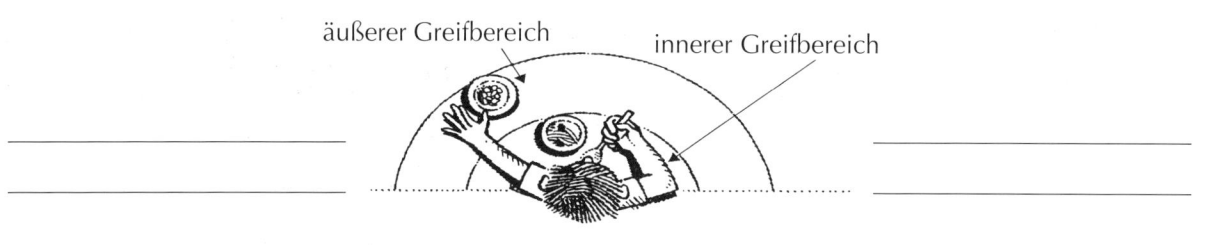

äußerer Greifbereich   innerer Greifbereich

_____   _____
_____   _____

Merke: _____

Hygiene am Arbeitsplatz

Aufgabe:
Wie arbeitest du hygienisch in der Schulküche?

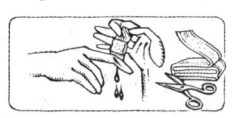

Spülen mit Köpfchen!

Artikulation:

Anfangsphase: Folie „Feiern ja – Spülen nein", Diskussion
1. Teilziel: Zubereiten des Salates
2. Teilziel: Arbeitsblatt „Spülen mit Köpfchen!"
Schlussphase: Folie „Wasserverbrauch"

Hinweise:

- Die Lerninhalte zum 2. Teilziel können anhand des Arbeitsblattes im Unterrichtsgespräch erarbeitet werden.
- In M-Gruppen wäre es zudem möglich, die Schüler weitere Informationen zum Wasserverbrauch einholen zu lassen, z. B. aus dem Internet oder beim Wasserwerk.

Lernziele:

Die Schüler sollen …
… eine Zwiebel sachgerecht würfeln.
… die Grundzutaten einer Salatmarinade kennen.
… nach ökonomischen und ökologischen Gesichtspunkten spülen.
… die Verteilung des Wasserverbrauches im privaten Haushalt realisieren und Möglichkeiten der Einsparung finden.

Medien:

Folie „Feiern ja – Spülen nein", Arbeitsblatt, Folie „Wasserverbrauch"

Folie: Feiern ja – Spülen nein (Anfangsphase)

Puh! Was für eine Rüberei!

Was rübt dich denn?

Ach, immer die gleiche Möhre! Ich bin fix und karottig. Bei den Feten, ja da rüben alle mit, aber beim Abwasch …

Troll u. a.: Unterrichtssequenzen Hauswirtschaftlich-sozialer Bereich (7. Jgst. Bd. 1)
© Auer Verlag GmbH, Donauwörth

Folie: Wasserverbrauch (Schlussphase)

Wasserverbrauch im Haushalt

Täglicher Wasserverbrauch je Einwohner in Deutschland: 128 Liter, davon für

- Essen und Trinken: 5
- Putzen, Garten, Autopflege: 8
- Geschirrspülen: 8
- Wäschewaschen: 15
- Toilettenspülung: 35
- Baden, Duschen: 46 Liter

Angaben von 2002/Quelle: BGW

| Name: | Klasse: 7 | Datum: | **HsB** | Nr.: |

Spülen mit Köpfchen!

Gurken in Dillsahne

Menge	Zutaten	Zubereitung	Merke
1	Salatgurke	– schälen, halbieren, in Scheiben schneiden	
2	Tomaten	– halbieren, Strunk entfernen, vierteln	
½	rote Zwiebel/ Schalotte	– schälen, halbieren, in Würfel schneiden	
Marinade:			
3 EL	Essig		
1 TL	Senf		
100 g	Sahne	– alle Zutaten gut verrühren	
etwas	Salz, Pfeffer		
1 Prise	Zucker		
½ Bund	Dill und andere Kräuter	– Kräuter waschen, putzen, schneiden oder wiegen	
1 TL	Öl	– Öl und Kräuter zugeben, Salat marinieren, etwas ziehen lassen	

Aufgabe: Trage ein, wie du deinen Arbeitsplatz vorbereitest.

Aufgabe: Nummeriere die Geschirrteile so, dass ein schnelles Verschmutzen des Wassers verhindert wird.

Merke:

Lösungsvorschlag zu S. 26

| Name: | Klasse: 7 | Datum: | HsB | Nr.: |

Spülen mit Köpfchen!

Gurken in Dillsahne

Menge	Zutaten	Zubereitung	Merke
1	Salatgurke	– schälen, halbieren, in Scheiben schneiden	von der Blüte
2	Tomaten	– halbieren, Strunk entfernen, vierteln	zum Stiel
½	rote Zwiebel/ Schalotte	– schälen, halbieren, in Würfel schneiden	schälen
Marinade:			
3 EL	Essig		
1 TL	Senf		
100 g	Sahne	– alle Zutaten gut verrühren	
etwas	Salz, Pfeffer		
1 Prise	Zucker		
½ Bund	Dill und andere Kräuter	– Kräuter waschen, putzen, schneiden oder wiegen	
1 TL	Öl	– Öl und Kräuter zugeben, Salat marinieren, etwas ziehen lassen	

Aufgabe: Trage ein, wie du deinen Arbeitsplatz vorbereitest.

| gespültes Geschirr auf den Kopf stellen, damit es abtropfen kann | heißes Wasser | heißes Wasser mit wenig Spülmittel | schmutziges Geschirr aufeinander stapeln |

Aufgabe: Nummeriere die Geschirrteile so, dass ein schnelles Verschmutzen des Wassers verhindert wird.

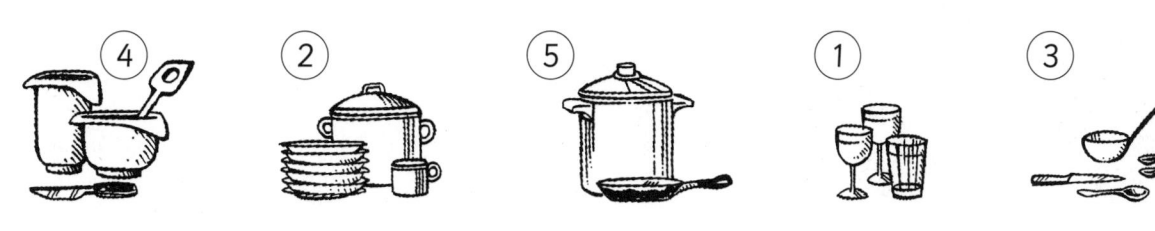

④ ② ⑤ ① ③

Merke:

Spüle sehr schmutziges Geschirr vor dem Spülen vor. Gehe sparsam mit Wasser und Spülmittel um. Beachte die Reihenfolge des Geschirrs beim Spülen.

Wir bedienen den Herd fachgerecht

Artikulation:

Anfangsphase: Vorbereitetes Rollenspiel zweier Schüler bis zur Markierung (Sternchen); Schüler, die zuschauen, finden Zielangabe, z. B. „Wie bediene ich den Herd richtig?"

1. Teilziel: Weiterführung des Rollenspiels bis zur 2. Markierung; Folie mit Herdplatten, Klären der Begriffe Ankoch- und Fortkochstufe (Klassenunterricht)

2. Teilziel: Weiterführung des Rollenspiels bis 3. Markierung; arbeitsteilige Gruppenarbeit mit Auswertung: Herdplattenarten, energiesparendes Kochen, sachgemäße Reinigung

3. Teilziel: Zubereiten der Kochaufgabe

Schlussphase: Schluss des Rollenspiels, Wiederholung, Arbeitsblatt

Lernziele:

Die Schüler sollen …

- … mindestens zwei unterschiedliche Schaltungen benennen können und bei der Zubereitung des Gerichts richtig anwenden.
- … mindestens zwei Regeln zum Energiesparen wissen und anwenden.
- … drei verschiedene Plattenarten benennen, in einfacher Form erklären und sachgerecht einsetzen können.
- … den Herd sachgemäß und umweltbewusst reinigen.

Hinweise:

- Das Rollenspiel stellt einen Vorschlag dar, wie die Unterrichtseinheit ablaufen könnte. Je nach Gericht und Herdplattenarten in der eigenen Schulküche sollte es abgeändert werden.
- Die Schalterabbildungen auf dem Arbeitsblatt sollten kopiert und für die Tafelanschrift vergrößert werden. Sie können die Ränder entsprechend der Höhe der Temperatur von gelb über orange bis rot ausmalen.
- Das Garkochen der Nudeln „ohne Strom" funktioniert nur, wenn die Reihenfolge auf dem Rezept exakt eingehalten wird. So sollten die Nudeln garantiert nicht überkochen.

Medien:

Rollenspiel (vorher für zwei Schüler kopieren und einüben lassen oder auf Kassette aufnehmen), Folie, Arbeitsaufgaben, Lückentexte und Schriftstreifen, Arbeitsblatt

Rollenspiel:

Stefan lebt seit kurzer Zeit in München, wo er die erste eigene Wohnung hat. Vom Kochen hat er wenig Ahnung! Er weiß nur von seiner Mutter, dass man ab und zu etwas Warmes im Magen braucht. So steht er also ratlos vor dem Elektroherd mit seinen Zutaten zur Nudelpfanne.

Stefan: Ich rufe einfach Mutter an, die wird schon wissen, wie mein Herd genau funktioniert. Hallo, Mam, ich stehe gerade vor dem Herd und will mir eine Nudelpfanne machen, aber ich kenne mich mit dem Herd nicht aus!

Mutter: Aha, das hast du nun davon, dass du mir nie beim Kochen geholfen hast!

Stefan: Ja, ja, aber das hilft mir jetzt auch nicht weiter!

Mutter: So schnell und auf diese Entfernung kann ich dir das auch nicht sagen. Jeder Herd hat verschiedene Plattenarten und Schaltungen.

Stefan: Waaaas? Auch das noch! Dann wird wohl nichts aus meiner Nudelpfanne, oder?

*

Mutter: Ich versuche, es dir kurz zu erklären. Dein Herd hat drei verschiedene Plattenarten: Normalkochplatte, Blitzkochplatte und Automatikkochplatte. Die Platten unterscheiden sich durch Schalter, Ankochstufe und Fortkochstufe.

Stefan: Moment, das ist zu viel. Ich seh' kurz nach, ob ich diese Platten überhaupt habe.

*

Stefan: Ja, diese Platten habe ich auch, ich hab' auch gleich verstanden, was mit Ankochen und Fortkochen gemeint ist.

Mutter: So, was ist denn damit gemeint?

Mutter: Weißt du was, sieh doch einfach auch selber in der Gebrauchsanweisung nach, wie die Platten funktionieren, und rufe mich bei Unklarheiten nochmal an!

Beide legen auf.

*

Nochmaliger Anruf:

Stefan: Hallo, Mam! Ich hab' die Nudelpfanne prima hingekriegt und habe festgestellt, dass die Regel „Je höher die Zahl am Schalter, desto höher die Temperatur" nicht ganz zutrifft!

Mutter: Was? Wirklich? Bei welcher Platte und wann?

Stefan: Na, habt ihr gut aufgepasst? Könnt ihr Mutter die Antwort geben?

Mutter: Siehst du, jetzt hast du es geschafft, dass auch ich etwas dazugelernt habe! Danke, bis bald.

Folie (1. Teilziel)

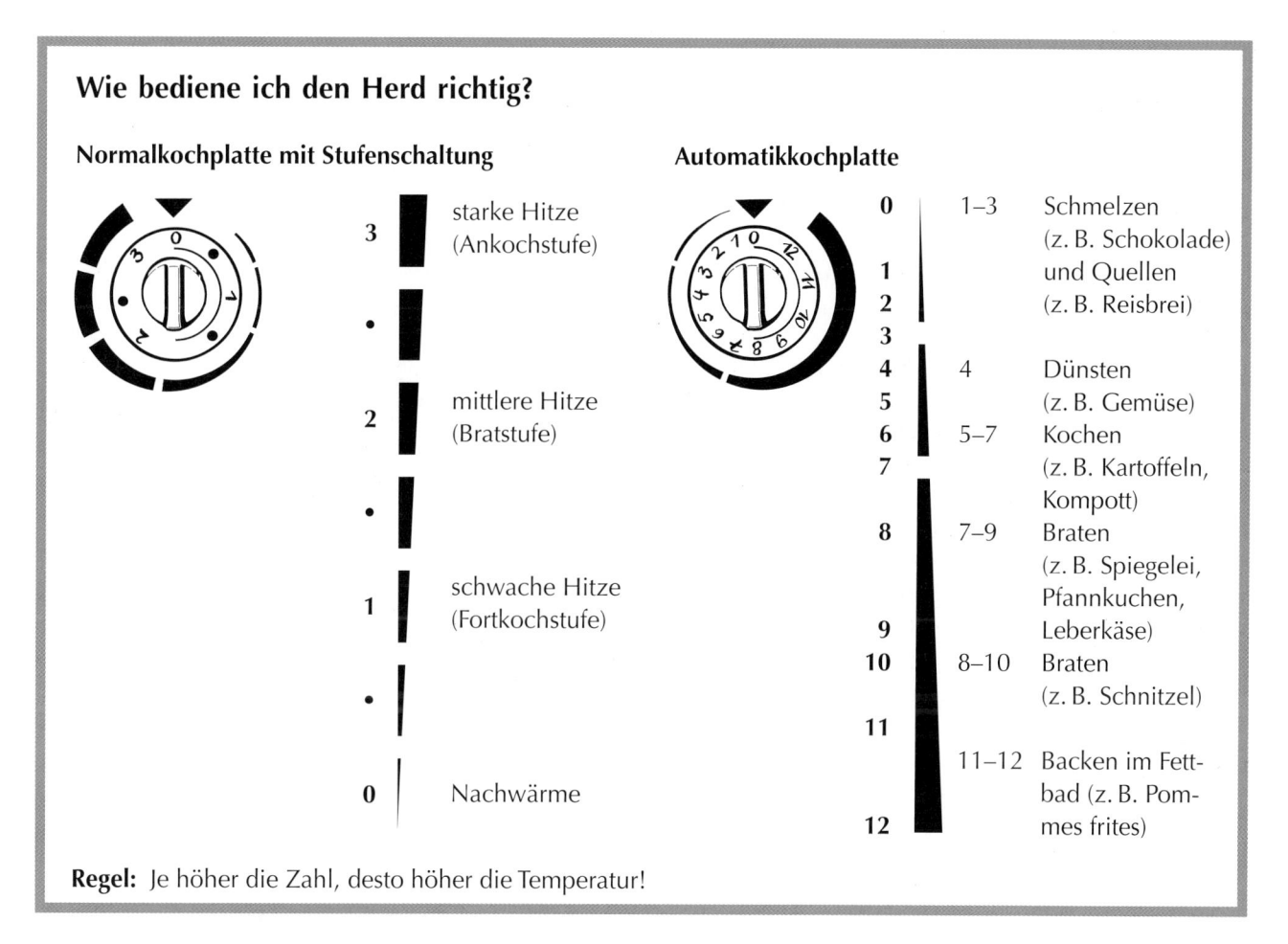

Wie bediene ich den Herd richtig?

Normalkochplatte mit Stufenschaltung

- 3 — starke Hitze (Ankochstufe)
- 2 — mittlere Hitze (Bratstufe)
- 1 — schwache Hitze (Fortkochstufe)
- 0 — Nachwärme

Automatikkochplatte

Stufe	Bereich	Verwendung
0	1–3	Schmelzen (z. B. Schokolade) und Quellen (z. B. Reisbrei)
1		
2		
3		
4	4	Dünsten (z. B. Gemüse)
5		
6	5–7	Kochen (z. B. Kartoffeln, Kompott)
7		
8	7–9	Braten (z. B. Spiegelei, Pfannkuchen, Leberkäse)
9		
10	8–10	Braten (z. B. Schnitzel)
11		
12	11–12	Backen im Fettbad (z. B. Pommes frites)

Regel: Je höher die Zahl, desto höher die Temperatur!

Rezeptbaustein zum Austauschen

Hinweis: Dieser Rezeptbaustein kann auf das Arbeitsblatt von S. 33 geklebt werden, da er die gleiche Größe hat. Eine weitere Alternative wäre das Rezept „Kartoffel-Lauch-Suppe" im 2. Band für die 7. Jahrgangsstufe, S. 91.

Tortellini in Schinken-Sahnesoße

Menge	Zutaten	Zubereitung
2 l	Wasser	– zum Kochen bringen (_____)
½ TL	Salz	– zugeben
1 EL	Öl	
100 g	Tortellini	– zugeben (_____) und 10 Min. garen
1	kleine Zwiebel	– in Würfel schneiden
30 g	Butter	– schmelzen, Zwiebel andünsten
100 g	gekochten Schinken	– in Würfel schneiden, zugeben
½–1 Becher	Sahne	– aufgießen
30–40 g	Reibkäse	– zugeben, schmelzen lassen
½ TL	gekörnte Brühe	– einrühren
	Salz, Pfeffer, Oregano	– Soße abschmecken
		– Tortellini abgießen, unter die Soße heben, auf Teller verteilen
etwas	Petersilie	– zum Garnieren

Arbeitsteilige Gruppenarbeit (2. Teilziel)

Aufgabe: Vergleich Normalkochplatte – Blitzkochplatte

1. Lies die Texte zur Normalkochplatte und Blitzkochplatte genau durch.
2. Vergleiche die beiden Platten, stelle Unterschiede heraus.
3. Ergänze die Lückentexte.
4. Ordne die Schriftstreifen unseren Herdplatten richtig zu.

Normalkochplatte
Sie ist stufengeregelt. Je höher die eingeschaltete Stufe, umso mehr elektrische Leistung wird erbracht.
Da die Platte sich nicht selbst zurückschaltet, ist es günstig, zum Ankochen die Stufe 3 (höchste Stufe) zu verwenden, dann jedoch auf Stufe 1 zurückzuschalten.

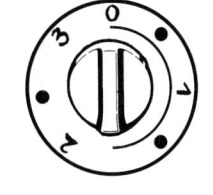

Blitzkochplatte
Sie kann mehr Strom aufnehmen, hat also auf höchster Stufe mehr Energie.
Somit geht das Ankochen schneller, dann muss auch hier zum Weitergaren zurückgeschaltet werden.

Medien:
Arbeitsaufgabe,
je zwei Schriftstreifen „Normalkochplatte/Blitzkochplatte",
Plakatstift,
Lückentext 1 und 2,
Herd der Kochkoje

Aufgabe: Vergleich Normalkochplatte – Automatikplatte

1. Lies die Texte zur Normalkochplatte und Automatikplatte genau durch.
2. Vergleiche die beiden Platten, stelle Unterschiede heraus.
3. Ergänze die Lückentexte.
4. Ordne die Schriftstreifen unseren Herdplatten richtig zu.

Normalkochplatte
Sie ist stufengeregelt. Je höher die eingeschaltete Stufe, umso mehr elektrische Leistung wird erbracht.
Da die Platte sich nicht selbst zurückschaltet, ist es günstig, zum Ankochen die Stufe 3 (höchste Stufe) zu verwenden, dann jedoch auf Stufe 1 zurückzuschalten.

Automatikplatte
Sie ist stufenlos geregelt. Zum Einschalten der elektronischen Ankochautomatik wählt man zunächst z. B. die Fortkochstufe 5 und zieht dann den Schaltknopf bis zum Anschlag kurz heraus.
Jetzt erhält die Kochplatte für eine bestimmte Zeit einen „Ankochstoß" in Form von erhöhter Leistung.
Der Knopf federt von selbst wieder zurück.
Vorteil: Man spart sich das Zurückschalten. Denn nach Ablauf der Ankochzeit schaltet sich die Automatik von selbst aus.

Medien:
Arbeitsaufgabe,
je zwei Schriftstreifen „Normalkochplatte/Automatikplatte",
Plakatstift,
Lückentext 2 und 3,
Herd der Kochkoje

Lückentext 1

**Auf höchster Stufe _____ ,
dann _____ !**

Lückentext 2

**Hat auf höchster Stufe
_____ !**

Lückentext 3

**Schalter gleich auf die
_____ stellen!**

Automatikplatte

Blitzkochplatte

Normalkochplatte

(Schriftstreifen auf DIN A3 vergrößern!)

Medien:
Arbeitsaufgabe,
drei verschiedene
Töpfe/Pfannen,
Notizzettel, Stift

Aufgabe: Energiesparen beim Kochen

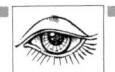

1. Du hast verschiedene Töpfe zur Auswahl. Lies dir die Texte unten genau durch, sieh dir die Bilder dazu genau an.
2. Versuche, drei kurze Regeln zum Energiesparen aufzustellen. Notiere diese auf einem Zettel.
3. Wähle für die Nudelpfanne eine geeignete Pfanne und einen Kochtopf aus und stelle sie auf die passende Herdplatte.
4. Fülle den Kochtopf halb mit Wasser, setze den Deckel darauf und schalte die höchste Stufe ein.

Energiesparen mit dem Elektroherd: Deckel auf den Topf!
Stromverbrauch zum Fortkochen von 1,5 Liter Fleischbrühe in einer Stunde:

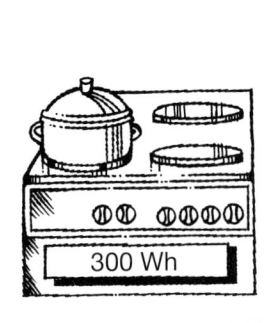

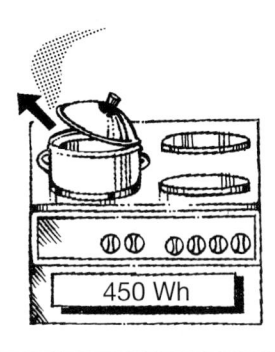

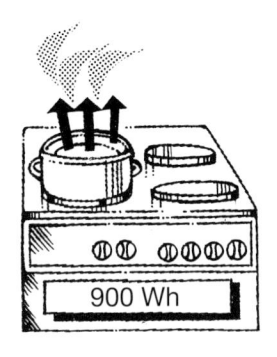

| 300 Wh | 450 Wh | 900 Wh |

Stromsparend ist es, einen Topf zu wählen, der in der **Größe genau auf die Platte passt**. Ist die Platte größer als der Topf, geht unnötig Energie verloren.

Da die Wärme, die die Elektroplatte abgibt, direkt auf den Topfboden übertragen wird, sollte der **Topfboden glatt auf dem Herd aufliegen**.

Medien:
Arbeitsaufgabe,
evtl. diverse
Reinigungsmittel

Aufgabe: Reinigen des Herdes

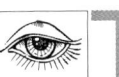

1. Lies die Texte über die Herdreinigung genau durch.
2. Erkläre uns im Anschluss, wie du den Herd richtig reinigst.

Pflege der Kochmulde
Die Kochmulde ist mit einem weichen, feuchten Lappen abzuwischen. Für eingebrannte Stellen verwendet man dazu etwas Spülmittel. In keinem Fall scharfe und kratzende Putzmittel verwenden! Die Kochplatten sind von Zeit zu Zeit mit einem handelsüblichen Spezialpflegemittel abzureiben. Es sollte vermieden werden, Wasser an die Kochplatten zu bringen.

Pflege des Kochfeldes
Das Kochfeld ist mit einem weichen, feuchten Lappen abzuwischen. Für eingebrannte Stellen nimmt man den Glasschaber.
Anschließend noch einmal feucht nachwischen und dann das Kochfeld trocken reiben. Evtl. etwas Glaskeramik-Pflegemittel auftragen und einpolieren.

Wir lernen den Herd kennen

Bunte Nudelpfanne

Menge	Zutaten	Zubereitung
2 l	Wasser	– zum Kochen bringen (_____)
1 TL	Salz	
1 EL	Öl	– zugeben, Platte ausschalten
250 g	Nudeln	– zugeben, umrühren, Deckel auf den Topf legen, Nudeln 10 Min. auf der Platte stehen lassen
		– Nudeln abseihen, abtropfen lassen
100 g	Schinken	– in Würfel schneiden
1 Päckchen	tiefgekühlte Erbsen	– auftauen lassen
1	rote Paprikaschote	– waschen, halbieren, Strunk herausschneiden, waschen, in Streifen schneiden
1 EL	Butter	– in der Pfanne erhitzen, Gemüse andünsten (_____), Nudeln unterheben
½ TL	Salz	– würzen
½ TL	gekörnte Brühe	– zugeben
½ Bund	Petersilie	– waschen, schneiden bzw. wiegen, zugeben
½ Becher	Sahne	– aufgießen, nicht mehr kochen lassen

Denk an die Umwelt und spar Energie!

1. **Topfplattengröße** ___ Herdplattengröße
2. **Topfboden:** _____
3. **Herdreinigung:**
   - leicht verschmutzt: _____
   - stark verschmutzt:
     – _____
     – Glaskeramik: → _____
     – Herdplatten: → _____
     – _____

Unser Elektroherd hat drei verschiedene Plattenarten:

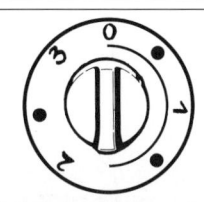

| _____ | _____ | _____ |

Auf höchster Stufe ankochen, dann zurückschalten.

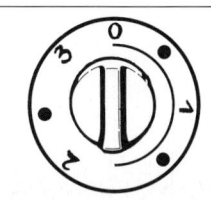

Diese Platte hat auf höchster Stufe mehr Engergie.

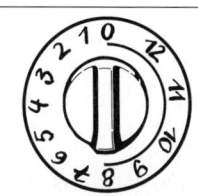

Schalter von Anfang an auf die Fortkochstufe stellen. („A" einstellen!) Platte kocht automatisch mit mehr Energie an und schaltet dann zurück.

Lösungsvorschlag zu S. 29

Tortellini in Schinken-Sahnesoße

Menge	Zutaten	Zubereitung
2 l	Wasser	– zum Kochen bringen (__Ankochstufe!__)
½ TL	Salz	– zugeben
1 EL	Öl	
100 g	Tortellini	– zugeben (__Fortkochstufe!__) und 10 Min. garen
		– in Würfel schneiden
1	kleine Zwiebel	– schmelzen, Zwiebel andünsten
30 g	Butter	
100 g	gekochten Schinken	– in Würfel schneiden, zugeben
½–1 Becher	Sahne	– aufgießen
30–40 g	Reibkäse	– zugeben, schmelzen lassen
½ TL	gekörnte Brühe	– einrühren
	Salz, Pfeffer, Oregano	– Soße abschmecken
		– Tortellini abgießen, unter die Soße heben, auf Teller verteilen
etwas	Petersilie	– zum Garnieren

Lösungsvorschlag zu S. 31

Auf höchster Stufe _ankochen_, dann _zurückschalten_!

Lückentext 1

Hat auf höchster Stufe _mehr Energie_!

Lückentext 2

Schalter gleich auf die _Fortkochstufe_ stellen!

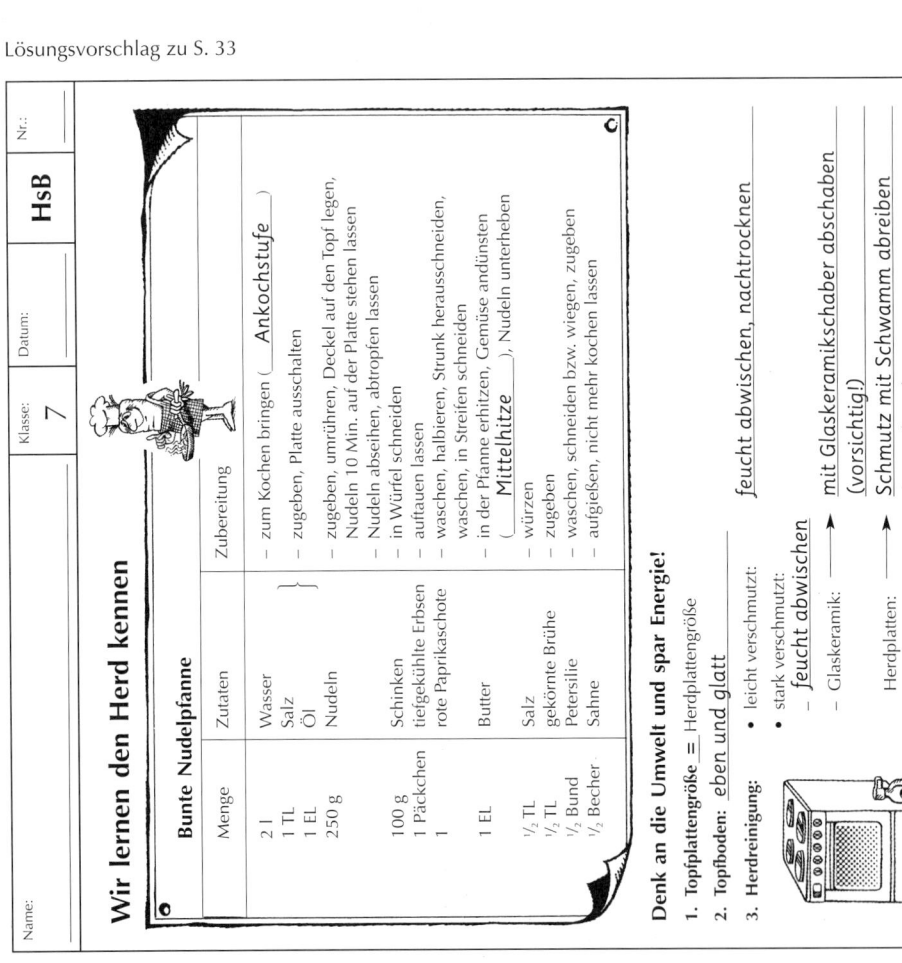

Lückentext 3

Lösungsvorschlag zu S. 33

Name: ____ Klasse: 7 Datum: ____ HsB Nr.: ____

Wir lernen den Herd kennen

Bunte Nudelpfanne

Menge	Zutaten	Zubereitung
2 l	Wasser	– zum Kochen bringen (__Ankochstufe__)
1 TL	Salz	– zugeben, Platte ausschalten
1 EL	Öl	
250 g	Nudeln	– zugeben, umrühren, Deckel auf den Topf legen, Nudeln 10 Min. auf der Platte stehen lassen
		– Nudeln abseihen, abtropfen lassen
100 g	Schinken	– in Würfel schneiden
1 Päckchen	tiefgekühlte Erbsen	– auftauen lassen
1	rote Paprikaschote	– waschen, halbieren, Strunk herausschneiden, waschen, in Streifen schneiden
1 EL	Butter	– in der Pfanne erhitzen, Gemüse andünsten (__Mittelhitze__), Nudeln unterheben
½ TL	Salz	– würzen
½ TL	gekörnte Brühe	– zugeben
½ Bund	Petersilie	– waschen, schneiden bzw. wiegen, zugeben
½ Becher	Sahne	– aufgießen, nicht mehr kochen lassen

Denk an die Umwelt und spar Energie!

1. **Topfplattengröße** = Herdplattengröße
2. **Topfboden:** eben und glatt
3. **Herdreinigung:**
   - leicht verschmutzt: _feucht abwischen_
   - stark verschmutzt: _feucht abwischen, nachtrocknen_
   - Glaskeramik: → mit Glaskeramikschaber abschaben (vorsichtig!)
   - Herdplatten: → Schmutz mit Schwamm abreiben (vorsichtig!)
     - abwischen, nachtrocknen
     - Spezialpflegemittel auftragen, einpolieren

Unser Elektroherd hat drei verschiedene Plattenarten:

Normalkochplatte	Blitzkochplatte	Platte mit Ankochautomatik
Auf höchster Stufe ankochen, dann zurückschalten.	*Diese Platte hat auf höchster Stufe mehr Energie.*	*Schalter von Anfang an auf die Fortkochstufe stellen. („A" einstellen!) Platte kocht automatisch mit mehr Energie an und schaltet dann zurück.*

Troll u. a.: Unterrichtssequenzen Hauswirtschaftlich-sozialer Bereich (7. Jgst. Bd. 1)
© Auer Verlag GmbH, Donauwörth

Wir garen im Backofen

Artikulation:

Anfangsphase: Rückgriff auf letzte Stunde: Elektroherd oder Bild von Blätterteigtaschen → Schüler benennen die Garmachungsart „Backen im Ofen"

1. Teilziel: Vorbereiten der Kochaufgabe, noch nicht in den Ofen geben

2. Teilziel: Arbeitsteilige Gruppenarbeit, Auswertung, Pizzataschen/Käsesoufflé in den Ofen schieben, einschalten

Schlussphase: Arbeitsblatt

Hinweise:

- Je nachdem, welchen Backofen Sie in ihrer Schulküche haben, sollten die Texte der Gruppenarbeit abgewandelt bzw. aus der eigenen Gebrauchsanweisung kopiert und ersetzt werden.
- Die Symbole für die Heizarten können vom Arbeitsblatt kopiert und auf DIN A4 vergrößert werden (Tafelanschrift).

Lernziele:

Die Schüler sollen…

… mindestens zwei unterschiedliche Schaltungen benennen können und bei der Zubereitung des Gerichts anwenden (Temperaturregler, Funktionsschalter).

… drei verschiedene Heizarten benennen, in einfacher Form erklären und sachgerecht einsetzen können.

… den Backofen sachgemäß reinigen.

Medien:

Arbeitsaufgaben, evtl. Kopien der Gebrauchsanweisung des Herdes (Backofen), Arbeitsblatt

Arbeitsteilige Gruppenarbeit (2. Teilziel)

Aufgabe: Bedienung der Schalter

1. Lies die Texte über Funktions- und Temperaturwähler genau durch.
2. Sieh dir die Bilder dazu an.
3. Erkläre uns im Anschluss mit eigenen Worten die zwei Wähler.

Funktionswähler

Vor jedem Auftauen, Backen, Braten, Grillen muss der Funktionswähler eingestellt werden. (Gelbe Betriebsanzeigelampe und Backofenlampe leuchten auf.)

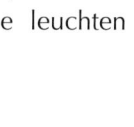

Temperaturwähler

Mit dem Backofen-Temperaturwähler kann die Temperatur stufenlos von 50 bis 250 °C eingestellt werden.

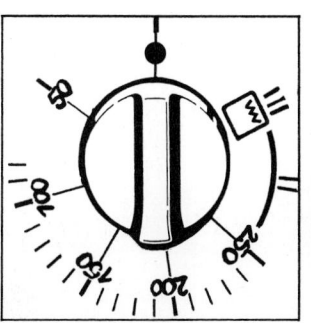

Achtung!

Backofen nicht mit Alufolie auslegen! Sonst entsteht ein Wärmestau, der das Back- und Bratergebnis verfälscht und die Beschichtung beschädigt.

Medien: Arbeitsaufgabe, evtl. Gebrauchsanweisung (Kopie der entsprechenden Seite)

Aufgabe: Einschubhöhe

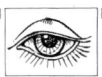

1. Ein Backofen hat bis zu fünf verschiedene Einschubmöglichkeiten. Sieh dir dazu das Bild und die Tabellen genau an.
2. Formuliere je eine Regel für die richtige Einschubhöhe.
3. In welcher Einschubhöhe und mit welcher Heizart würdest du unser Gericht garen? Begründe.

Backen in zwei Ebenen nur mit Heißluft

Backen in einer Ebene mit Heißluft oder Ober- und Unterhitze

Höhen

Kuchen

mit trockenem Belag	2 + 4
mit feuchtem Belag	2 + 4

Kleingebäck

Plätzchen	1 + 3
Blätterteig	1 + 3

Gericht	Geschirr	Höhe
Aufläufe süß (z. B. Quarkauflauf mit Obst)	Auflaufform	3
Toast bräunen 4 Stück 9 Stück	Rost oder Grillblech	5 5

Regel: _____

Regel: _____

Medien:
Arbeitsaufgabe, evtl. Gebrauchsanweisung (Kopie), Rezept

Aufgabe: Heizsysteme

1. Lies den Text über die drei Heizsysteme genau durch. Sieh dir die Bilder dazu genau an.
2. Unterstreiche im Text die Besonderheiten der Heizsysteme.
3. Vergleiche die Symbole mit dem Schalter am Backofen.
4. Erkläre die drei Heizsysteme. Welches würdest du für unser Gericht wählen?

Drei Backofen-Heizsysteme im Vergleich:

1. Das **klassische** Heizsystem mit Ober- und Unterhitze. Besonders geeignet zum Braten und Backen auf einer Ebene.

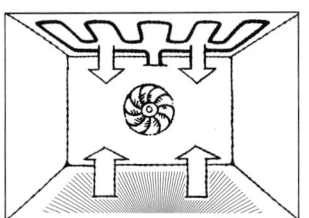

2. Das **Heißluft**system:
Ein Gebläse wälzt die Luft im Backofen um und bringt schnell die Wärme zu den Speisen. Besonders geeignet zum Auftauen und zum Backen, auch auf zwei Ebenen gleichzeitig.
Die im Rezept angegebene Temperatur kann um 20 °C gesenkt werden.

3. Die Kombination zwischen Grillheizkörper und Heißluft (**Umluft-Grillsystem**) ermöglicht das Grillen großer Fleischstücke und Geflügel ohne Drehspieß oder Drehkorb bei geschlossenem Backofen (energiesparend).

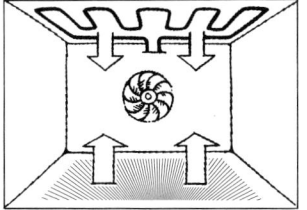

Medien:
Arbeitsaufgabe, evtl. Gebrauchsanweisung (Kopie), Herd (Backofen), Rezept

Aufgabe: Reinigung des Herdes

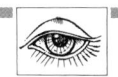

Medien: Arbeitsaufgabe, verschiedene Reiniger, Backpulver

1. Lies den Text über die Pflege des Gerätes.
2. Wähle geeignete Reinigungsmittel aus.
3. Zeige uns im Anschluss, wie du bei der Reinigung vorgehst.

Pflege des Gerätes

Die Emaille- und Glasflächen werden nur mit einem weichen, angefeuchteten Tuch abgewischt. Eingebrannte Stellen vorher mit warmem Spülmittelwasser einweichen. Die Edelstahlteile mit einem Edelstahl-Putzmittel reinigen.
Den Backofen in lauwarmem Zustand mit warmem Spülmittelwasser auswischen. Zum schnelleren Abkühlen und Austrocknen die Backofentüre leicht geöffnet lassen.
Der Grill verträgt kein Wasser und wird nur trocken gereinigt.

Tipp: Eingebrannte Stellen im Ofen anfeuchten und mit Backpulver bestreuen. Nach 10 Minuten Einwirkzeit einfach auswischen.

Rezeptbaustein zum Austauschen

Käsesoufflé

Menge	Zutaten	Zubereitung	Merke
5	Eier	– trennen, Eischnee herstellen	
70 g	Butter	– cremig rühren, Eigelb nach und nach unterrühren	
	Salz, Paprika	– würzen	
150 g	Reibkäse	– unterrühren	
6 EL	Sauerrahm	– zugeben	
2 EL	Mehl	– unterheben	
		– Eischnee unterheben	• _____
	Für die Form:		_____
etwas	Butter	– Form fetten und ausbröseln	_____
etwas	Semmelbrösel	– Soufflémasse einfüllen	
		Temperatur: 190–200 °C	
		Backzeit: 20–30 Min. (große Form)	• _____
		10–15 Min. (kleine Förmchen)	_____

Aufgabe: Welche Art der Wärme kannst du bei dem Käsesoufflé anwenden?

_____

_____

| Name: | Klasse: 7 | Datum: | **HsB** | Nr.: |

Wir garen im Backofen

Pizzataschen

Menge	Zutaten	Zubereitung	Merke
2	Tomaten	– waschen, schneiden	
2 Scheiben	Schinken	– in Würfel schneiden	
2 Scheiben	Salami		
2 frische	Champignons	– waschen, schneiden	
100 g	Reibkäse	– zurechtstellen	
1 Päckchen	Blätterteig	– auftauen, auswellen, in Quadrate schneiden	
		– die Teigquadrate mit gewünschten Zutaten belegen	• _____
	Salz, Pfeffer		
	Oregano	– würzen	
	Knoblauch		• _____
1	Ei	– trennen	
		– Teigränder mit Eiweiß („Kleber") bestreichen, Teigquadrate zusammenklappen, Ränder zusammendrücken	
		– Taschen mit Eigelb bestreichen	
		Temperatur: 180 °C	
		Backzeit: 15–20 Min.	

Aufgabe: Welche Art der Wärme kannst du bei den Pizzataschen anwenden?

Ein Blech: _____

Zwei Bleche: _____

Das Backrohr hat eigene Schalter

Ziffern: **Höhe der Temperatur**
Funktionswähler: **Art der Hitze**

Symbol	Funktion
▨	_____
✺	_____
▩	_____
▭	_____

Lösungsvorschlag zu S. 36

Aufgabe: Einschubhöhe

Regel: Bei zwei Blechen immer _eine Schiene freilassen!_

Regel: Je höher das Gebäck, _desto tiefer in den Ofen schieben!_

Lösungsvorschlag zu S. 37

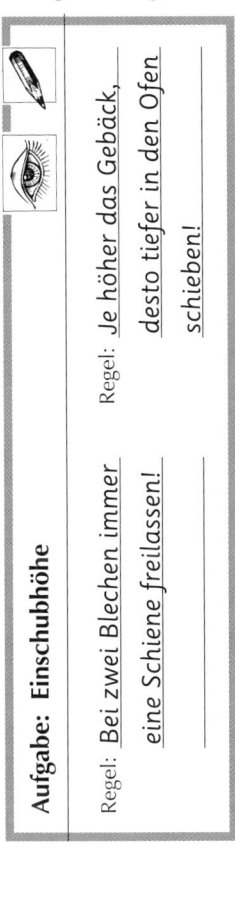

Rezeptbaustein zum Austauschen

Käsesoufflé

Menge	Zutaten	Zubereitung
5	Eier	– trennen, Eischnee herstellen
70 g	Butter	– cremig rühren, Eigelb nach und nach unterrühren
150 g	Salz, Paprika Reibkäse	– würzen
6 EL	Sauerrahm	– unterrühren
2 EL	Mehl	– zugeben
		– unterheben
	Für die Form:	– Eischnee unterheben
etwas	Butter	– Form fetten und ausbröseln
etwas	Semmelbrösel	– Soufflémasse einfüllen
		Temperatur: 190–200 °C
		Backzeit: 20–30 Min. (große Form)
		10–15 Min. (kleine Förmchen)

Merke

- _Butter_ und _Eigelb_ = Schaummasse
- Soufflé sofort _servieren!_

Aufgabe: Welche Art der Wärme kannst du bei dem Käsesoufflé anwenden? _Ober- und Unterhitze (Rost in die mittlere Schiene geben!)_

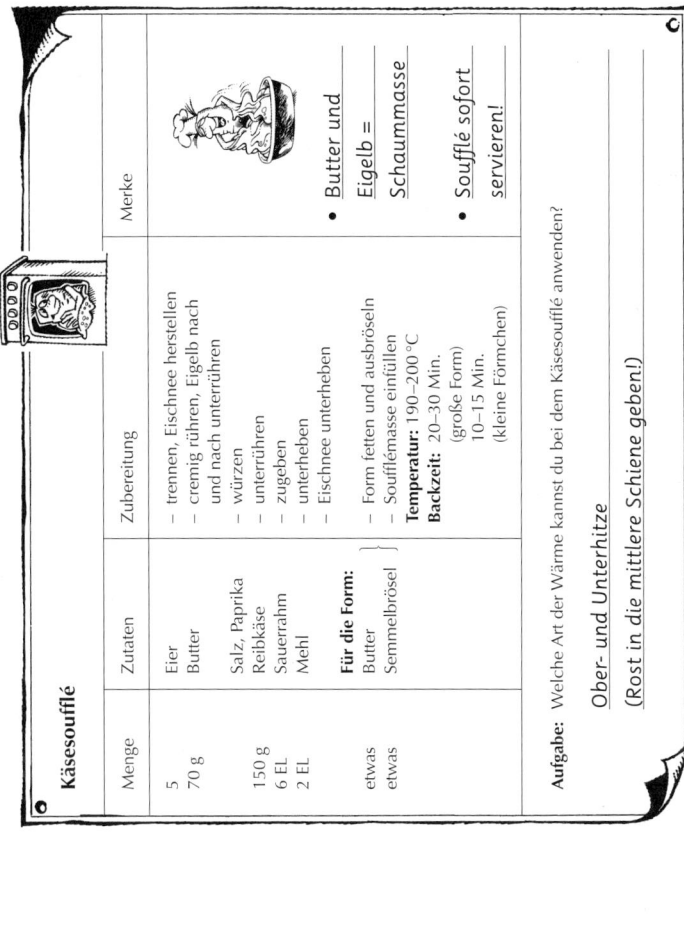

Lösungsvorschlag zu S. 38

Name: ___ Klasse: 7 Datum: ___ HsB Nr.: ___

Wir garen im Backofen

Pizzataschen

Menge	Zutaten	Zubereitung
2 Scheiben	Tomaten	– waschen, schneiden
2 Scheiben	Schinken Salami	– in Würfel schneiden
2 frische	Champignons	– waschen, schneiden
100 g	Reibkäse	– zurechtstellen
1 Päckchen	Blätterteig	– auftauen, auswellen, in Quadrate schneiden
		– die Teigquadrate mit gewünschten Zutaten belegen
	Salz, Pfeffer Oregano Knoblauch	– würzen
1	Ei	– trennen
		– Teigränder mit Eiweiß („Kleber") bestreichen, Teigquadrate zusammenklappen, Ränder zusammendrücken
		– Taschen mit Eigelb bestreichen
		Temperatur: 180 °C
		Backzeit: 15–20 Min.

Merke

- Ohne Druck _auswellen!_
- Von der Mitte _her auswellen!_

Aufgabe: Welche Art der Wärme kannst du bei den Pizzataschen anwenden?
Ein Blech: _Ober- und Unterhitze oder Umluft: mittlere Schiene!_
Zwei Bleche: _Nur bei Umluft möglich!_

Das Backrohr hat eigene Schalter

Ziffern: **Höhe der Temperatur**
Funktionswähler: **Art der Hitze**

Symbol	Funktion
〰	Grill
✳	Umluft
✳	Grill + Umluft
▬	Ober- und Unterhitze

Müll – (k)ein Problem?

Artikulation:

Anfangsphase: Einstimmung durch Geschichte und Folie
1. Teilziel: Verteilung der Müllsammelaufträge, Sammeln des Mülls
2. Teilziel: Gemeinsames Sortieren des gesammelten Mülls (je nach Landkreis unterschiedlich!)
3. Teilziel: Transport zu Entsorgungsorten, evtl. Unterrichtsgang zum Wertstoffhof
Schlussphase: Ausfüllen der Fragebögen, Diskussion über Müllproblematik, Müllquartett

Hinweis:

Auch als Schulprojekt mit allen Klassen möglich, Absprache mit Kollegen (z. B. Arbeit-Wirtschaft-Technik) und Hausmeister frühzeitig erforderlich!

Lernziele:

Die Schüler sollen …
… erkennen, dass Müll ein Problem für unsere Gesellschaft darstellt, das ihren persönlichen Beitrag erfordert.
… Müll sammeln, sortieren und mit Hilfe des Hausmeisters zu den jeweiligen Sammelstellen bringen.
… Hygienemaßnahmen bei der Müllsammlung beachten.

Medien:

Folien, Handschuhe, Müllsäcke, Schilder, kopierter Fragebogen und Wortkarten, Müllquartett (vierfach kopieren, z. B. auf Tonpapier, laminieren und schneiden)

Geschichte (Anfangsphase)

In einer Fabel wird erzählt: „Sag mir, was wiegt eine Schneeflocke?", fragte die Tannenmeise die Wildtaube. „Nicht mehr als nichts", gab sie zur Antwort.
„Dann muss ich dir eine wunderbare Geschichte erzählen", sagte die Meise. „Ich saß auf dem Ast einer Fichte, dicht am Stamm, als es zu schneien anfing; nicht etwa heftig im Sturmgebraus, nein, wie im Traum, lautlos und ohne Schwere. Da nichts Besseres zu tun war, zählte ich die Schneeflocken, die auf die Zweige und auf die Nadeln des Astes fielen und darauf hängen blieben. Genau dreimillionensiebenhunderteinundvierzigtausendneunhundertzweiundfünfzig waren es. Als die dreimillionensiebenhunderteinundvierzigtausendneunhundertdreiundfünfzigste Flocke niederfiel – nicht mehr als nichts – brach der Ast ab."
Damit flog die Meise davon. Die Taube, seit Noahs Zeiten eine Spezialistin in dieser Frage, sagte zu sich nach kurzem Nachdenken: „Vielleicht fehlt nur eines einzelnen Menschen Stimme zum Frieden der Welt!"

Folie (Anfangsphase)

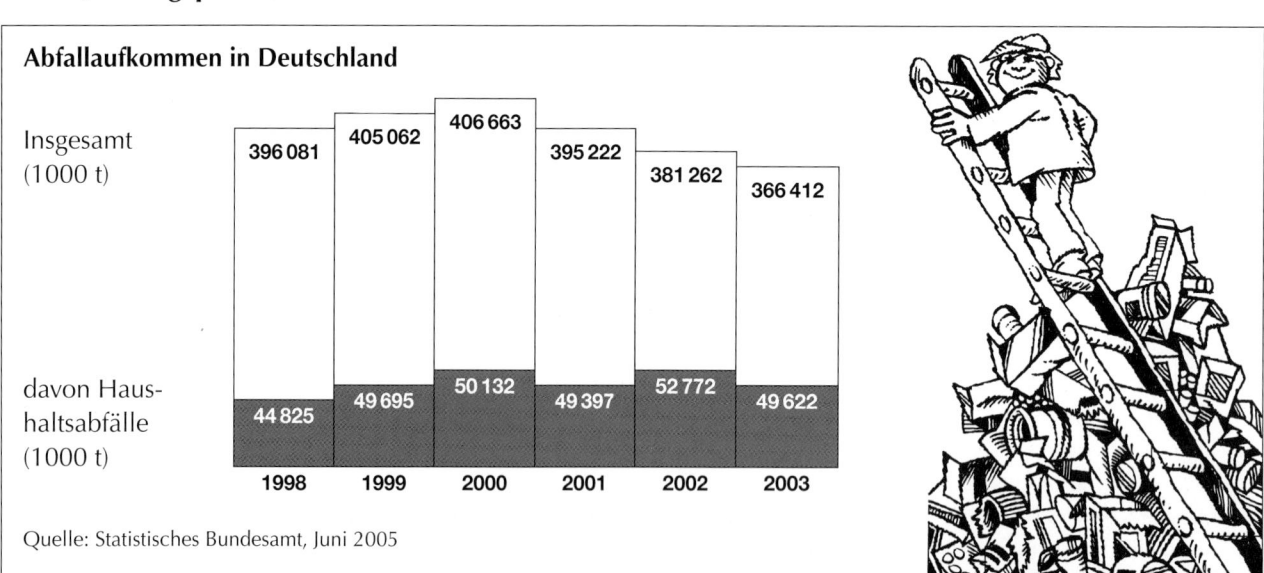

Abfallaufkommen in Deutschland

	1998	1999	2000	2001	2002	2003
Insgesamt (1000 t)	396 081	405 062	406 663	395 222	381 262	366 412
davon Haushaltsabfälle (1000 t)	44 825	49 695	50 132	49 397	52 772	49 622

Quelle: Statistisches Bundesamt, Juni 2005

Müllsammelaufträge (1. Teilziel)

Aufgabe: Müllsortierung

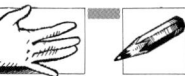

1. Bereitet zusammen mit dem Hausmeister den Platz für die Müllsortierung vor.
2. Informiert euch beim Hausmeister, nach welchen Richtlinien wir den Müll sortieren müssen.
3. Schreibt Schilder mit den jeweiligen Wertstoffgruppen, damit eure Mitschüler beim Müllsortieren Bescheid wissen.

Medien: Arbeitsaufgabe, Plastikplane, Müllbehälter, Handschuhe, Schilder, Papier, Stifte

Aufgabe: Müllsammlung (1)

1. Entleert die Abfalleimer der Klassenzimmer und Fachräume in große Müllsäcke.
2. Sammelt den Inhalt der Papierbehälter in den Klassenzimmern in einer großen Schachtel.
3. Bringt sie in den Hof zur Gruppe „Müllsortierung".

Medien: Arbeitsaufgabe, Abfalleimer, Papierbehälter, Müllsäcke, Schachteln

Aufgabe: Müllsammlung (2)

1. Entleert die Abfalleimer im Schulgebäude, Lehrerzimmer und Büro in große Müllsäcke.
2. Sammelt die Wertstoffbehälter im Schulgebäude ein.
3. Bringt sie in den Hof zur Gruppe „Müllsortierung".

Medien: Arbeitsaufgabe, Abfalleimer, Wertstoffbehälter, Müllsäcke

Aufgabe: Müllsammlung (3)

1. Sammelt allen Müll, der auf dem Pausenhof am Boden liegt, in einen großen Müllsack.
2. Sammelt auch den Müll, der um die Schule herum auf dem Boden liegt.
3. Bringt den Müll in den Hof zur Gruppe „Müllsortierung".

Medien: Arbeitsaufgabe, Müllsäcke, Handschuhe

Fragebogen (Schlussphase)

Kreuze an, was dir richtig erscheint!

☐ Es ist besser, Milch im Tetrapak zu kaufen, denn diese wiegt weniger und ist leichter zu tragen!
☐ Es ist besser, Milch in der Pfandflasche zu kaufen, da der Material- und Energieaufwand geringer ist!
☐ Cola in der Dose ist umweltfreundlich, da die Dose ja recycelt wird!
☐ Pfandflaschen sind am umweltfreundlichsten!
☐ Aufwändige Verpackungen der Produkte sind dann nicht umweltschädlich, wenn sie gesammelt und recycelt werden!
☐ Bevorzuge Produkte, die mit wenig Material verpackt sind, da dies weniger Material- und Energieaufwand erfordert hat.

Wortkarten und Pfeil (Schlussphase, auf DIN A3 vergrößern)

Schüler ordnen in der Diskussion Wortkarten den Wörtern auf dem Pfeil zu.

schlecht ist

besser ist

am besten ist

Mülltrennung

Mülldeponierung

Müllverbrennung

Müllvermeidung

Müllquartett (Schlussphase)

Spielanleitung: Alle Karten auf Spieler verteilen, ein Spieler fragt einen beliebigen Mitspieler nach einer ihm fehlenden Karte. Hat dieser die Karte, muss er sie hergeben, und der 1. Spieler darf weiterfragen. Hat er sie nicht, ist er mit Fragen an der Reihe.

Papier	Papier	Papier
– **Zeitung** – Schreibpapier – Broschüren/Kataloge – Pappe	– Zeitung – **Schreibpapier** – Broschüren/Kataloge – Pappe	– Zeitung – Schreibpapier – **Broschüren/Kataloge** – Pappe

Papier	Zum Kompost!	Zum Kompost!
– Zeitung – Schreibpapier – Broschüren/Kataloge – **Pappe**	– **welker Salat** – Gurkenschalen – fauler Apfel – Kartoffelschalen	– welker Salat – **Gurkenschalen** – fauler Apfel – Kartoffelschalen

Zum Kompost!	Zum Kompost!	Nicht zum Kompost!
– welker Salat – Gurkenschalen – **fauler Apfel** – Kartoffelschalen	– welker Salat – Gurkenschalen – fauler Apfel – **Kartoffelschalen**	– **marinierter Salat** – Speisereste – Wursthaut – Knochen

Nicht zum Kompost!	**Nicht zum Kompost!**	**Nicht zum Kompost!**
– marinierter Salat – **Speisereste** – Wursthaut – Knochen	– marinierter Salat – Speisereste – **Wursthaut** – Knochen	– marinierter Salat – Speisereste – Wursthaut – **Knochen**

Weißblech	**Weißblech**	**Weißblech**
– **Konservendose** – Spraydose – Schraubdeckel – Kronkorken	– Konservendose – **Spraydose** – Schraubdeckel – Kronkorken	– Konservendose – Spraydose – **Schraubdeckel** – Kronkorken

Weißblech	**Aluminium**	**Aluminium**
– Konservendose – Spraydose – Schraubdeckel – **Kronkorken**	– **Alufolie** – Joghurtdeckel – Einweg-Grillform – Schokoladenfolien	– Alufolie – **Joghurtdeckel** – Einweg-Grillform – Schokoladenfolien

Aluminium	Aluminium	Restmüll
– Alufolie – Joghurtdeckel – **Einweg-Grillform** – Schokoladenfolien	– Alufolie – Joghurtdeckel – Einweg-Grillform – **Schokoladenfolien**	– **fettiges Papier** – gebrauchtes Papiertaschentuch – Speisereste – Knochen

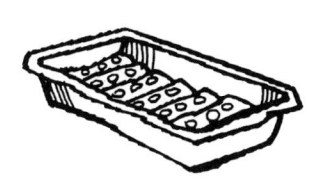

Restmüll	Restmüll	Restmüll
– fettiges Papier – **gebrauchtes Papiertaschentuch** – Speisereste – Knochen	– fettiges Papier – gebrauchtes Papiertaschentuch – **Speisereste** – Knochen	– fettiges Papier – gebrauchtes Papiertaschentuch – Speisereste – **Knochen**

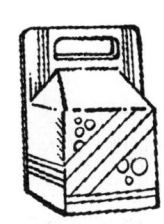

Vermeidung vor Verwertung!	Vermeidung vor Verwertung!	Vermeidung vor Verwertung!
Kaufe – **Pfandflaschen** – unverpacktes Obst – keine Einwegprodukte – Produkte aus Altpapier	Kaufe – Pfandflaschen – **unverpacktes Obst** – keine Einwegprodukte – Produkte aus Altpapier	Kaufe – Pfandflaschen – unverpacktes Obst – **keine Einwegprodukte** – Produkte aus Altpapier

Vermeidung vor Verwertung!	**Gelber Sack**	**Gelber Sack**
Kaufe – Pfandflaschen – unverpacktes Obst – keine Einwegprodukte – **Produkte aus Altpapier**	– **Weißblech** – Aluminium – Produkte mit dem grünen Punkt – Plastik	– Weißblech – **Aluminium** – Produkte mit dem grünen Punkt – Plastik
Gelber Sack	**Gelber Sack**	**Problemmüll/Sondermüll**
– Weißblech – Aluminium – **Produkte mit dem grünen Punkt** – Plastik	– Weißblech – Aluminium – Produkte mit dem grünen Punkt – **Plastik**	– **Lackreste** – Abbeizmittel – WC-Reiniger – Pflanzenschutzmittel
Problemmüll/Sondermüll	**Problemmüll/Sondermüll**	**Problemmüll/Sondermüll**
– Lackreste – **Abbeizmittel** – WC-Reiniger – Pflanzenschutzmittel	– Lackreste – Abbeizmittel – **WC-Reiniger** – Pflanzenschutzmittel	– Lackreste – Abbeizmittel – WC-Reiniger – **Pflanzenschutzmittel**

Mülltrennung – ein Muss!

Artikulation:

Anfangsphase: Folien „Müllgebühren"/„Hausmüll"; ökonomische Aspekte für die Mülltrennung
1. Teilziel: Zubereiten eines Kuchens; Müll auf einem Abfallteller sammeln
2. Teilziel: Arbeitsteilige Gruppenarbeit, Auswertung: Folie „Immer weniger Müll kostet immer mehr!"
3. Teilziel: Schneiden und Anrichten des Kuchens
Schlussphase: Müllquartett (Differenzierung)

Hinweise:

Es ist nicht möglich, ein Mülltrennungskonzept vorzustellen, das für alle Landkreise zutreffend ist. Ihnen stehen zwei Arbeitsblätter zur Auswahl. Beim ersten Arbeitsblatt können Sie Ihren Schülern zwei unterschiedliche Konzepte vorstellen. Beim zweiten bleibt Ihnen die Art der Gliederung selbst überlassen.

Lernziele:

Die Schüler sollen …
… zwei unterschiedliche Müllkonzepte kennen lernen.
… Wertstoffe dem Material entsprechend sortieren und deren Entsorgungsorte kennen.
… wissen, dass man Umverpackung im Geschäft lassen kann.
… ökonomische und ökologische Faktoren kennen lernen, die für die Mülltrennung sprechen.

Medien:

Folien, Arbeitsaufgaben, verschiedene Wertstoffe, Pfeile, Wortkarten, Folie vom Rezept, Folienstift, Arbeitsblatt

Folie 1 (Anfangsphase)

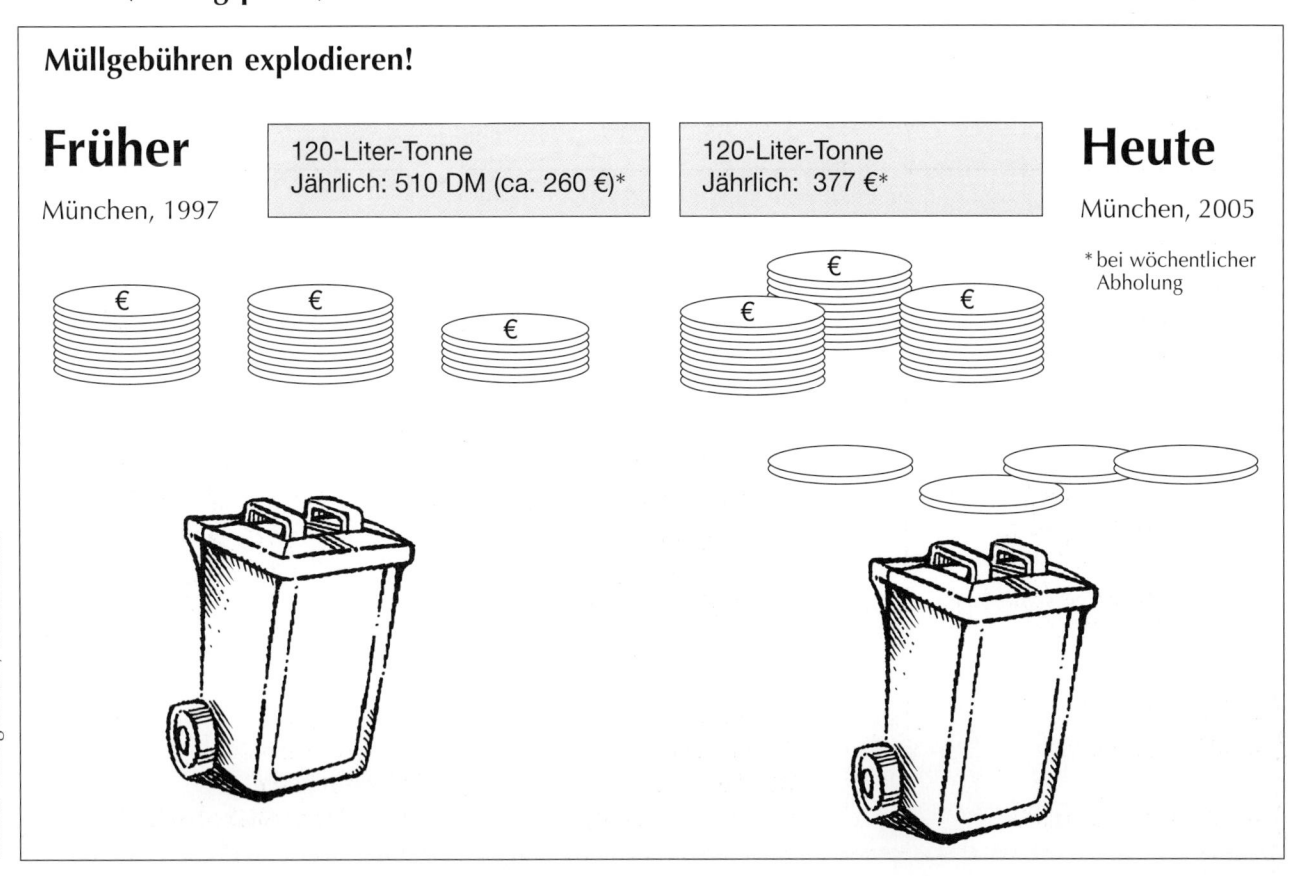

Müllgebühren explodieren!

Früher
München, 1997

120-Liter-Tonne
Jährlich: 510 DM (ca. 260 €)*

120-Liter-Tonne
Jährlich: 377 €*

Heute
München, 2005

*bei wöchentlicher Abholung

Folie 2 (Anfangsphase)

Zusammensetzung des Hausmülls

Hausmüll

- Windeln/Hygieneverbund 10,6 %
- Grüngut 8,8 %
- Altkleider 2,0 %
- Mittelmüll (8–40 mm) 15,1 %
- Problemabfälle 1,2 %
- Feinmüll (< 8 mm) 8,8 %
- Elektroschrott 0,6 %
- Küchenabfälle 16,2 %
- Wertstoffe 15,7 %
- Rest 21,0 %

Wertstoffe
(prozent. Anteil am Hausmüll); prozent. Anteil an Wertstoffen

- Aluminium (0,3 %) 1,9 %
- Folien (3,8 %) 24,1 %
- Weißblech (0,9 %) 5,7 %
- Plastikverp. (1,7 %) 10,7 %
- Glas (2,3 %) 14,6 %
- Verbunde (1,3 %) 8,3 %
- Papier (5,1 %) 32,3 %
- Schrott (0,4 %) 2,5 %

↓ **Restmüll reduzieren!**
↓ **Müll trennen!**

Quelle: Abfallanalyse; Abfallwirtschaft & Umwelttechnik Augsburg, www.au-gmbR.de

Arbeitsteilige Gruppenarbeit (2. Teilziel)

Aufgabe: Wozu sind Verpackungen überhaupt nötig?

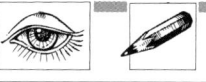

1. Lies den Text genau durch.
2. Warum sind Verpackungen sinnvoll? Merke dir mindestens vier Punkte, die du später deinen Mitschülern erklären kannst.
3. Wie kannst du beim Einkauf Verpackungsmüll einsparen? Notiere es unten.

Verpackungen schützen Lebensmittel vor Verschmutzungen, sind wichtig für deren Haltbarkeit und sorgen für hygienische Produkte.
Verpackungen erleichtern den Transport, die Lagerung und den Verkauf von Lebensmitteln. Verpackungen informieren über Preis, Haltbarkeit und Inhalt und dienen auch der Werbung.

Medien: Folie von der Aufgabe, Folienstift

Aufgabe: Wohin gehört unser heutiger Müll?

1. Aus welchen Materialien besteht unser Müll?
   Möglich ist: Pappe, Papier, Weißblech, Aluminium, beschichtetes Papier, Kompost/Biomüll, Plastik …
2. Trage das Material und den zugehörigen Entsorgungsort auf der Folie/Tafel ein. Denk dabei an letzte Woche.

Medien: Folie vom Rezept auf dem Arbeitsblatt, Folienstift oder Tafel, Kreide

Aufgabe: Was gehört in den Restmüll?

1. Streiche die Wertstoffe, die nicht in die Restmülltonne gehören, durch.
2. Verbinde den Restmüll durch Pfeile mit der Tonne.

Aluminium
Eierschalen
fettiges Papier
Joghurtbecher
Briefumschlag
Speisereste

Konservendosen
benutztes Taschentuch
Plastikfolie
Wursthaut
Apfelschalen
Glas

Medien:
Folie von der Aufgabe,
Folienstift

Aufgabe: Wohin entsorge ich die gesammelten Wertstoffe?

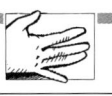

1. Bedenke: In jedem Landkreis ist die Sammlung der Reststoffe anders organisiert.
2. Ordne die Wortkarten und Wertstoffe zu, wie du denkst, dass es richtig ist.

Medien:
Arbeitsaufgabe,
Wortkarten
(siehe S. 50),
Tafel oder
Pinnwand,
verschiedene
Wertstoffe

Folie 3: Immer weniger Müll kostet immer mehr! (3. Teilziel)

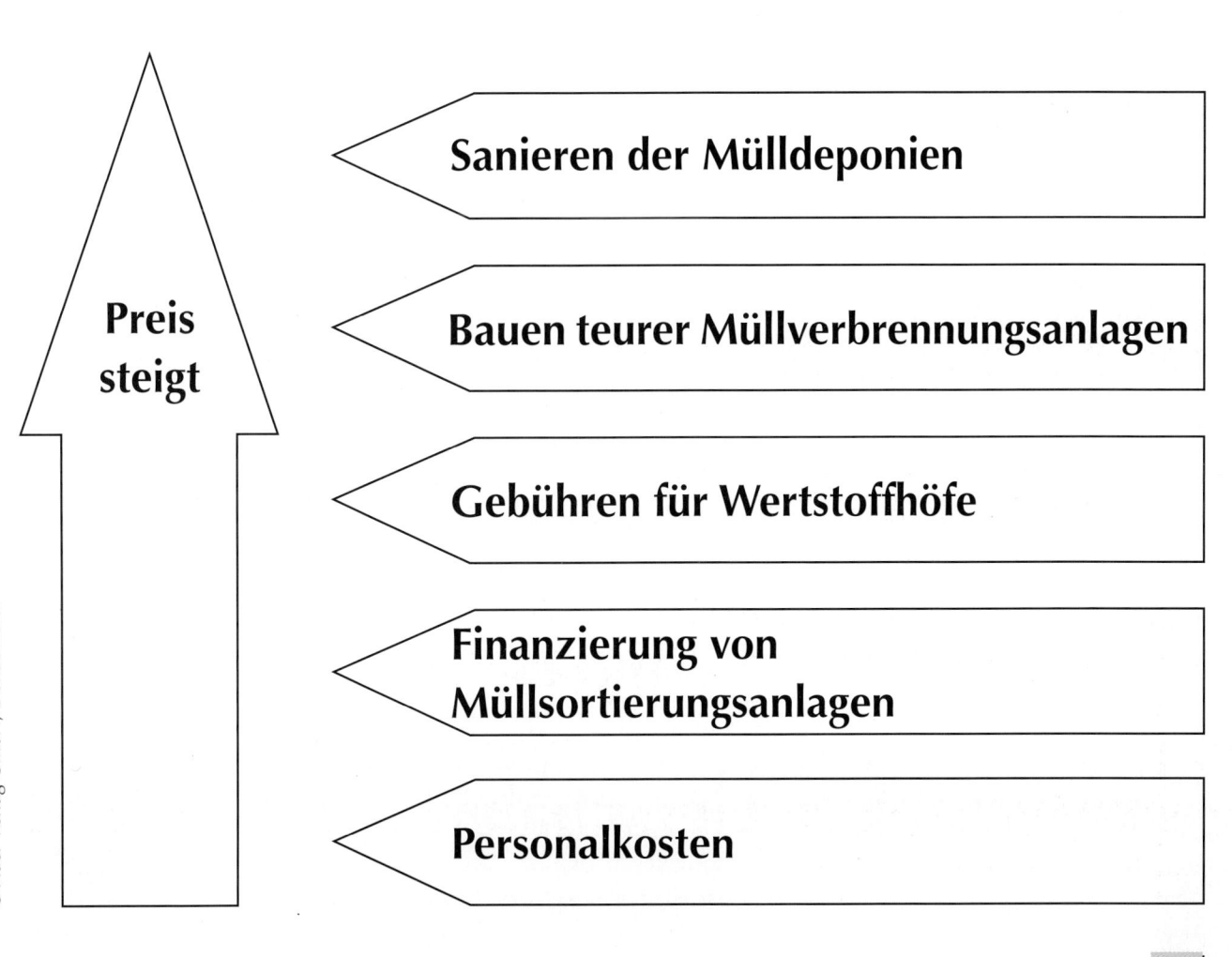

Preis steigt

- Sanieren der Mülldeponien
- Bauen teurer Müllverbrennungsanlagen
- Gebühren für Wertstoffhöfe
- Finanzierung von Müllsortierungsanlagen
- Personalkosten

Wortkarten für die Aufgabe „Wohin entsorge ich…"

Hinweis: Wortkarten der Wertstoffe vergrößern, zweimal kopieren und ausschneiden, wenn beide Müllkonzepte erarbeitet werden!

- Gelber Sack
- Wertstoffhof
- Papier
- Restmülltonne
- Biotonne
- Papier, Pappe
- Aluminium
- Weißblech
- Obst
- Joghurtbecher
- Weichplastik
- gekochte Speisen
- Tetrapak
- beschichtetes Papier
- Korken
- Papiertaschentücher
- Styropor
- Batterien
- Grüngut
- Schalen
- Wursthaut
- Altglas
- Gemüse
- Hartplastik
- Eierschalen

Troll u. a.: Unterrichtssequenzen Hauswirtschaftlich-sozialer Bereich (7. Jgst. Bd. 1)
© Auer Verlag GmbH, Donauwörth

DER GRÜNE PUNKT

| Name: | Klasse: 7 | Datum: | **HsB** | Nr.: |

Mülltrennung
2 Konzepte

Gelber Sack

Papiertonne/-container

Biotonne

Wertstoffhof

Restmüll:

Tipp: _____

Bewertung des grünen Punktes: _____

Ananas-Marzipan-Kuchen

Entsorgungsort	Material	Menge	Zutaten	Zubereitung
		200 g	Marzipan	Marzipan mit dem Mixer gut verrühren. Butter hinzufügen, weiterrühren. Zucker und Salz zugeben, Eier nach und nach unterrühren. Mehl mit Backpulver sieben, löffelweise unterrühren. Ananasscheiben in Stücke schneiden, auf mittlerer Stufe unterrühren. Blech mit Backfolie auslegen, Teig aufstreichen. **Temperatur:** 200 °C **Backzeit:** 20 Min. Auskühlen lassen, schneiden.
		175 g	Butter	
		175 g	Zucker	
		1	Vanillezucker	
		1 Prise	Salz	
		3	Eier	
		300 g	Mehl	
		2 TL	Backpulver	
		3	Ananasscheiben	

| Name: | Klasse: 7 | Datum: | HsB | Nr.: |

Wir trennen Müll!

_____

Kirsch-Schokoflocken-Kuchen

Entsorgungsort	Material	Menge	Zutaten	Zubereitung
_____	_____	← 1 Glas	Kirschen	Kirschen abtropfen lassen. Butter, Eier und Zucker schaumig rühren. Mehl, Stärke, und Backpulver mischen, sieben und unterrühren.
_____	_____	← 150 g	Butter	
_____	_____	← 3	Eier	
_____	_____	150 g	Zucker	Milch und Schokoflocken zugeben, einrühren. Kirschen darauf verteilen.
_____	_____	← 150 g	Mehl	
_____	_____	2 TL	Backpulver	
_____	_____	100 g	Stärkemehl	
_____	_____	← 3 EL	Milch	**Temperatur:** 180–200 °C **Backzeit:** 20 Min.
_____	_____	← 3 EL	Schokoflocken	Auskühlen lassen, schneiden.

Lösungsvorschlag zu S. 51

| Name: | Klasse: 7 | Datum: | Nr.: | HsB |

Aufgabe: Wozu sind Verpackungen überhaupt nötig? (Lösungsvorschlag zu S. 48)

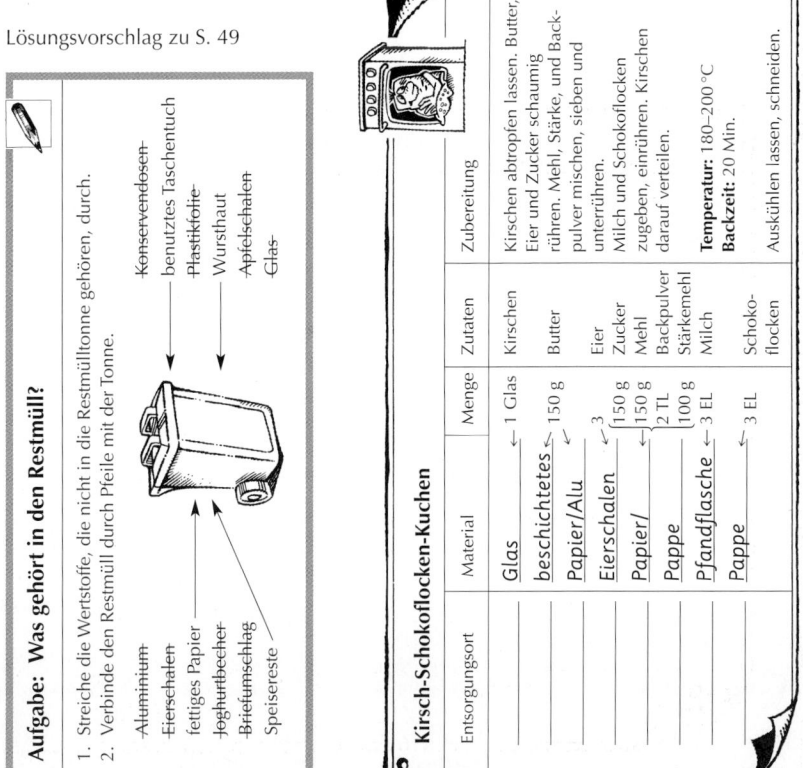

1. Lies den Text genau durch.
2. Warum sind Verpackungen sinnvoll? Merke dir mindestens vier Punkte, die du später deinen Mitschülern erklären kannst.
3. Wie kannst du beim Einkauf Verpackungsmüll einsparen? Notiere es unten.

Verpackungen schützen Lebensmittel vor Verschmutzungen, sind wichtig für deren Haltbarkeit und sorgen für hygienische Produkte. Verpackungen erleichtern den Transport, die Lagerung und den Verkauf von Lebensmitteln. Verpackungen informieren über Preis, Haltbarkeit und Inhalt und dienen auch der Werbung.

z. B. offene Lebensmittel einkaufen, Mehrwegflaschen kaufen, aufladbare Batterien (= Akkus), Stofftasche oder Korb zum Einkaufen mitnehmen…

Mülltrennung – 2 Konzepte

Gelber Sack
Metall, Aluminium, Plastik, Tetrapak, Glas, Plastikbecher

Papiertonne/-container
Papier, Pappe, Karton

Biotonne
Obst- und Gemüseabfälle

Restmüll: Gekochte Speisen, fettiges Papier, gebrauchte Papiertaschentücher, Wursthaut

Wertstoffhof
- Weichplastik (z. B. Flaschen)
- Hartplastik
- Glas
- Weißblech
- Aluminium
- Styropor
- Korken
- Batterien
- Grünzeug

Tipp: Materialien gespült abgeben!

Bewertung des grünen Punktes: Sagt nichts über die Umweltfreundlichkeit aus!

Aufgabe: Was gehört in den Restmüll? (Lösungsvorschlag zu S. 49)

1. Streiche die Wertstoffe, die nicht in die Restmülltonne gehören, durch.
2. Verbinde den Restmüll durch Pfeile mit der Tonne.

Aluminium (durchgestrichen)
Eierschalen (durchgestrichen)
fettiges Papier
Joghurtbecher (durchgestrichen)
Briefumschlag
Speisereste

Konservendosen (durchgestrichen)
benutztes Taschentuch
Plastikfolie (durchgestrichen)
Wursthaut
Apfelschalen (durchgestrichen)
Glas (durchgestrichen)

Ananas-Marzipan-Kuchen

Entsorgungsort	Material	Menge	Zutaten	Zubereitung
	Plastik	200 g	Marzipan	Marzipan mit dem Mixer gut verrühren. Butter hinzufügen, weiterrühren. Zucker und Salz zugeben, Eier nach und nach unterrühren. Mehl mit Backpulver sieben, löffelweise unterrühren. Ananasscheiben in Stücke schneiden, auf mittlerer Stufe unterrühren. Blech mit Backfolie auslegen, Teig aufstreichen. **Temperatur:** 200 °C **Backzeit:** 20 Min. Auskühlen lassen, schneiden.
	Pappe	175 g	Butter	
	beschichtetes	175 g	Zucker	
	Papier/Alu	1	Vanillezucker	
	Papier	1 Prise	Salz	
	Pappe	3	Eier	
	Eierschalen	300 g	Mehl	
	Papier	2 TL	Backpulver	
	Dose	3	Ananasscheiben	

Lösungsvorschlag zu S. 52

Kirsch-Schokoflocken-Kuchen

Entsorgungsort	Material	Menge	Zutaten	Zubereitung
	Glas	1 Glas	Kirschen	Kirschen abtropfen lassen. Butter, Eier und Zucker schaumig rühren. Mehl, Stärke, und Backpulver mischen, sieben und unterrühren. Milch und Schokoflocken zugeben, einrühren. Kirschen darauf verteilen. **Temperatur:** 180–200 °C **Backzeit:** 20 Min. Auskühlen lassen, schneiden.
	beschichtetes Papier/Alu	150 g	Butter	
	Eierschalen	3	Eier	
	Papier/	150 g	Zucker	
	Pappe	150 g	Mehl	
	Pfandflasche	2 TL	Backpulver	
		100 g	Stärkemehl	
	Pappe	3 EL	Milch	
		3 EL	Schokoflocken	

Troll u. a.: Unterrichtssequenzen Hauswirtschaftlich-sozialer Bereich (7. Jgst. Bd. 1)
© Auer Verlag GmbH, Donauwörth

Müllvermeidung – der bessere Weg!

Artikulation:

Anfangsphase: Hinweis auf Plakat aus der letzten Stunde „Müllvermeidung ist am besten!"
1. Teilziel: Müllvermeidung, arbeitsteilige Gruppenarbeit, Auswertung, Vertiefung „Was kann der Hersteller tun?"
2. Teilziel: Zubereiten des Salates
Schlussphase: Was nimmt sich jeder Einzelne von uns für die Zukunft vor? Schüler schreiben Vorschläge auf Zettel, Auswertung, Diskussion

Lernziele:

Die Schüler sollen …
… Getränkeverpackungen miteinander vergleichen und die Umweltfreundlichkeit bewerten.
… Möglichkeiten erkennen, Müll beim Einkauf zu vermeiden.

Medien:

Arbeitsaufgaben, verschiedene Materialien (siehe Medien bei Arbeitsaufgaben), Schere, Papierstreifen, dicke Stifte, Folie vom Arbeitsblatt (für Gruppe 2 und 4 Folie zerschneiden), Folienstifte

Arbeitsteilige Gruppenarbeit (1. Teilziel)

Aufgabe: Der Tetrapak unter der Lupe!

Versuche, die Schichten des Tetrapaks voneinander zu lösen.

1. Wie viele Schichten hat er? _____
2. Aus welchem Material sind diese Schichten? _____
3. Welche Vorteile haben Tetrapaks? _____
4. Welche Nachteile haben Tetrapaks? _____

Medien: Arbeitsaufgabe, leerer Tetrapak (z. B. Orangensaft, keine Frischmilch), Schere

Lösungsvorschläge:
1. 4–5
2. Plastik, Papier, Metall
3. Sie sind leichter als Glas, zerbrechen nicht.
4. Es sind Einwegverpackungen.

Aufgabe: Wiederverwendung gebrauchter Güter

1. Betrachte die Gegenstände. Hier wurden aus alten Dingen neue nützliche oder dekorative Dinge gemacht.
2. Schreibe diese Möglichkeiten und auch noch weitere, die dir einfallen, auf das Arbeitsblatt (Folie).

Medien: Arbeitsaufgabe, Papiermaché, selbst gemachte Marmelade in Gläsern, Senfglas (usw.), gebastelte Gegenstände (z. B. „Teufelsgeige", Joghurtrassel), Folie vom Arbeitsblatt (rechtes Kästchen), Folienstift

Aufgabe: Dose contra Flasche

1. Lies den Text genau durch.
2. Welche Getränkeverpackung ist umweltfreundlicher? Warum?

Das Umweltbundesamt (UBA) hat nach 4 Jahren Forschungsarbeit Folgendes festgestellt: Verglichen mit einer Mehrwegflasche (0,5 l) wird bei einer Getränkedose

- die 3-fache Menge an Energie verbraucht,
- 4-mal mehr Treibhausgas in die Luft geblasen,
- der 10-fache Verkehrslärm erzeugt,
- die 11-fache Menge an Müll produziert.

Würde man allein die Mehrwegflaschen für Bier und Softdrinks durch Dosen ersetzen, würde sich unsere jährliche Müllmenge um 780 000 Kubikmeter erhöhen. Das sind 6,5 Millionen graue Mülltonnen oder 5 komplette Hausmülldeponien.

Medien:
Arbeitsaufgabe,
Pfandflasche,
Dose

Aufgabe: Müllvermeidung durch umweltfreundlichen Einkauf

1. Betrachte die Gegenstände und überlege dir, wie du bereits beim Einkauf auf Müllvermeidung achten kannst.
2. Schreibe die Punkte, die dir zur Auswahl der Produkte und zum umweltfreundlichen Transport der Produkte einfallen, auf das Arbeitsblatt (Folie).

Medien:
Einkaufskorb,
Plastiktüte,
Stofftasche,
Styroporschale,
Blister bzw. andere
aufwändige Verpackungen,
Produkte aus
recyceltem Papier,
Pfandflasche,
Folie vom Arbeitsblatt
(beide linke Kästchen),
Folienstift

Lösungsvorschlag zu S. 56

| Name: | Klasse: 7 | Datum: | HsB | Nr.: |

Auswahl der Produkte beim Einkauf: Bevorzuge Pfandflaschen und Pfandgläser!
Meide aufwändig verpackte Produkte!
Kaufe Produkte aus deiner näheren Umgebung, z. B. Milch beim Bauern!

Müllvermeidung

Wiederverwendung gebrauchter Güter:
Schraubgläser als Marmeladenglas, Bastelideen.

Umweltfreundlicher Transport der Produkte:
Nimm einen Korb oder eine Tasche mit!

Was kann der Hersteller tun?
Abfallarme Produkte herstellen.

| Name: | Klasse: 7 | Datum: | HsB | Nr.: |

Auswahl der Produkte beim Einkauf: _____

Müllvermeidung

Wiederverwendung gebrauchter Güter:

Umweltfreundlicher Transport der Produkte:

Was kann der Hersteller tun?

Tomaten mit Mozzarella

Menge	Zutaten	Zubereitung
4	Tomaten	– in Scheiben schneiden, Strunkansatz entfernen
1 Packung	Mozzarella	– in Scheiben schneiden, Tomaten und Mozzarella schuppenförmig auf einer flachen Schale auflegen
	Basilikum	– Basilikumblätter dazwischenlegen
Marinade:		
2 EL	(Balsamico-)Essig	– Marinade vermischen und mit einem Löffel über den Salat verteilen
	Salz, Pfeffer, Zucker	
2 EL	Olivenöl	Zu dieser italienischen Vorspeise passt gut ein Baguette.

Griechischer Bauernsalat

Menge	Zutaten	Zubereitung
½	Eissalat	– Salat putzen, waschen und in mundgerechte Stücke reißen, abtropfen lassen, Tomate achteln, Gurke schälen und in Scheiben schneiden
1	Tomate	
¼	Salatgurke	
1	Zwiebel	– Zwiebel in Ringe schneiden
einige	Oliven	– Oliven und Schafkäse zugeben
100 g	Schafkäse	
Marinade:		
2 EL	Essig, Salz, Pfeffer	– Marinade vermischen und abschmecken
evtl.	Senf, frische Kräuter	– Salat kurz vor dem Servieren marinieren
4 EL	Olivenöl	

Tischkultur

Artikulation:

Anfangsphase: Einstimmung: Folie „Tischkultur"
Begriffserklärung: Kultur (mit Hilfe des Dudens)
1. Teilziel: Zubereiten der Kochaufgabe
2. Teilziel: Tischkultur: Arbeitsteilige Gruppen-/Partner-/Einzelarbeit
Auswertung anhand der gedeckten Tische, evtl. Verbesserung
Vertiefung: Gedecke für andere Gerichte, „Der festlich gedeckte Tisch"
3. Teilziel: Anrichten des Gerichtes
Schlussphase: Praktische Anwendung der Tischkultur
Diskussion: Tischkultur in anderen Kulturen

Lernziele:

Die Schüler sollen ...

... die Anordnung des Gedecks für ein Hauptgericht mit Salat und Getränk wissen und anwenden können.

... den Esstisch ansprechend decken.

... erkennen, wie ein Esstisch einfach geschmückt werden kann.

... mindestens fünf Merkpunkte für gute Tischsitten wissen, anwenden und wertschätzen.

... sich bemühen und bereit sein, auch zukünftig auf „Tischkultur" zu achten und kritisch ihr eigenes Verhalten überprüfen und korrigieren.

... Tischsitten aus anderen Kulturen kennen lernen und mit unseren vergleichen.

Hinweise:

– Seit Schuljahresbeginn muss einfaches Tischdecken eingeführt sein.

– Zum Decken der Tische muss das entsprechende Geschirr und Besteck bereitgestellt werden (je nach Arbeitsauftrag).

– Die Arbeitsaufträge 1–3 (S. 58) werden von je einem Schüler aus jeder Kochgruppe ausgeführt, die Arbeitsaufträge 4–6 (S. 59/60) werden in Einzel- bzw. Partnerarbeit ausgeführt, je nachdem, wie groß die Kochgruppe ist.

– Durch geeignetes Bildmaterial kann eine Ausweitung auf einen festlich gedeckten Tisch erfolgen.

– In der Vertiefungsphase sollte im Begleitgespräch auf einfachen Tischschmuck, z. B. Kerze, eingegangen werden.

– Salat nach Absprache mit den Schülern bzw. nach jahreszeitlichem Angebot auswählen.

– Das Arbeitsblatt von S. 62 kann als Hausaufgabe ergänzt werden. Die Tafelbilder von S. 59 können verkleinert in das leere Feld geklebt werden.

– Projektidee: Jeder Schüler deckt und dekoriert einmal im Jahr alle Tische. Das Ergebnis wird fotografiert. Am Ende des Jahres gibt es eine Prämierung.

– Um das Thema „Tischkultur in anderen Kulturen" aufzugreifen, können z. B. muslimische Schüler von ihren wichtigen Festen erzählen bzw. Fotos mitbringen.

Medien:

Folie, Arbeitsaufgaben, Materialien zum Tischdecken und Servietenfalten (siehe Medien bei Arbeitsaufgaben), Wortkarten, Arbeitsblätter auf Folie

Folie (Anfangsphase)

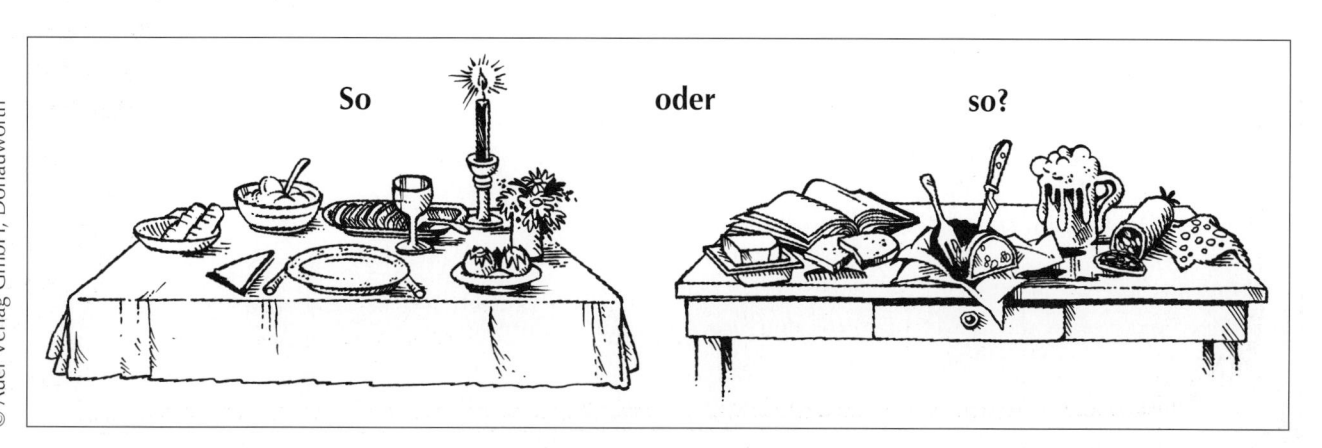

So oder so?

Arbeitsteilige Gruppen-, Partner- oder Einzelarbeit (2. Teilziel)

Hinweis: Die Aufgaben könnten folgendermaßen verteilt werden: Aufgabe „Tischdecken" für alle Spülämter, Aufgabe „Tischsitten" für alle Herdämter, Aufgabe „Serviettenfalten" für alle Trockenämter. Bei einer kleinen Kochgruppe werden nach der Auswertung an einer Pinnwand oder Magnettafel Tafelbilder zu einem Gedeck angeordnet. Bei einer großen Kochgruppe wird dies als Aufgabe in Einzel- oder Partnerarbeit erledigt.

Aufgabe: Tischdecken

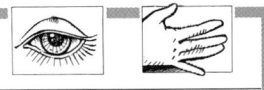

1. Lies die Anleitung über richtiges Tischdecken aufmerksam durch.
2. Decke dann den Tisch deiner Gruppe für unser heutiges Gericht.
3. Begründe die Anordnung von Trinkglas und Salatteller.

Auch das Tischdecken will gelernt sein!

– Lege auf den sauberen Tisch ein Tischtuch oder Platzdeckchen gerade auf.
– Der Teller ist Mittelpunkt des Gedecks und wird 1–2 cm von der Tischkante weg nach innen gerückt.
– Die Gedecke eines Tisches sind stets gerade gegenüber angeordnet.
– Das Messer liegt rechts mit der Schneide nach innen, die Gabel liegt links.
– Das Trinkglas wird rechts oben, der Salatteller links oben vom Teller hingestellt.
– Für jede Speise muss das zugehörige Vorlegebesteck bereitgelegt werden.

Medien: Arbeitsaufgabe, Tischtuch/Platzdeckchen, Teller, Messer, Gabel, Trinkglas, Salatteller

Aufgabe: Tischsitten

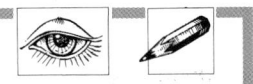

1. Zur Tischkultur gehört nicht nur ein schön gedeckter Tisch, sondern auch gepflegte Tischsitten und Tischgespräche. Betrachte die Bilder sehr kritisch.
2. Formuliere nun stichpunktartig Merkpunkte für gute Tischsitten und schreibe sie sauber auf die Folie.

Medien: Arbeitsaufgabe, Arbeitsblatt (siehe S. 61) auf Folie, Folienstift

Aufgabe: Servietten falten

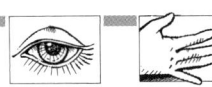

1. Falte für jeden in deiner Gruppe eine Serviette. Wenn du eine schöne Faltart kennst, wende diese an. Ansonsten wähle eine Faltart aus der Anleitung aus.
2. Lies dir den Text durch und lege die Servietten richtig auf den gedeckten Tisch.
3. Begründe die Auswahl der Servietten, die wir in der Schulküche verwenden.

Servietten sind nicht nur Verzierung!

Servietten gibt es aus Stoff und Papier. Aus praktischen und hygienischen Gründen werden sehr oft Papierservietten verwendet, die es in vielen verschiedenen Farben und Mustern gibt. Im Hinblick auf das Müllproblem wäre es besser, Stoffservietten zu verwenden, die allerdings regelmäßig gewaschen werden müssen. Zu Hause könnte jeder seine Stoffserviette verwenden, die in einer Serviettentasche aufbewahrt wird. Servietten werden gefaltet oder in einem Serviettenring abgelegt. Sie gehören entweder links neben die Gabel oder auf den Teller. Sie dienen sowohl als Tischschmuck, aber hauptsächlich als Kleidungsschutz und Mundtuch.

Medien: Arbeitsaufgabe, Anleitungsblatt (siehe S. 59 oben), Servietten in verschiedenen Ausführungen

Hier siehst du einige Vorschläge, wie man Servietten dekorativ falten kann:

Segel

Kerze

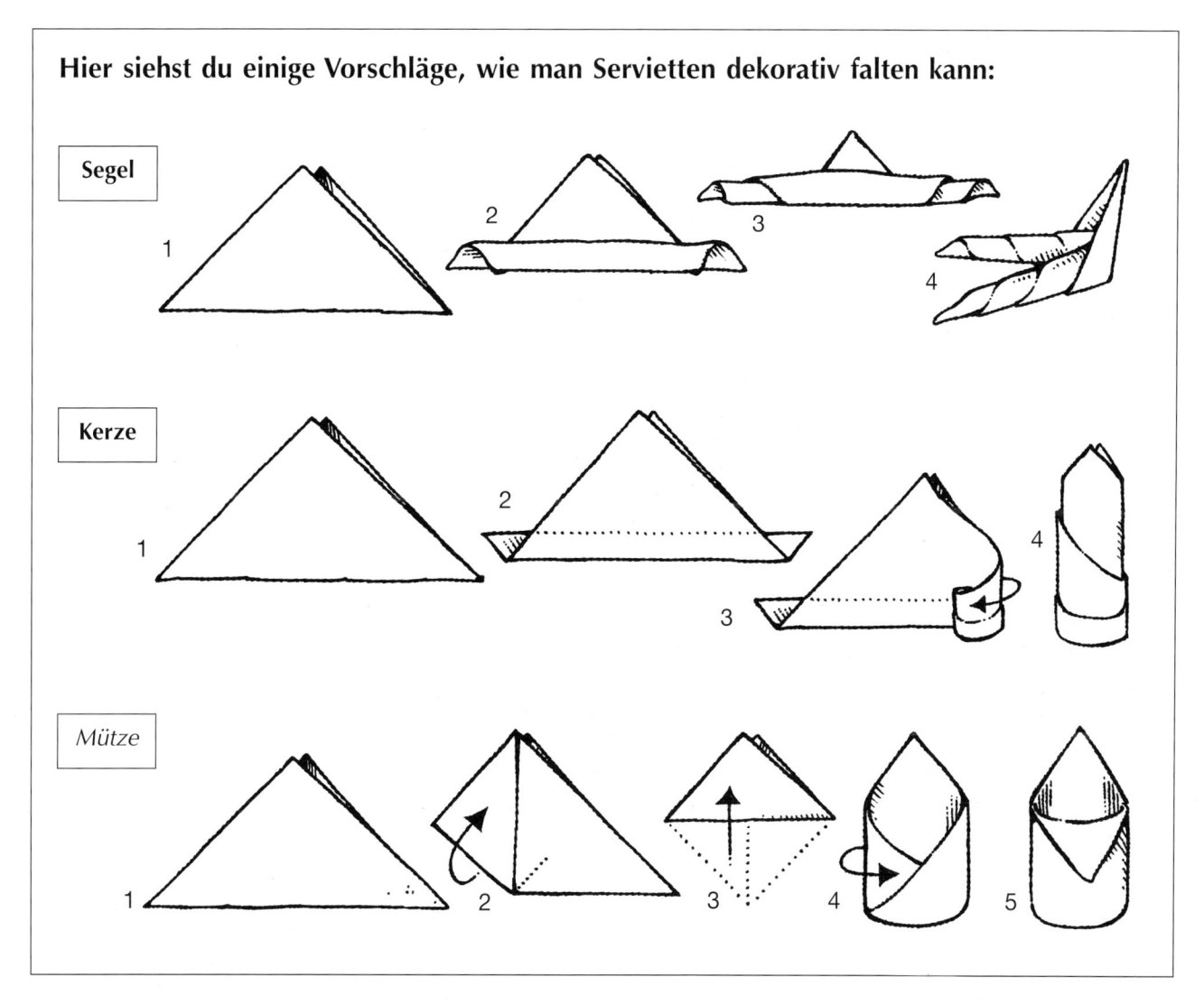

Mütze

Aufgabe: Anordnung eines Gedecks

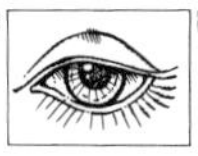

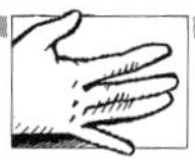

1. Lies den Text über richtiges Tischdecken durch.
2. Hefte die Tafelbilder richtig an die Tafel.
3. Überlege: Wo ist der Platz für einen Suppenteller? Wo werden die Löffel hingelegt?

So wird das Gedeck (z. B. Mittagessen) richtig aufgelegt:

Der Essteller ist Mittelpunkt des Gedecks und wird 1–2 cm von der Tischkante weg nach innen gerückt. Das Messer liegt rechts mit der Schneide nach innen, die Gabel liegt links. Das Trinkglas wird rechts oben, der Salatteller links oben vom Teller hingestellt. Für jede Speise muss das zugehörige Vorlegebesteck bereitgelegt werden. Für die Serviette gibt es verschiedene Möglichkeiten, z. B. auf dem Essteller.

Medien:
Arbeitsaufgabe, Tafelbilder für ein Gedeck (siehe unten, bitte entsprechend stark vergrößern)

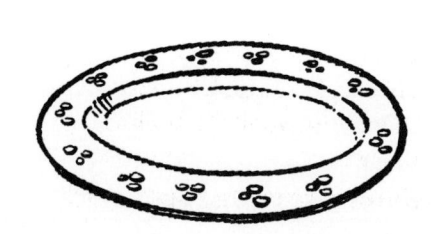

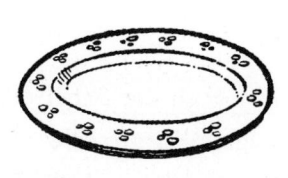

Aufgabe: Vorlegebesteck

1. Zum Herausnehmen der Speisen wird das jeweils passende Vorlegebesteck verwendet. Ordne die Kärtchen dem Vorlegebesteck zu.
2. Wozu werden die einzelnen Teile verwendet?
3. Wähle das Vorlegebesteck für unser heutiges Gericht aus.

Medien: Arbeitsaufgabe, Wortkarten, Vorlegebesteck

Kuchenschaufel **Fleischgabel**

Soßenlöffel **Suppenschöpfer**

Salatbesteck **Beilagenlöffel**

Aufgabe: Kaffeegedeck

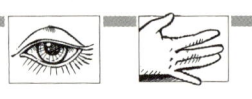

1. Betrachte das Bild. So sieht ein Gedeck für einen Kaffeetisch aus. Wähle nun das richtige Geschirr und Besteck aus und decke ein Gedeck zur Ansicht.
2. Überlege, warum das Gedeck so angeordnet wird:
   – Lage der Besteckteile
   – Anordnung des Kuchentellers und der Tasse: Warum stehen sie nicht auf gleicher Höhe?

Medien: Arbeitsaufgabe, Kuchenteller, Kuchengabel, Unterteller, Kaffeetasse, Kaffeelöffel, Serviette

Rezeptbaustein zum Austauschen

Fischfilet mit pikantem Belag

Menge	Zutaten	Zubereitung
1 Packung 2 EL	Fischfilet (TKK) Zitronensaft Salz, Pfeffer	– in eine gefettete Auflaufform geben – darüber träufeln – Fisch beidseitig leicht würzen
50 g 50 g 1 1 TL 125 ml nach Belieben	Butter oder Margarine Semmelbrösel fein gehackte Zwiebel Senf Sahne Kräuter Salz, Pfeffer, Muskatnuss	– geschmeidig rühren – zugeben und unterrühren – würzen und abschmecken – Masse auf das Fischfilet streichen **Backzeit:** 20–30 Min. **Temperatur:** 200–220 °C

Beilage: Stangenweißbrot, Salate

Benimm ist in!

> **Bedenke:**
> Gute Tischmanieren sind nicht altmodisch, sondern sollten jeden Tag eine Selbstverständlichkeit sein! Sie gelten nicht nur bei Einladungen und festlichen Gelegenheiten, sondern auch für die täglichen Mahlzeiten am Familientisch und in der Schulküche!

Hier stimmt doch einiges nicht. Du weißt dich hoffentlich besser zu benehmen!

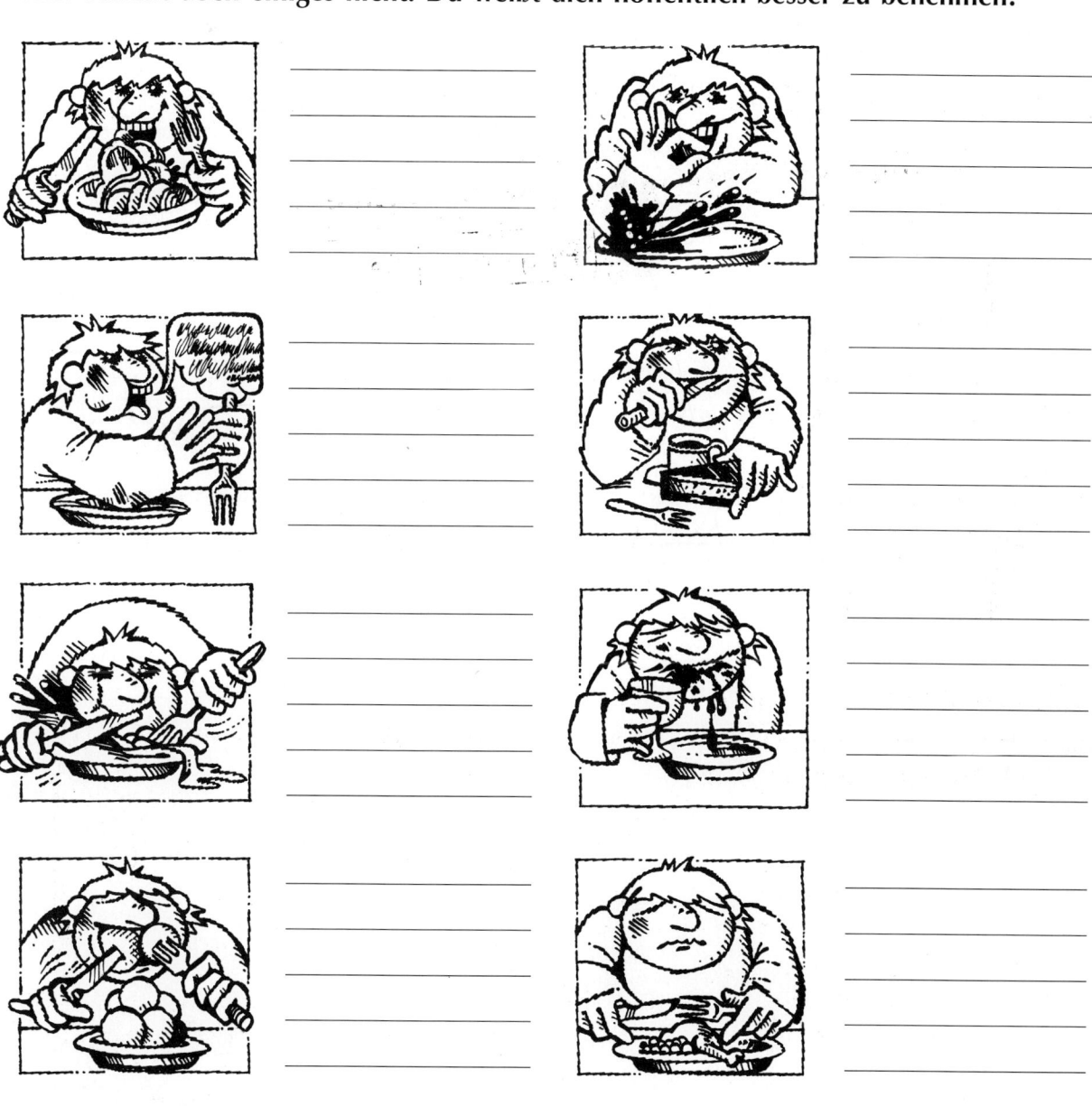

Fallen dir noch weitere Merkpunkte zu guten Tischmanieren ein?

Tischkultur ist auch im Alltag wichtig!

So oder so?

Tischdecken will gelernt sein!

Aufgabe:
Zeichne oder klebe auf das Platzdeckchen das vollständige Gedeck für unser heutiges Gericht (mit Salat). Achte dabei besonders auf die richtige Lage und die richtigen Abstände der Teile.

– Wo ist der richtige Platz für die Löffel? _____

– Welche Teile gehören noch zu einem gut gedeckten Tisch? _____

– Gutes Benehmen bei Tisch sollte selbstverständlich sein. Formuliere mindestens vier Merkpunkte, die dir besonders wichtig erscheinen. _____

Champignon-Schinken-Risotto

Menge	Zutaten	Zubereitung
250 g	Champignons	– putzen, blättrig schneiden oder vierteln
1	Zwiebel (klein)	– in feine Würfel schneiden
1 EL	Butter	– Zwiebel glasig dünsten, Pilze zugeben und kurz mitdünsten
1 Tasse	Reis	– waschen, gut abtropfen lassen, zugeben
2 Tassen	heißes Wasser	– aufgießen
1 TL	gekörnte Brühe	– zugeben
		Garzeit: Reis ca. 20 Min. ausquellen lassen
100 g	gekochter Schinken	– in feine Streifen schneiden, kurz vor dem Servieren untermengen und erwärmen
	geschnittene Petersilie	– zum Anrichten

Wir servieren unser Gericht mit Salat, z. B. _____

Lösungsvorschlag zu S. 61

Benimm ist in!

Bedenke:
Gute Tischmanieren sind nicht altmodisch, sondern sollten jeden Tag eine Selbstverständlichkeit sein! Sie gelten nicht nur bei Einladungen und festlichen Gelegenheiten, sondern auch für die täglichen Mahlzeiten am Familientisch und in der Schulküche!

Hier stimmt doch einiges nicht. Du weißt dich hoffentlich besser zu benehmen!

- Den Teller nicht überladen!
- Auf Sauberkeit am Platz achten!
- Mit vollem Munde spricht man nicht!
- Nicht mit den Fingern im Mund stochern!
- Auf eine gerade Sitzhaltung achten!
- Auf eine ordentliche Besteckhaltung achten!
- Nicht gierig schlingen!
- Serviette zum Mundabwischen verwenden!
- Zu einer guten Unterhaltung und Stimmung beitragen!

Fallen dir noch weitere Merkpunkte zu guten Tischmanieren ein?
Speisen sich gegenseitig zureichen!
Erst mit dem Essen beginnen, wenn alle etwas haben!

Lösungsvorschlag zu S. 62

Tischkultur ist auch im Alltag wichtig!

So oder so?

Tischdecken will gelernt sein!

Aufgabe:
Zeichne oder klebe auf das Platzdeckchen das vollständige Gedeck für unser heutiges Gericht (mit Salat). Achte dabei besonders auf die richtige Lage und die richtigen Abstände der Teile.

- Wo ist der richtige Platz für die Löffel? Rechts neben oder über dem Teller
- Welche Teile gehören noch zu einem gut gedeckten Tisch? Tischdecke oder Platzdeckchen, Vorlegebesteck, Servietten, Kerze, Blumen
- Gutes Benehmen bei Tisch sollte selbstverständlich sein. Formuliere mindestens vier Merkpunkte, die dir besonders wichtig erscheinen.

Den Teller nicht überladen; mit vollem Munde spricht man nicht; gerade am Tisch sitzen; nicht gierig essen; auf Sauberkeit am Essplatz achten; Speisen sich gegenseitig zureichen; erst beginnen, wenn alle etwas zu essen haben

Champignon-Schinken-Risotto

Menge	Zutaten	Zubereitung
250 g	Champignons	– putzen, blättrig schneiden oder vierteln
1	Zwiebel (klein)	– in feine Würfel schneiden
1 EL	Butter	– Zwiebel glasig dünsten, Pilze zugeben und kurz mitdünsten
1 Tasse	Reis	– waschen, gut abtropfen lassen, zugeben
2 Tassen	heißes Wasser	– aufgießen
1 TL	gekörnte Brühe	– zugeben
		Garzeit: Reis ca. 20 Min. ausquellen lassen
100 g	gekochter Schinken	– in feine Streifen schneiden, kurz vor dem Servieren untermengen und erwärmen
	geschnittene Petersilie	– zum Anrichten

Wir servieren unser Gericht mit Salat, z. B. Feldsalat

Wir arbeiten und feiern mit Kindern

Lernziele:

Die Schüler sollen …

… lernen, mit Jüngeren verantwortungsbewusst umzugehen.
… die Bedürfnisse anderer erkennen und akzeptieren.
… das Verhalten von jüngeren Kindern beobachten und rücksichtsvoll auf ihre Eigenarten reagieren können.
… Aktivitäten sinnvoll planen lernen.
… erkennen, wie sich ihr Verhalten auf andere auswirken kann.

Möglicher Ablauf des projektorientierten Unterrichts:

1. Hospitation der Hauptschüler in der Grundschule (Arbeitsblatt S. 65)
2. Besprechung der Hospitation
3. Planung erstellen, Einkaufsliste erstellen, Bratäpfel und Wanda ausprobieren, Aufgaben verteilen
4. Durchführung der „Weihnachtswerkstatt mit Kindern"
5. Feier der 7. Klasse mit den Grundschulkindern
6. Nachbesprechung der Erfahrungen beim Arbeiten und Feiern mit Grundschulkindern

Hospitation der Hauptschüler in der Grundschule:

- Besonderheiten eines Grundschulkindes herausstellen
- Umgang mit jüngeren Kindern und deren Bedürfnisse erklären
- Beobachtungsaufträge erteilen (in schriftlicher Form)
- Regeln während der Hospitation aufstellen
- Die Hospitation zeitlich auf eine Schulstunde begrenzen
- **Hinweis:** Falls eine Hospitation aus organisatorischen Gründen nicht möglich ist, kann darauf auch verzichtet werden!

Auswerten der Hospitation und Erstellen von Regeln im Umgang mit Kindern:

- Geduld haben
- Ruhig und genau erklären
- Hilfestellung geben
- Auf Unfallgefahren und Schwierigkeiten hinweisen

Vorüberlegungen zum Ablauf der Feier:

- Informationsgespräch mit der Grundschullehrerin über Ablauf, evtl. Kostenbeteiligung an Materialien und Lebensmitteln, Mithilfe bei der Durchführung, Zeitraum, räumliche Gegebenheiten, Besonderheiten bei den Schülern (z. B. Diabetiker, verhaltensauffällige Schüler), mögliche Hospitation der Hauptschüler in der Grundschule
- Elternbrief verfassen
- Informationsgespräch mit den Schülern der Kochgruppe: Ideensammlung, mögliche Schwierigkeiten, Festlegen des Zeitraums
- Plakat entwerfen und herstellen
- Geeignete Rezepte sammeln, auswerten, evtl. ausprobieren
- Kleine Bastelarbeiten, Gedichte, Rollenspiele sammeln und auswählen
- Jeder Hauptschüler könnte eine „Patenschaft" für ein Grundschulkind übernehmen

Kriterien zur Rezeptauswahl:

- Einfache Herstellung
- Keine teuren Zutaten
- Kurze Garzeiten
- Einfache, kindgerechte Verzierungsmöglichkeiten

Aufteilung der Weihnachtswerkstatt:

Die Schüler sollen möglichst selbst die Arbeit aussuchen, die ihnen am meisten liegt und Spaß macht.

Backwerkstatt:
- Einkaufszettel für die ausgesuchten Rezepte schreiben
- Mengen festlegen
- Vorarbeiten festlegen, evtl. Teig schon vorbereiten
- Den Hauptschülern Grundschüler zuteilen

Bastelwerkstatt:
- Festlegen der Gegenstände, z. B. Tischkarten, Servietten falten, Gedicht lernen
- Tischdekoration, Plakat …
- Einkaufsliste schreiben
- Vorarbeiten festlegen
- Hilfsmittel bereitstellen (Scheren, Kleber, Nadel, Faden …)
- Einteilung der Schüler: vorher festlegen

| Name: | Klasse: 7 | Datum: | HsB | Nr.: |

Wir arbeiten und feiern mit Kindern

Während des Besuchs gelten Regeln:

_____
_____
_____
_____

Deine Aufgabe:

Beobachte, ob alle Kinder dem Unterricht folgen.
_____

Sind die Mahnungen durch die Lehrkraft deiner Meinung nach berechtigt?
Notiere ein Beispiel:

Schülerverhalten	_Lehrermaßnahme_
_____	_____
_____	_____
_____	_____

Arbeiten alle Kinder gleich gut?

_____
_____

Was würdest du als Lehrkraft verbessern oder anders machen?

_____
_____

Welche Grundregeln gelten für die Kinder?

_____
_____

Lösungsvorschläge für S. 65 oben bzw. S. 70 Mitte

Während des Besuchs gelten Regeln:

Ruhig sitzen bleiben. Gut zuhören. Schüler genau beobachten.
Notizen machen. Kinder nicht ablenken.

Die Kennzeichen einer guten Schaummasse sind:

- Zucker ist gelöst.
- Zieht Spitzen.
- Farbe ist hellgelb.

Mögliche Aufgaben für die Weihnachtswerkstatt

Aufgabe: Tischdekoration

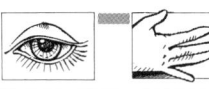

Stellt Tischdekorationen her (z. B. Gebinde aus Gewürzen, verzierte Kerzen).

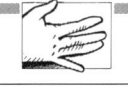

Medien: Arbeitsaufgabe, Bastelvorschläge (siehe S. 67)

Aufgabe: Weihnachtsdekoration

Stellt Weihnachtsdekoration (z. B. Fenstersterne oder Tannen aus Wellpappe) her.

Medien: Arbeitsaufgabe, Bastelvorschläge (siehe S. 67)

Aufgabe: Weihnachtstext

Übt ein Weihnachtsgedicht (z. B. „Vom Honigkuchenmann") oder eine weihnachtliche Geschichte ein, die ihr später vortragen könnt.

Medien: Arbeitsaufgabe, Textblatt (siehe S. 68)

Aufgabe: Servietten

Faltet Servietten oder Tischkärtchen.

Medien: Arbeitsaufgabe, Arbeitsblatt „Serviettenfalten" (siehe S. 69)

Aufgabe: Weihnachtsgebäck

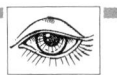

Stellt Weihnachtsgebäck (z. B. Wanda, Schokocrossies ...) her.
(Dabei arbeiten z. B. je zwei Kinder und zwei HsB-Schüler in einer Koje.)

Medien: Arbeitsaufgabe, Rezeptblatt (siehe S. 70)

Aufgabe: Bratäpfel

Stellt Bratäpfel her.
(Dabei arbeiten z. B. je zwei Kinder und zwei HsB-Schüler in einer Koje.)

Medien: Arbeitsaufgabe, Rezeptblatt (siehe S. 67)

Weihnachtliche Bastelarbeiten aus Papier und Naturmaterialien

Gebinde aus Gewürzen

Material:
Zimtstangen, Nelken, Sternanis, Messingdraht, Seitenschneider

Arbeitsweise:
- 3–5 Zimtstangen mit Messingdraht spiralförmig umwickeln.
- Beim Zurückwickeln Sternanis und Nelken mit einbinden.
- In Tonschale oder auf Moos dekorieren.

Kerzen mit Klebewachs verzieren

Material:
Stumpenkerzen, Klebewachs, kleine Brettchen, Messer

Arbeitsweise:
- Verschiedene Muster aus dem Klebewachs ausschneiden (Sterne, Monde, Tannenbäume …).
- Wachsteilchen auf die Kerzen drücken.

Silberne Tannen aus Wellpappe

Material:
Silberfarbene Wellpappe, Sternchenaufkleber, Silberfaden oder Schaschlikstäbchen, Nadel, Schere, Klebepistole oder Klebeband, Bleistift

Arbeitsweise:
- Tannenform aufzeichnen, ausschneiden.
- Sternchen aufkleben.
- Aufhänger einfädeln oder Bäumchen auf einen Schaschlikspieß kleben.

Schneekristalle als Fensterschmuck/Mobile

Material:
Drahtbügel für Mobile oder Zweig (z. B. Korkenzieherhaselnuss), weißes Tonpapier, Nylonfaden, evtl. Glastropfen oder Perlen, Schere

Arbeitsweise:
- Schneekristalle aufzeichnen und ausschneiden.
- Mehrere Kristalle auf den Faden fädeln und Perlen dazwischenknoten.
- Am Fadenende Glastropfen befestigen.
- Am Mobile oder einem Zweig alle fertigen Schnüre befestigen.

Rezeptbaustein zum Austauschen

Süß und heiß zur Weihnachtszeit: Gefüllte Bratäpfel

Menge	Zutaten	Zubereitung
1 EL	Butter	– Auflaufform fetten
4	Äpfel, z. B. Boskop	– waschen, Kernhaus ausstechen, in die Auflaufform setzen
Fülle:		
50 g	Rosinen	– Rosinen heiß waschen, mit den anderen Zutaten vermengen, in die vorbereiteten Äpfel füllen
1 EL	Zucker	
1 Msp.	Zimt	
1 EL	Gelee oder Honig	– zum Schluss auf das gefüllte Loch geben
1 EL	Zitronensaft	– Äpfel mit Zitronensaft bestreichen

Temperatur: 200 °C, mittlere Einschubhöhe
Backzeit: 15–25 Min.
(Die ersten 10 Minuten mit Alufolie bedecken!)

Von der Laterne, die ein Sternlein werden wollte

Es war einmal eine Laterne, die hatte den ganzen Abend geleuchtet, und jetzt schlief sie neben dem Kinderbett. Mitten in der Nacht wachte die kleine Laterne auf. Da schaute der Mond zum Fenster herein und sagte: „Du leuchtest ja so schön! Willst du nicht auch ein Sternlein werden?"
„O ja", sagte die kleine Laterne und flog zum Fenster hinaus, hoch in den Himmel. „Nanu", sagten die Sterne, „was ist denn das für ein Stern? Der kann ja noch schöner leuchten als wir!" „Wo kommst du denn her?", fragten die Sterne die kleine Laterne. „Dort aus dem Haus komme ich, wo das Kind im Bett schläft."
Da schauten die Sterne alle zum Fenster hinein und wollten das Kind sehen. Aber ein Sternlein, ein ganz kleines, machte dabei solch einen Krach, dass das Kind aufwachte. Husch-husch flogen die Sterne schnell wieder weg zum Himmel.
Als das Kind sah, dass die Laterne nicht mehr da war, wurde es ganz traurig und fing an zu weinen.
„Wo ist meine Laterne?", jammerte es. Das hörte die kleine Laterne. „Ach, was soll ich jetzt bloß machen", sagte die kleine Laterne, „soll ich ein Sternlein am Himmel bleiben, oder soll ich wieder zu dem Kind gehen?" Die Laterne wollte so gern ein Sternlein bleiben, aber schließlich tat ihr das Kind doch leid, und sie sagte zu den anderen Sternen: „Wie komme ich denn jetzt wieder zur Erde?"
„Oh, solange das Kind noch weint, musst du hier bleiben, aber wenn es aufhört zu weinen und schläft, dann können wir dich zurückbegleiten. Denn wir dürfen nur zu schlafenden Kindern in das Zimmer kommen."
Da warteten die Sterne, bis das Kind eingeschlafen war, und dann flogen sie herunter vom Himmel, zum Fenster hinein, und legten die Laterne neben das Kinderbett. Sie standen noch eine Zeitlang um das Bett herum und schauten das schlafende Kind an, und dann flogen sie wieder zum Fenster hinaus. „Tschüs, Laterne", sagten die Sterne, und „tschüs, Sterne", sagte die Laterne.
Aber ein Sternlein, ein ganz kleines, stolperte, als es aus dem Fenster hinausfliegen wollte, und von dem Krach wachte das Kind auf. Husch-husch flog das kleine Sternlein davon in den Himmel, aber das Kind hatte noch ein bisschen von seinem Licht gesehen.
Als das Kind sich umschaute, da sah es die Laterne neben dem Bettchen liegen.
„Da bist du ja wieder", sagte das Kind, „wo warst du denn?"
„Ich war oben am Himmel und wollte ein Sternlein werden. Aber weil du so traurig warst, bin ich zu dir zurückgekommen. Die Sterne haben mich hergebracht."
„Nun sollst du aber nicht wieder weggehen", sagte das Kind.
„Nein", sagte die kleine Laterne, „wenn du mich nicht kaputtmachst, will ich immer bei dir bleiben."

Heinrich Hannover (Rechte beim Autor)

Der Bratapfel

Kinder, kommt und ratet,
was im Ofen bratet!
Hört, wie's knallt und zischt!
Bald wird er aufgetischt.
Der Zipfel, der Zapfel,
der Kipfel, der Kapfel,
der gelbrote Apfel.

Kinder, lauft schneller,
holt einen Teller,
holt eine Gabel!
Sperrt auf den Schnabel
für den Zipfel, den Zapfel,
den Kipfel, den Kapfel,
den goldbraunen Apfel.

Sie pusten und prusten,
sie gucken und schlucken,
sie schnalzen und schmecken,
sie lecken und schlecken
den Zipfel, den Zapfel,
den Kipfel, den Kapfel,
den knusprigen Apfel.

Fritz und Emily Koegel

(Aus: Das schönste Fest, hrsg. Juliane Metzger, © Annette Betz Verlag, Wien-München)

Vom Honigkuchenmann

Keine Puppe will ich haben –
Puppen gehn mich gar nichts an.
Was erfreun mich kann und laben,
ist ein Honigkuchenmann,
so ein Mann mit Leib und Kleid
durch und durch von Süßigkeit.

Stattlicher als eine Puppe
sieht ein Honigkerl sich an,
eine ganze Puppengruppe
mich nicht so erfreuen kann.
Aber seh ich recht dich an,
dauerst du mich, lieber Mann.

Denn du bist zum Tod erkoren –
bin ich dir auch noch so gut,
ob du hast ein Bein verloren,
ob das andre weh dir tut:
Armer Honigkuchenmann,
hilft dir nichts, du musst doch dran!

Hoffmann von Fallersleben

Pfefferkuchen-Verse

*Hab meinen Schatz zum Fressen gern,
er schmeckt wie Nuss- und Mandelkern.*

*In meiner Stube rußt der Ofen,
in meinen Herzen ruhst nur du.*

*Es bleibt die runde Brezel
das große Lebensrätsel.*

*In allen Ecken eine süße Mandel,
so wohlerzogen sei dein Lebenswandel.*

Unbekannter Verfasser

| Name: | Klasse: 7 | Datum: | **HsB** | Nr.: |

Einfache Faltvorschläge für Servietten

1. Das Segel

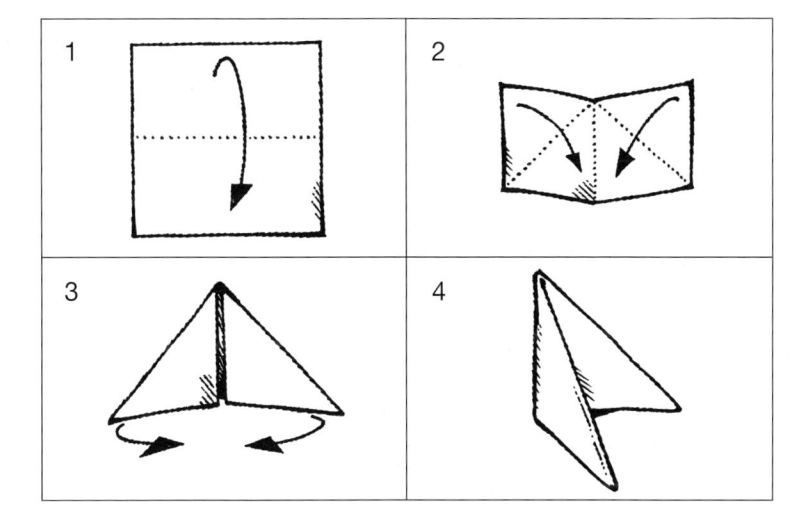

2. Der Pfau

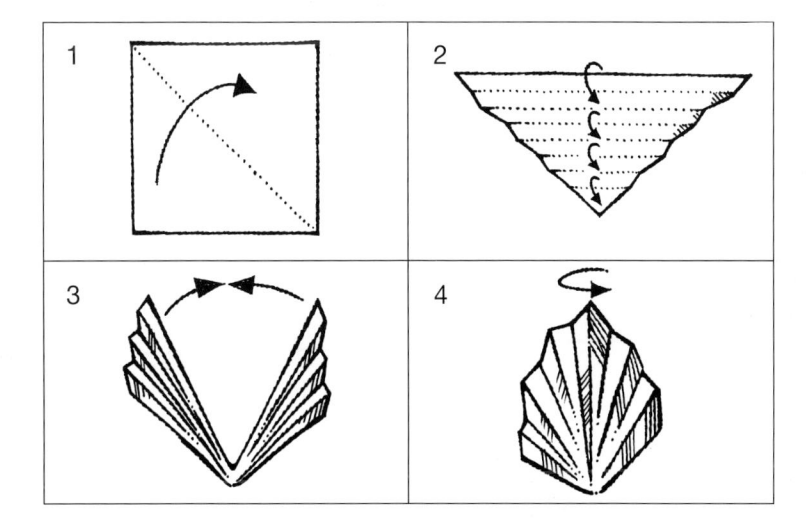

3. Tischkärtchen aus Tonpapier

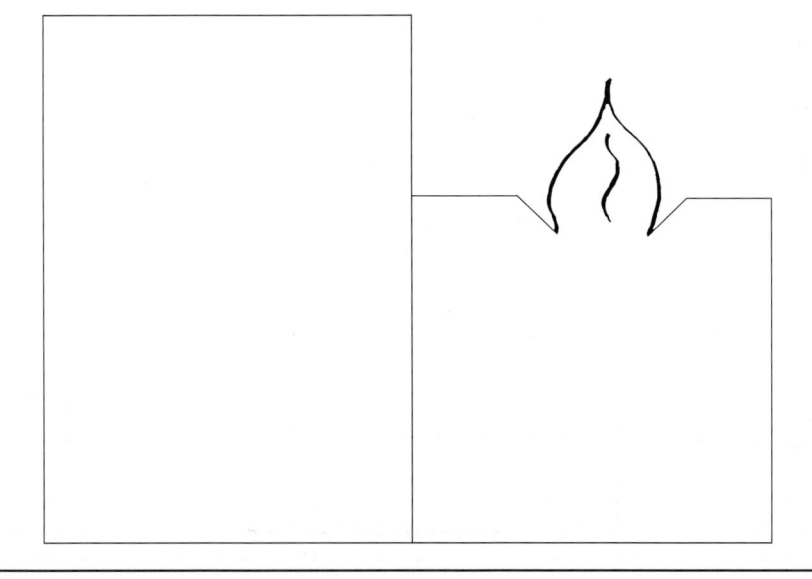

Name: _____

Weihnachtliche Leckereien

Wanda

Menge	Zutaten	Zubereitung
250 g	Butter oder Margarine	– Schaummasse
250 g	Zucker	
6	Eier	
250 g	geriebene Mandeln oder Nüsse	– alles zugeben und verrühren
1 TL	Zimt	– Teig auf ein gefettetes Blech streichen, backen
1 Msp.	gemahlene Nelken	
100 g	Mehl	**Temperatur:** 180 °C
100 g	geriebene Schokolade	**Backzeit:** 20 Min.
1 Packung	Schokoguss	– im Wasserbad schmelzen, auf gebackene Teigplatte streichen, Rauten schneiden
	Mandelstifte	– mit Mandelstiften verzieren

Die Kennzeichen einer guten Schaummasse sind:

- _____
- _____
- _____

Schokocrossies

Menge	Zutaten	Zubereitung
4 Tafeln	Vollmilchschokolade	– im Wasserbad schmelzen lassen
1 Tafel	Zartbitterschokolade	
20 g	Kokosfett	
170 g	Kornflakes	– in einer großen Schüssel etwas zerkleinern
100 g	Kokosflocken	– zugeben und vermischen
1 Päckchen	Vanillezucker	
		– die Kornflakes-Mischung anschließend mit der zerlassenen Schokolade vermengen
		– Masse mit zwei Kaffeelöffeln zu kleinen Häufchen formen
		– kalt stellen

Gesundheitsbewusste Ernährung

Artikulation:

Anfangsphase: Sprichwort: „Der Mensch ist, was er isst."
1. Teilziel: Arbeitsteilige Gruppenarbeit:
- Ernährungsfehler
- Folgen falscher Ernährung
- Regeln für richtiges Essverhalten
- Zusammensetzen der Nahrung

2. Teilziel: Zubereiten der Kochaufgabe
Schlussphase: Wie führe ich das Ernährungsprotokoll?

Lernziele:

Die Schüler sollen ...
... die Essgewohnheiten in Deutschland reflektieren und auf Fehler aufmerksam werden.
... die unterschiedlichen Lebensgewohnheiten früher/heute erkennen.
... einen Überblick über die Lebensmittelgruppen bekommen (Ernährungskreis).
... ein Ernährungsprotokoll führen können.

Hinweise:

- Die Erarbeitung erfolgt in arbeitsteiliger Gruppenarbeit oder als Lernzirkel.
- Für das Ernährungsprotokoll soll das Arbeitsblatt „Der Ernährungskreis" für alle Schüler kopiert und ein genauer Arbeitsauftrag erteilt werden.
- Der zeitliche Umfang für das Ernährungsprotokoll sollte einen Tag betragen.
- Die Angaben über die Nahrungsmittel sollten so genau wie möglich sein, z. B. Käsebrot: Brot, Butter, Käse – evtl. Mutter befragen!
- Hinweis, dass das Protokoll nicht benotet wird!
- Das Ernährungsprotokoll könnte in jeder Ernährungslehre-Stunde verwendet werden, z. B. als Sicherung, Vergleich, Zusammenfassung oder Auswertung in der letzten Ernährungslehre-Stunde (siehe UE „Auswertung der Ernährungsprotokolle", S. 133 ff.).

Medien:

Tonpapierstreifen, dicke Stifte, Arbeitsaufgaben (evtl. auf Folie), Ernährungskreis auf Folie, Arbeitsblatt

Arbeitsteilige Gruppenarbeit (1. Teilziel)

Medien: Arbeitsaufgabe, dicke Faserstifte, Tonpapierstreifen

Aufgabe: Ernährungsfehler

1. Lies den Text genau durch.
2. Suche die Ernährungsfehler heraus und schreibe sie groß und deutlich auf die Tonpapierstreifen.

Durch unsere Wohlstandsgesellschaft haben wir die Möglichkeit, alles zu essen, was uns schmeckt und auf was wir Lust haben. Und dies das ganze Jahr hindurch! Jedoch stehen vom ersten Lebenstag an Ernährung und Gesundheit in engem Zusammenhang.

Der Mensch in den Zivilisationsländern kann sich seine Speisen frei wählen.

Dies hat leider dazu geführt, dass unsere Nahrung oft wenig ausgewogen und gesund ist. Wir essen viel zu viel Fett und Zucker in Fleisch, Torten oder Knabbereien!

Wir essen zu viele Fleisch- und Wurstwaren und zu stark gesalzene Lebensmittel. Die Lebensmittel sind oft so stark „veredelt", dass sie kaum Ballaststoffe enthalten. Immer mehr Menschen erkranken durch zu große Essensmengen und zu wenig Bewegung an Übergewicht. Viele lassen sich wenig Zeit zum Essen oder nehmen Mahlzeiten sehr unregelmäßig zu sich. Nicht zuletzt kann überhöhter Alkoholkonsum krank machen.

Aufgabe: Veränderte Lebensgewohnheiten

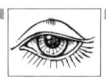

Medien:
Arbeitsaufgabe,
Arbeitsblatt

1. Schaue dir die Bilder genau an. Vergleiche die oberen Bilder mit den unteren.
2. Lies den Text genau durch und schreibe die Folgen der falschen Ernährung auf das Arbeitsblatt (Punkt 2).

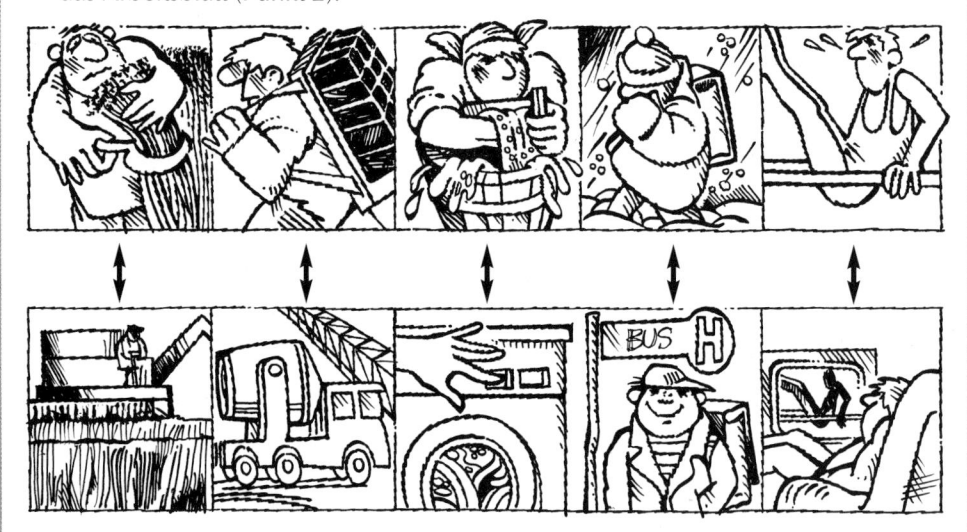

Unsere Lebensgewohnheiten und die damit verbundene körperliche Arbeit haben sich in den letzten Jahrzehnten stark verändert. Die Ernährungsgewohnheiten haben sich aber nicht in gleichem Maße verändert, so dass es im Laufe der letzten Jahrzehnte zu einer Überernährung gekommen ist, die sich in den verschiedensten Krankheitsbildern niederschlägt. So diagnostizieren die Ärzte vermehrt Herz- und Gefäßerkrankungen, Bluthochdruck, Gicht und die Zuckerkrankheit. Vielen Menschen fehlt das Wissen um richtige Ernährung, und so lassen sie sich unbewusst durch die Werbung zu falschem Lebensmitteleinkauf verführen.

Lösungsvorschlag zu S. 74

Gesundheitsbewusste Ernährung

1. Häufige Ernährungsfehler

zu viel   zu hastig
zu süß   zu fett

2. Veränderte Lebensgewohnheiten erfordern verändertes Ernährungsverhalten

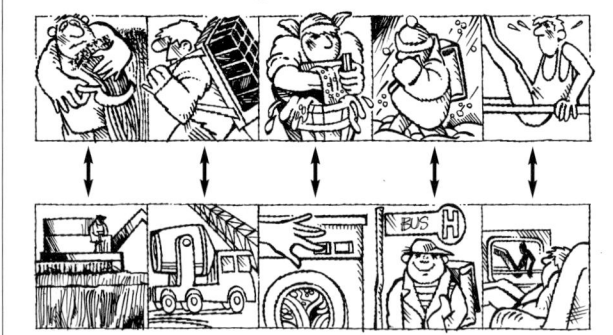

Folgen:

Herz- und Kreislauf-
beschwerden
Übergewicht
Gicht
Zuckerkrankheit
Bluthochdruck

3. Regeln für richtiges Essverhalten, die du wichtig findest

Ich esse mehr Obst und Gemüse statt Chips und Süßes. Ich ernähre mich möglichst abwechslungsreich. Ich trinke viel Wasser.

Aufgabe: Richtiges Essverhalten

1. Du kennst bestimmt aus dem Werbefernsehen, aus Zeitschriften, aus dem Radio und von deinem Elternhaus Regeln für richtiges Essverhalten. Sprich darüber mit deinen Mitschülern.
2. Stelle drei Regeln für richtiges Essverhalten auf, die du wichtig findest, und schreibe sie auf das Arbeitsblatt (Punkt 3).

Medien: Arbeitsaufgabe, Arbeitsblatt

Aufgabe: Der Ernährungskreis

1. Lies den Text genau durch.
2. Du findest unten eine Auswahl an Nahrungsmitteln vor. Versuche, die Nahrungsmittel sinnvoll im Kreis zu verteilen. (Nahrungsmittel, von denen man viele essen sollte, kommen in einen größeren Kreisabschnitt!)

Hunger und Durst beeinflussen unser Essverhalten. Wir verlangen nach Nahrung. Die Nahrungsmittel setzen sich aus tierischen und pflanzlichen Produkten zusammen, die entweder roh oder gegart gegessen werden.
Unsere Nahrung soll ausgewogen auf die einzelnen Nahrungsgruppen verteilt werden.

Milch und Milchprodukte	(Joghurt, Dickmilch, Kefir, Käse, Quark …)
Getränke	(Säfte, Mineralwasser, Tee, Apfelsaftschorle …)
Brot und Getreideprodukte	(Reis, Nudeln, Haferflocken, Kartoffeln, Brötchen …)
Fette	(Butter, Margarine, Öle, Schmalz …)
Obst	(Äpfel, Birnen, Trauben, Orangen …)
Gemüse	(Tomaten, Salat, Zwiebeln, Karotten …)
Fleisch, Wurst, Fisch, Ei	(Schnitzel, Aufschnitt, Fischstäbchen, Rührei …)
Süßigkeiten	(Schokolade, Torte, Bonbons, Kaugummi …)

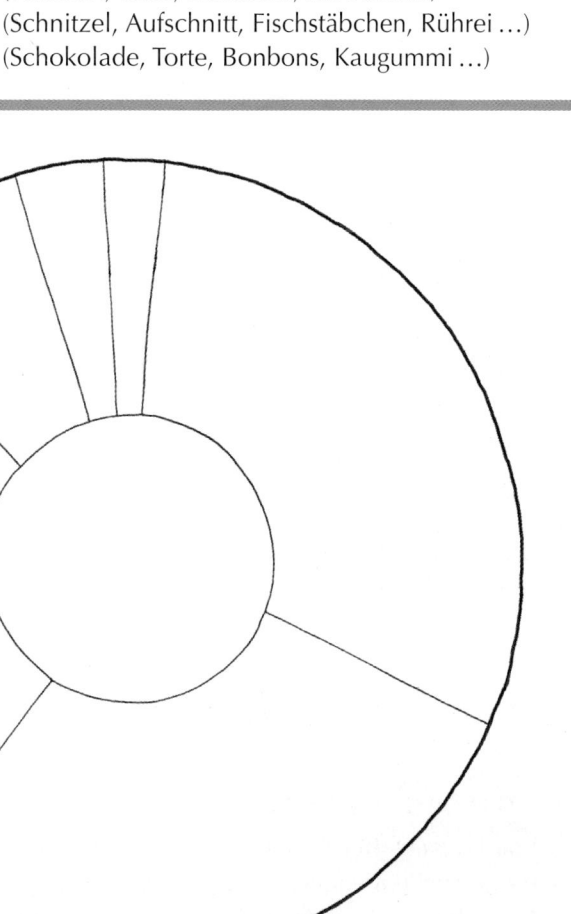

Medien: Arbeitsaufgabe, leerer Ernährungskreis auf Folie (evtl. vergrößert)

Gesundheitsbewusste Ernährung

1. Häufige Ernährungsfehler

2. Veränderte Lebensgewohnheiten erfordern verändertes Ernährungsverhalten

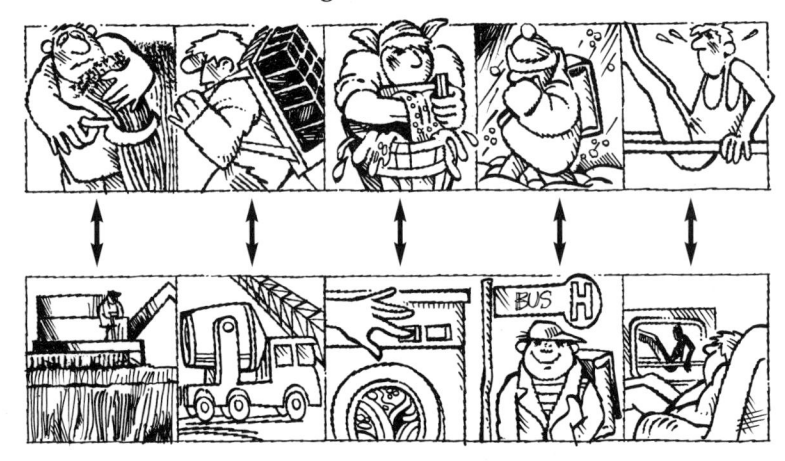

Folgen:

_____
_____
_____
_____
_____
_____

3. Regeln für richtiges Essverhalten, die du wichtig findest

_____
_____

Salatfondue mit Nussdip

Menge	Zutaten	Zubereitung
500 g	Gemüse der Jahreszeit z. B. Rettich, Gurke, Tomaten, Gemüsezwiebeln, Zucchini, Paprika, Karotten	– waschen, putzen, schälen, in Streifen schneiden
200 g	Käse z. B. Gouda	– in Würfel schneiden
Nussdip:		
250 g	Dickmilch	
50 g	gemahlene Nüsse	
1 EL	Zitronensaft	– alle Zutaten gut verrühren, abschmecken
½ TL	Kräutersalz	
1 Prise	Pfeffer	
2 EL	fein gewiegte Kräuter	

Tipp: Das Gemüse und den Käse auf Zahnstocher stecken und in den Dip tauchen. Dazu passt frisches Vollkornbaguette.

Der Ernährungskreis

Aufgabe: Überprüfe einen Tag lang deine Ernährungsgewohnheiten und mache für die gegessenen Nahrungsmittel bzw. Genussmittel ein Kreuz bei den entsprechenden Nahrungsmittelgruppen.

Fragen zur Ernährung

Glaubst du, dass Ernährung auch schon für Kinder und Jugendliche in Hinblick auf die spätere Gesundheit eine Rolle spielt?

☐ Ja, das glaube ich. ☐ Nein, das glaube ich nicht. ☐ Ich weiß nicht.

Interessierst du dich für gesunde Ernährung?

☐ Ja,   ☐ Nein,

weil ☐ meine Familie darauf achtet.   weil ☐ ich das für unnötig halte.

weil ☐ ich Gewichtsprobleme habe.   weil ☐ ich mich gesund fühle.

weil ☐ ich über die Medien informiert bin.   weil ☐ meine Familie sich nicht dafür interessiert.

weil ☐ ich einen Zusammenhang zwischen   weil ☐ ich nur esse, was mir schmeckt.
            Ernährung und Gesundheit sehe.

Isst du deiner Meinung nach gesund und abwechslungsreich?

☐ Ja.   ☐ Nein.   ☐ Ich weiß nicht.   ☐ Ich hoffe es.

Bausteine des Lebens – Vitamine und Mineralstoffe

Artikulation:

Anfangsphase: Folie mit kranken Menschen
1. Teilziel: Arbeitsteilige Gruppenarbeit: Vitamine und Mineralstoffe
2. Teilziel: Zubereiten der Kochaufgabe/Anrichten
Schlussphase: Spiel mit der Tafel (Lehrkraft wischt teilweise weg, Schüler ergänzen mit einem ganzen Satz mündlich)

Hinweise:

– Bei großen Kochgruppen sollten Rettich und Rote Beete von Hand geraspelt werden.
– Für diese Unterrichtseinheit stehen Ihnen reichlich Arbeitsaufgaben mit unterschiedlichem Schwierigkeitsgrad zur Verfügung. Wählen Sie je nach Leistungsvermögen der Schüler aus.

Lernziele:

Die Schüler sollen …
… mindestens zwei Merksätze zur vitamin- und mineralstoffreichen Ernährung wissen.
… wissen, welche Lebensmittel Jugendliche besonders benötigen und wie man diesen Bedarf decken kann.
… wissen, was zu einem erhöhten Vitamin- und Mineralstoffbedarf führt, und dazu zwei Regeln verbalisieren.

Medien:

Folie, Arbeitsaufgaben, Lebensmittel (siehe Rezept), Wortkarten, Mineralstoff-Tabelle auf Folie, Arbeitsblatt

Folie (Anfangsphase)

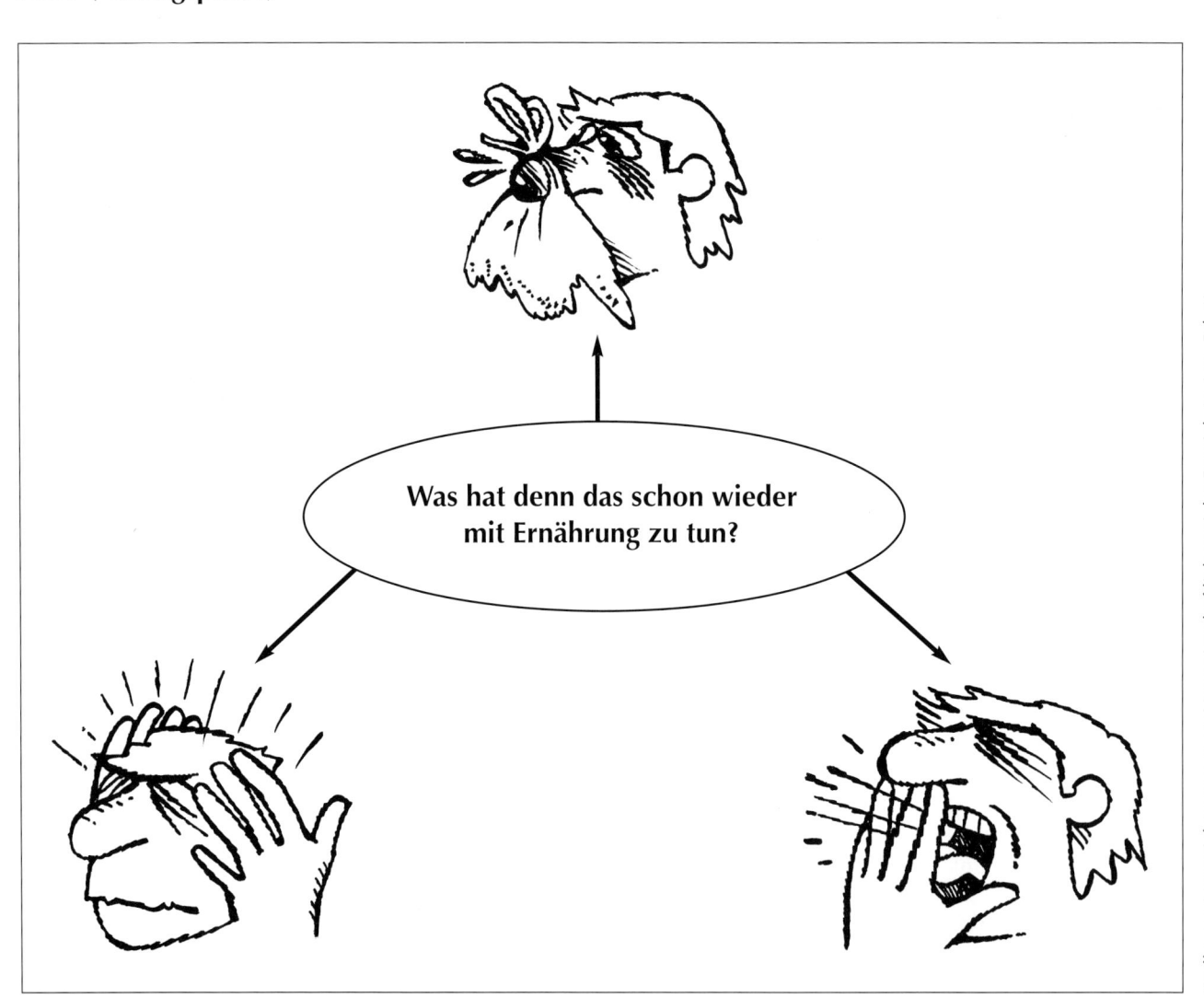

Arbeitsteilige Gruppenarbeit (1. Teilziel)

Aufgabe: Mineralstoffe und Vitamine

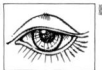

Medien: Arbeitsaufgabe, Arbeitsblatt

1. Sieh dir die Tabellen genau an.
2. Bilde zwei wichtige Merksätze für eine gesunde Ernährung mit Mineralstoffen und Vitaminen. Trage die Merksätze mit Bleistift in dein Arbeitsblatt ein (Rezeptteil).

Mineralstoffe	Kalium (Ka)	Phosphor (P)	Magnesium (Mg)	Eisen (Fe)
Tagesbedarf Vollgetreide (durchschnittliche Deckung)				
Raffiniertes Getreide (Weißmehl – durchschnittliche Deckung)				

Vitamine	A	B	C
Tagesbedarf Paprikaschote frisch			
Paprikaschote aus dem Glas			

Aufgabe: Vitamine in Lebensmitteln

Medien: Arbeitsaufgabe, Zutaten zur Salatplatte, evtl. noch weitere Lebensmittel/ Süßigkeiten, Wortkarten: Vitamine (siehe S. 78)

1. Du hast vor dir eine Reihe von Lebensmitteln liegen. Ordne die Lebensmittel in vitaminreiche und vitaminarme.
2. Ordne die Aufgaben (Wortkarten) für den Körper den Vitaminen zu. Die Tabelle hilft dir. Hefte die Wortkarten an die Tafel.

Vitamin:	Vorkommen in Lebensmitteln:	Aufgaben im Körper:
Vitamin A	Innereien, Butter, vitaminierte Margarine, Eigelb; in Obst und Gemüse als Carotin (= Vorstufe von Vitamin A)	wichtig fürs Sehen, Wachsen und für die Haut
Vitamin B_1	Schweinefleisch, Vollkornbrot, Haferflocken, Hülsenfrüchte, Vollreis, Kartoffeln	für Nerven und Stoffwechsel der Zellen
Vitamin B_2	Milch, Käse, Ei, Fleisch, Kartoffeln, Getreideerzeugnisse, Gemüse und Obst	für den Stoffwechsel, zum Sehen
Vitamin C	Obst, vor allem in Orangen, Zitronen, Grapefruit und Beerenobst, Gemüse, Kartoffeln	für den Aufbau des Bindegewebes, Stoffwechselvorgänge, stärkt die Infektionsabwehr (Immunsystem)
Vitamin D	Leber, Eigelb, Butter, Margarine, Sahne, Lebertran	für Knochen und Zähne

Wortkarten: Vitamine

Hinweis: Bitte auf DIN A3 vergrößern!

vitaminreich	vitaminarm
Vitamin A	Augenvitamin
Vitamin B_1	Nervenvitamin
Vitamin B_2	Stoffwechselvitamin
Vitamin C	Stärkung des Immunsystems
Vitamin D	Knochen-/Zahnvitamin

Aufgabe: Mineralstoffe in Lebensmitteln

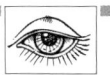

1. Du hast vor dir eine Reihe von Lebensmitteln liegen. Ordne die Lebensmittel in mineralstoffreiche und mineralstoffarme.
2. Ordne die Aufgaben (Wortkarten) für den Körper den Mineralstoffen zu. Die Tabelle hilft dir. Hefte die Wortkarten an die Tafel.

Mineralstoff:	Vorkommen in Lebensmitteln:	Aufgaben im Körper:
Calcium	Milch, Erzeugnisse aus Milch wie Joghurt, Quark, Käse jeder Art, Gemüse, Obst, Brot, Haferflocken, Fisch, Hülsenfrüchte, Nüsse	Baustoff der Knochen und Zähne; Blutgerinnung
Phosphor	Milch, Erzeugnisse aus Milch, Fleisch, Wurst, Fisch, Eier, Brot und andere Getreideerzeugnisse, Gemüse, Kartoffeln	Baustoff der Knochen; Energiegewinnung und Energieverwertung im Körper
Kalium	Obst, Gemüse, Kartoffeln, Fleisch, Milch, Käse	erhält die Gewebespannung, fördert den Wasserentzug aus dem Gewebe
Eisen	Fleisch, Leber und andere Innereien, Wurst, Obst, Fruchtsäfte, Gemüse, Hülsenfrüchte, Brot, vor allem Vollkornbrot, Haferflocken, Kartoffeln	Baustein des roten Blutfarbstoffs (rote Blutkörperchen)
Fluor	Seefisch, schwarzer Tee	erhält den Zahnschmelz
Jod	Seefisch, Eier	baut das Schilddrüsenhormon auf (bei Mangel Kropfbildung möglich)

Medien:
Arbeitsaufgabe, Zutaten zur Salatplatte, evtl. noch weitere Lebensmittel/ Süßigkeiten, Wortkarten: Mineralstoffe (siehe S. 80)

Aufgabe: Jod – ein wichtiger Mineralstoff

1. Lies den Text genau durch.
2. Warum ist Jod für dich so wichtig?
3. Wodurch kannst du einem Jodmangel vorbeugen? Ergänze das Arbeitsblatt (Punkt 3).

Jod ist ein lebenswichtiges Element für den Körper. Es sorgt mit dafür, dass der Hormonhaushalt der Schilddrüse reibungslos funktioniert.
Zwar nehmen wir alle mit unserer Nahrung Jod auf, aber dies reicht normalerweise nicht aus. Denn eine wesentliche Bedeutung als Jodlieferanten haben nur Seefisch und andere Meerestiere, und die essen wir ja nicht jeden Tag.
Jodmangel kann bei Kleinkindern zu einer verzögerten körperlichen und geistigen Entwicklung führen. Schulkinder können unter Leistungsstörungen leiden und sich schlapp und lustlos fühlen.
Wird regelmäßig zu wenig Jod aufgenommen, führt dies zu einer Vergrößerung der Schilddrüse, dem Kropf. Der Kropf ist das äußere Zeichen des Jodmangels, er ist aber meistens nicht sichtbar, sondern nur tastbar.
Es gibt aber eine einfache Lösung, um dieser Mangelerscheinung vorzubeugen: Normales Speisesalz durch Jodsalz ersetzen. Es wird im Handel unter der Bezeichnung „Jodiertes Speisesalz" angeboten. Trotzdem sollte man aber sparsam mit Salz umgehen: Zu viel Salz schadet, ob mit Jod oder ohne.

Medien:
Arbeitsaufgabe, Arbeitsblatt

Wortkarten: Mineralstoffe

Hinweis: Bitte auf DIN A3 vergrößern!

mineralstoffreich	mineralstoffarm
Calcium	Knochen, Zähne
Phosphor	Energieverwertung
Kalium	Wasserhaushalt
Eisen	rote Blutkörperchen
Fluor	Zahnschmelz
Jod	Schilddrüse

Troll u. a.: Unterrichtssequenzen Hauswirtschaftlich-sozialer Bereich (7. Jgst. Bd. 1)
© Auer Verlag GmbH, Donauwörth

Aufgabe: Wichtige Mineralstoffe für Jugendliche

1. Betrachte die Tabelle genau.
2. Vergleiche den Calcium- und Jodbedarf in den verschiedenen Altersgruppen. Überlege, warum der Bedarf so unterschiedlich sein kann.
3. Trage die beiden Mineralstoffe in das Arbeitsblatt ein (Punkt 1).

Empfohlene Nährstoffzufuhr pro Tag	Calcium mg	Jod µg
Säuglinge		
0 bis unter 4 Monate	500	50
4 bis unter 12 Monate	500	80
Kinder		
1 bis unter 4 Jahre	600	100
4 bis unter 7 Jahre	700	120
7 bis unter 10 Jahre	800	140
10 bis unter 13 Jahre	900	180
13 bis unter 15 Jahre	1000	200
Jugendliche und Erwachsene		
15 bis unter 19 Jahre	1200	200
19 bis unter 25 Jahre	1000	200
25 bis unter 51 Jahre	900	200
51 bis unter 65 Jahre	800	180
65 Jahr und älter	800	180
Schwangere	1200	230
Stillende	1300	260

Medien: Arbeitsaufgabe, Arbeitsblatt, Folie von der Tabelle zur Auswertung

Aufgabe: Calcium- und jodreiche Lebensmittel

1. Betrachte die Tabelle genau.
2. Welche Lebensmittel enthalten sehr viel Jod bzw. Calcium?
3. Trage diese in das Arbeitsblatt ein (Punkt 3).

Mineralstoff:	Vorkommen in Lebensmitteln:	Aufgaben im Körper:
Jod	Seefisch, Eier, Jodsalz	baut das Schilddrüsenhormon auf
Calcium	Milch, Milchprodukte (z. B. Joghurt, Quark, Käse jeder Art), Vollkornbrot, Nüsse, Obst und Gemüse …	Baustoff der Knochen und Zähne; Blutgerinnung

Medien: Arbeitsaufgabe, Arbeitsblatt, evtl. Lebensmittel, die Calcium bzw. Jod enthalten

Aufgabe: Erhöhter Vitaminbedarf

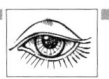

1. Lies den Text genau durch und schau dir die Bilder an.
2. Wann haben Menschen einen erhöhten Vitaminbedarf?
3. Trage vier Gründe (Stichpunkte) in das Arbeitsblatt ein (Punkt 4).

- Jugendliche brauchen mehr Vitamine und Mineralstoffe, weil sich ihr Körper noch in der Wachstumsphase befindet.

Weitere Gründe für einen erhöhten Vitaminbedarf:

- Wer stark raucht, braucht mehr Vitamine, um die schädlichen Bestandteile in den Zigaretten abzuwehren. So steigt z. B. der Vitamin-C-Verbrauch bei starken Rauchern um 40 Prozent.

- Alkohol erschwert die Aufnahme und Verwertung von Vitaminen. Da meist auch noch der Appetit geringer wird, kann die Vitaminversorgung leicht in einen kritischen Bereich kommen.

- Wer fast nur Fastfood isst, gerät leicht in Gefahr, zu wenige Vitamine zu sich zu nehmen.

- Wer Leistungssport betreibt, hat ebenfalls einen erhöhten Vitaminbedarf (z. B. Vitamin C und B-Vitamine).

Medien: Arbeitsaufgabe, Arbeitsblatt

Lösungsvorschlag zu S. 83

Bausteine des Lebens – Vitamine und Mineralstoffe

Bunte Salatplatte mit Schnittlauchecken

Menge	Zutaten	Zubereitung	Merke
Rote-Beete-Salat:			
600 g	Rote Beete	– waschen, schälen	
2	Äpfel	– waschen, vierteln, entkernen	
		– Rote Beete und Äpfel in der Küchenmaschine raspeln	Verwende Obst und Gemüse möglichst frisch!
50 g	gehackte Nüsse	– untermengen	
Marinade:			
6 EL	Sauerrahm		
4 EL	Zitronensaft		
½ TL	Salz		
½ TL	Zucker	– Salat marinieren	
Paprika-Salat:			
3	Paprika	– waschen, halbieren, entkernen, in Streifen schneiden	
1	Zwiebel	– schälen, in Halbringe schneiden	
Marinade:			
4 EL	Wasser		
4 EL	Essig		
½ TL	Salz		
½ TL	Zucker		
3 TL	Öl	– Salat marinieren	
Rettich-Salat:			
2	Rettiche	– waschen, schälen, in der Küchenmaschine raspeln	
Marinade:			
1 Becher	Sahne		
4 EL	Essig		
1–2 TL	Salz		
½ TL	Zucker	– Salat marinieren	
Schnittlauchecken:			Bevorzuge Vollkornprodukte!
2	Vollkornbrot	– in Scheiben schneiden	
	Butter	– bestreichen	
1 Bund	Schnittlauch	– waschen, in feine Röllchen schneiden, Brote damit bestreuen	

1. Welche Mineralstoffe sind für dich als Jugendlicher besonders wichtig?
 a) Jod b) Calcium
2. Begründung:
 Calcium: Wichtig für das Wachstum/Knochen/Zähne.
 Jod: Verhindert die Kropfbildung.
3. Durch welche Lebensmittel kannst du einem Mangel vorbeugen?
 Jod: Seefisch, Jodsalz, Eier
 Calcium: Milch, Milchprodukte, Vollkornbrot, Nüsse
4. Manche Menschen brauchen besonders viele Vitamine und Mineralstoffe. Liste vier Gründe für einen erhöhten Vitamin- und Mineralstoffbedarf auf.
 Wachstum (Jugendliche), Rauchen, Alkohol, Fastfood, Leistungssport

Merke: Ernähre dich möglichst abwechslungsreich: Ernährungskreis

| Name: | Klasse: 7 | Datum: | **HsB** | Nr.: |

Bausteine des Lebens – Vitamine und Mineralstoffe

Bunte Salatplatte mit Schnittlauchecken

Menge	Zutaten	Zubereitung	Merke
Rote-Beete-Salat:			
600 g	Rote Beete	– waschen, schälen	
2	Äpfel	– waschen, vierteln, entkernen	
		– Rote Beete und Äpfel in der Küchenmaschine raspeln	
50 g	gehackte Nüsse	– untermengen	
Marinade:			
6 EL	Sauerrahm		
4 EL	Zitronensaft	– Salat marinieren	
½ TL	Salz		
½ TL	Zucker		
Paprika-Salat:			
3	Paprika	– waschen, halbieren, entkernen, in Streifen schneiden	
1	Zwiebel	– schälen, in Halbringe schneiden	
Marinade:			
4 EL	Wasser		
4 EL	Essig		
½ TL	Salz	– Salat marinieren	
½ TL	Zucker		
3 EL	Öl		
Rettich-Salat:			
2	Rettiche	– waschen, schälen in der Küchenmaschine raspeln	
Marinade:			
1 Becher	Sahne		
4 EL	Essig	– Salat marinieren	
1–2 TL	Salz		
½ TL	Zucker		
Schnittlauchecken:	Vollkornbrot	– in Scheiben schneiden	
	Butter	– bestreichen	
1 Bund	Schnittlauch	– waschen, in feine Röllchen schneiden, Brote damit bestreuen	

1. Welche Mineralstoffe sind für dich als Jugendlicher besonders wichtig?

 a) _____ b) _____

2. Begründung:

_____

_____

3. Durch welche Lebensmittel kannst du einem Mangel vorbeugen?

_____

_____

4. Manche Menschen brauchen besonders viele Vitamine und Mineralstoffe. Liste vier Gründe für einen erhöhten Vitamin- und Mineralstoffbedarf auf.

_____

Merke: _____

Den Vitamin- und Mineralstoffkillern auf der Spur

Artikulation:

Anfangsphase: Folie: „Vitaminkiller"
1. Teilziel: Arbeitsteilige Gruppenarbeit: Nährwerte erhalten, Keimlinge als Vitaminlieferant
2. Teilziel: Zubereiten der Kochaufgabe
Schlussphase: Arbeitsblatt/evtl. Vergleich: Lebensbedingungen für Keime = „Killer" bei geernteten Lebensmitteln?

Hinweise:

Die Sprossen für das Rezept sollten bereits im Laufe der Vorwoche von einer Schülergruppe gezüchtet worden sein (siehe Aufgabe, S. 85). Wenn man dazu keine Zeit hat, können Sprossen in vielen Geschäften frisch oder im Glas gekauft werden.

Lernziele:

Die Schüler sollen ...

... vier Regeln zur Erhaltung von Vitaminen und Mineralstoffen wissen und anwenden.
... wissen, dass durch den Keimprozess der Vitamingehalt erhöht wird.
... Keime ansetzen können.
... vier „Nährstoffkiller" kennen.

Medien:

Folie, Arbeitsaufgaben, Samen zum Keimen und Keimglas (siehe S. 85) oder fertige Keime, Arbeitsblatt

Folie (Anfangsphase)

Arbeitsteilige Gruppenarbeit (1. Teilziel)

Aufgabe: Keime selbst züchten

1. Lies dir die Anleitung „Das Keimen ohne Keimgerät" genau durch.
2. Du hast ein Einmachglas, Fliegendraht, Gummiring und Samen. Setze die Samen zum Keimen an.
3. Erkläre deinen Mitschülern die Vorgehensweise, wie man Keime züchtet.

Das Keimen ohne Keimgerät

Für das Keimen von Samen gibt es verschiedene Möglichkeiten. Die preiswerteste Methode ist sicherlich das Keimen im Einmachglas. Dazu benötigt man ein Glas mit etwa 1½ Liter Fassungsvermögen, einen Gummiring, ein Stück Kunststoffgaze oder Fliegendraht. Man gibt etwa einen Esslöffel Samen (z. B. Mungobohnen, Alfalfa) in das Glas und füllt mit lauwarmem Wasser auf. Am nächsten Tag – nach etwa 12 Stunden Einweichzeit – sind die Samen gequollen und fast doppelt so groß. Das Wasser wird abgegossen, und die Samen werden mehrmals gründlich mit lauwarmem Wasser gespült. Dazu gießt man Wasser in das Glas, dreht es um und lässt die Flüssigkeit durch die Kunststoffgaze ablaufen. Nach dem Spülen werden die Keimlinge etwas aufgeschüttelt, dann haben sie mehr Platz zum Keimen. Danach legt man das Glas leicht schräg – mit der Öffnung nach unten – in ein Gefäß und bewahrt es an einem schattigen, luftigen Platz auf. So kann überschüssiges Wasser ablaufen. Die Temperatur sollte etwa bei 21 °C liegen.

Die Keimlinge sollten jeden Tag mindestens zweimal mit lauwarmem Wasser durchgespült werden. Das ist wichtig, um das Wachstum von Bakterien oder Schimmelpilzen zu verhüten. Dabei das

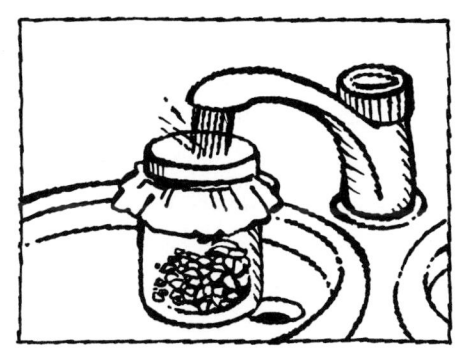

Die Keimlinge müssen täglich mehrmals gespült werden. Dazu lässt man das Wasser durch die Kunststoffgaze in das Glas laufen.

Glas nach dem Spülen immer wieder in Schräglage bringen. Nach etwa 4–6 Tagen sind die Keimlinge so stark gewachsen, dass sie das ganze Einmachglas ausfüllen. Die Keime dann in eine Schüssel mit kaltem Wasser geben und vorsichtig auseinander zupfen. Die an der Wasseroberfläche schwimmenden Keime werden herausgenommen. Gut abtropfen lassen. Nicht gekeimte, eventuell harte Samen bleiben auf dem Boden der Schüssel zurück und werden aussortiert. Jetzt können die Keime gegessen werden.

Übrigens: Kresse und Leinsamen kann man sogar noch einfacher keimen lassen. Und zwar auf einem Stück Filterpapier, das immer etwas feucht gehalten werden muss. Dabei dürfen die Samen nicht übereinander liegen.

Nach dem Spülen der Keimlinge wird das Glas leicht schräg in ein Gefäß gelegt. So kann überschüssiges Wasser ablaufen.

Nach 4–6 Tagen haben sich die Keimlinge so stark entwickelt, dass sie fast das ganze Glas ausfüllen.

Medien:
Arbeitsaufgabe,
ein Stück Kunststoffgaze oder Fliegendraht,
Tasse oder Schüssel,
Einmachglas,
Gummiring,
Samen zum Keimen (z. B. Mungobohnen, Alfalfa, Kresse …)

Aufgabe: Nährstoffkiller (1)

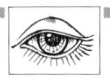

1. Sieh dir die Bilder genau an und lies den Text gründlich durch.
2. Benenne die zwei „Vitaminkiller" am Arbeitsblatt (Punkt 1).
3. Überlege, was du bei der Zubereitung des heutigen Gerichts tun kannst, um die Vitamine zu erhalten. Stelle zwei Regeln auf und trage sie in dein Arbeitsblatt ein (Punkt 2).

Sehr **lichtempfindlich** ist **Vitamin A,** enthalten z. B. in Leber, Karotten, Spinat, Aprikosen, Butter, vitaminierter Margarine, Speiseöl, Eigelb.

Durch den **Sauerstoff in der Luft** können vor allem die **Vitamine A und C** zerstört werden. Besonders reich an Vitamin C sind Zitrusfrüchte, aber auch andere Obstarten, Kartoffeln, einige Gemüsearten (Paprikaschoten, Kohl- und Blattgemüse) und Küchenkräuter.

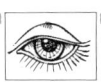

Medien: Arbeitsaufgabe, Arbeitsblatt

Aufgabe: Nährstoffkiller (2)

1. Sieh dir die Bilder genau an und lies den Text gründlich durch.
2. Benenne die zwei „Vitamin-/Mineralstoffkiller" am Arbeitsblatt (Punkt 1).
3. Überlege, was du bei der Zubereitung des heutigen Gerichts tun kannst, um die Vitamine und Mineralstoffe zu erhalten. Stelle zwei Regeln auf und trage sie in dein Arbeitsblatt ein (Punkt 2).

Hitzeempfindlich ist vor allem **Vitamin C.**

Durch **Wasser** können Vitamine und Mineralstoffe aus den Lebensmitteln herausgelöst werden.

Vitaminverluste
Beispiel: Vitamin C im Kopfsalat
Zubereitung: waschen, zerkleinert in stehendem Wasser

5 Min.	15 Min.	60 Min.
Kein Verlust	30 % weniger	80 % weniger

Aufbewahrung: bei Zimmertemperatur

(100 %)	1 Tag −25 %	2 Tag −40 %	3 Tag −70 %

Medien: Arbeitsaufgabe, Arbeitsblatt

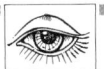

Medien:
Arbeitsaufgabe,
Arbeitsblatt

Aufgabe: Keimlinge als Vitaminlieferant

1. Lies den Text genau durch.
2. Beantworte die Fragen auf dem Arbeitsblatt (Punkt 3).

Zarte, frische Keimlinge sind vor allem im Winter eine willkommene Abwechslung, wenn das Obst- und Gemüseangebot nicht so reichhaltig ist.
Keime tragen besonders zur Deckung des Vitaminbedarfs (B_1, B_2, A, C) bei.
Jedes Samenkorn enthält alle Nähr- und Aufbaustoffe, die eine Pflanze für ihre Entwicklung benötigt. Das sind jedoch auch Nährstoffe, die für den Menschen von lebensnotwendiger Bedeutung sind.
Beim Keimvorgang erhöht sich der Vitamingehalt bedeutend.
Vier Voraussetzungen sind notwendig, damit die Samen keimen: Wasser, Wärme, Luftzirkulation und Licht.

Wie verwendet man Keimlinge?

Frische Keimlinge lassen sich auf vielfältige Weise verwenden. Bevorzugt sollte man sie aber als Rohkost genießen, um den Vitamingehalt zu erhalten. Man kann einen Salat ganz aus Keimlingen machen oder eine Handvoll Keimlinge wie frische Kräuter in jeden Rohkostsalat geben.
Auch in süßen und pikanten Quarkmischungen schmecken Keimlinge gut. Oder man mischt sie unter Rührei, füllt sie in Omeletts oder streut sie zuletzt über eine gekochte Suppe. Obstsalat, Müsli oder Frischkornbrei kann man durch Getreidekeimlinge, aber auch mit Sonnenblumen- oder Kürbiskernkeimlingen einen besonderen Geschmack verleihen.

Rezeptbaustein zum Austauschen

Putengeschnetzeltes mit Ananas und Reis

Menge	Zutaten	Zubereitung
Reis:		
2 Tassen	Wasser	– zum Kochen bringen
½ TL	Salz	
1 Tasse	Reis	– bei geringer Hitze 20 Min. ausquellen lassen
Geschnetzeltes:		
2 EL	Öl	– erhitzen
300 g	Putenbrust	– in Streifen schneiden, anbraten
1 Stück	Ingwer	– schälen, in Würfel schneiden, zugeben
3 Scheiben	frische Ananas	
150 g	Mungobohnenkeime	
4 EL	Sojasoße	– zugeben
1 Msp.	Chilipulver	
⅛ l	Brühe	– aufgießen, 5 Min. mit Deckel garen
	Knoblauch, Curry, Salz, Pfeffer	– abschmecken
1 TL	Stärke	– anrühren, Soße binden
2 EL	Wasser oder Ananassaft	

| Name: | Klasse: 7 | Datum: | HsB | Nr.: |

Den Vitamin- und Mineralstoffkillern auf der Spur

1. Nährstoffkiller sind: _____ _____

   _____   _____

2. So können wir die Nährstoffe in Lebensmitteln erhalten:

   • _____
   • _____
   • _____
   • _____
   • _____

3. Wir bringen Samen zum Keimen!

   Welche Vorteile bringen die gekeimten Samen?
   _____

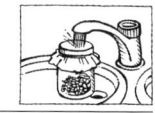

   Vier Voraussetzungen musst du zum Keimen schaffen:
   _____

   Nenne vier Möglichkeiten, wie du Sprossen verwenden kannst.
   _____

Chinapfanne mit Reis

Menge	Zutaten	Zubereitung
Reis:		
2 Tassen	Wasser	– zum Kochen bringen
½ TL	Salz	
1 Tasse	Reis	– bei geringer Hitze 20 Min. ausquellen lassen
Chinapfanne:		
2 EL	Öl	– erhitzen
1	Putenschnitzel	– in Streifen schneiden, anbraten
1	Zwiebel	– schälen, in Würfel schneiden, zugeben
1	Paprikaschote	– waschen, in Würfel schneiden, zugeben
1	Karotte	– waschen, schälen, in Scheiben schneiden, zugeben
2 EL	Mungobohnenkeime	
2 EL	Sojasoße	– zugeben
1 Msp.	Sambal Olek	
⅛ l – ¼ l	Brühe	– aufgießen, 5 Min. mit Deckel garen
	Knoblauch, Curry, Ingwer	– abschmecken
1 TL	Stärke	– anrühren, Soße binden
2 EL	Wasser	

Lösungsvorschlag zu S. 88

| Name: | Klasse: 7 | Datum: | HsB | Nr.: |

Den Vitamin- und Mineralstoffkillern auf der Spur

1. Nährstoffkiller sind: __Luft__   __Hitze__   __Wasser__   __Licht__

2. So können wir die Nährstoffe in Lebensmitteln erhalten:
   - Rohe Lebensmittel abdecken!
   - Kühl aufbewahren!
   - Gemüse kalt, kurz und unzerkleinert waschen!
   - Lebensmittel kurz und schonend garen (geringe Hitze)!
   - Topfdeckel beim Garen benutzen!

3. Wir bringen Samen zum Keimen!

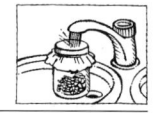

   Welche Vorteile bringen die gekeimten Samen?
   Vitamine, v. a. im Winter!

   Vier Voraussetzungen musst du zum Keimen schaffen:
   Wasser, Wärme, Luftzirkulation, Licht.

   Nenne vier Möglichkeiten, wie du Sprossen verwenden kannst.
   Über Salate, im Rührei, als Garnitur, im Kräuterquark.

Chinapfanne mit Reis

Menge	Zutaten	Zubereitung
Reis:		
2 Tassen	Wasser	– zum Kochen bringen
½ TL	Salz	
1 Tasse	Reis	– bei geringer Hitze 20 Min. ausquellen lassen
Chinapfanne:		
2 EL	Öl	– erhitzen
1	Putenschnitzel	– in Streifen schneiden, anbraten
1	Zwiebel	– schälen, in Würfel schneiden, zugeben
1	Paprikaschote	– waschen, in Würfel schneiden, zugeben
1	Karotte	– waschen, schälen, in Scheiben schneiden, zugeben
2 EL	Mungobohnenkeime	
2 EL	Sojasoße	– zugeben
1 Msp.	Sambal Olek	
⅛ l–¼ l	Brühe	– aufgießen, 5 Min. mit Deckel garen
	Knoblauch, Curry	– abschmecken
	Ingwer	
1 TL	Stärke	– anrühren, Soße binden
2 EL	Wasser	

Sparen Kräuter und Gewürze Salz?

Artikulation:

Anfangsphase: Salzkonsum in Deutschland
→ Kennenlernen von Alternativen

1. Teilziel: Lernzirkel:
- Kennenlernen von verschiedenen Kräutern
- Vorteile von Kräutern und Gewürzen
- Verwendung von Kochsalz
- Würzregeln

2. Teilziel: Zubereiten der Kochaufgabe

Schlussphase: Umgang mit der Kräuter-Gewürz-Scheibe

Hinweise:

- 14 Tage vor dieser Stunde sollte in der Schulküche Kresse gesät werden.
- Kräuter möglichst in Töpfen besorgen (Schnittlauch, Petersilie, Dill, Basilikum).
- Die Erarbeitung ist als „Lernzirkel" oder in Form einer arbeitsteiligen Gruppenarbeit möglich.

Lernziele:

Die Schüler sollen ...
... verschiedene Küchenkräuter kennen lernen.
... Einsatzmöglichkeiten und Wirkungsweisen der Kräuter kennen lernen.
... Gefahren einer salzreichen Nahrung erkennen.
... Gewürze für eine schmackhafte Ernährung kennen lernen.

Medien:

Arbeitsaufgaben, Materialien für den Lernzirkel (siehe Medien bei den Aufgaben), evtl. zusätzlich geschnittene Brotecken mit Schnittlauch, Petersilie, Dill oder Basilikum, Wortkarten, Kräuter-Gewürz-Scheibe (siehe S. 93/94, auf Karton aufziehen oder laminieren, mit Musterklammer befestigen), Arbeitsblatt

---

Lösungsvorschlag zu S. 95

Name: ___ **Klasse:** 7 **Datum:** ___ **Nr.:** HsB

Sparen Kräuter und Gewürze Salz?

Petersilie   Schnittlauch   Basilikum   Zimt   Muskat   Koriander

1. Kräuter und Gewürze haben folgende Vorteile:
- Sie unterstützen die Verdauung.
- Sie haben eine leichte Heilwirkung.

2. Zu traditionellen Gerichten passen typische Gewürze und Kräuter:

Gulasch	Nudelsuppe	Salatplatte	Milchreis mit Früchten
Paprika	Schnittlauch	Schnittlauch	Zimt
Pfeffer	Muskat	Basilikum	Zitronenmelisse

3. Mein Lieblingsgericht: z. B. Hähnchen mit Salat
Passende Gewürze: Pfeffer, Paprika, Rosmarin, Petersilie, Schnittlauch ...

4. Regeln zum bewussten Würzen:
- Verwende wenig Salz!
- Frische Kräuter kurz vor dem Essen zugeben!
- Nicht zu viele verschiedene Gewürze auf einmal verwenden!

Basilikumnudeln

Menge	Zutaten	Zubereitung
5 EL	Öl	– in eine Schale geben
5	vollreife Tomaten	– schälen, Kerne entfernen, zerkleinern, zugeben
100 g	frisches Basilikum	– fein schneiden, zugeben
2	Knoblauchzehen	– schälen, fein pressen, zugeben
	Salz, Pfeffer	– Masse gut würzen und abschmecken
400 g	Spaghetti	– in reichlich Salzwasser „al dente" kochen, mit kaltem Wasser abschrecken, erwärmen
		– mit der rohen, kalten Soße servieren
	geriebener Parmesan	– nach Belieben darüberstreuen

Troll u. a.: Unterrichtssequenzen Hauswirtschaftlich-sozialer Bereich (7. Jgst. Bd. 1)
© Auer Verlag GmbH, Donauwörth

Lernzirkel oder Gruppenarbeit (1. Teilziel)

Aufgabe: Kräuter erkennen

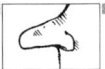

1. Lasse dir die Augen mit einem Tuch verbinden.
2. Lasse dir ein Schälchen geben und versuche, das Kraut am Geruch zu erkennen.
3. Nimm etwas von dem Kraut in den Mund und kaue es bewusst.
4. Versuche, den Namen des Krautes zu bestimmen, und ordne eine Wortkarte zu.

Medien: Arbeitsaufgabe, Wortkarten der Kräuter, geschnittene Kräuter, Tücher

Petersilie	Salbei
Schnittlauch	Zitronenmelisse
Dill	Basilikum
Kerbel	Kresse

Aufgabe: Gewürze erkennen

1. Nimm ein Filmdöschen nach dem anderen. Öffne es und rieche ganz vorsichtig daran.
2. Versuche, den Geruch zu beschreiben und den richtigen Namen zuzuordnen. Zur Kontrolle findest du den richtigen Namen auf der Unterseite der Dose.

Medien: Arbeitsaufgabe, Filmdosen mit Gewürzen, Wortkarten mit Gewürznamen

Salz	Pfeffer	Curry
Paprika	Zimt	Muskat
Kardamom	Knoblauch	Koriander
Kümmel	Chili	Nelken

Aufgabe: Verwendung von Kräutern und Gewürzen

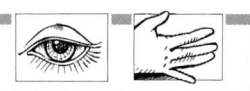

1. Lies die Tabelle für die Verwendung der Kräuter und Gewürze durch.
2. Suche dir zu folgenden Gerichten die passenden Gewürze und Kräuter zusammen: Gulasch, Nudelsuppe, Salatplatte, Milchreis mit Früchten. Ordne die Wortkarten zu.

Anis	Anisbrot – Anisplätzchen – Suppen – Obstsalat – Rotkraut – Apfelmus – Pflaumen- und Birnenkompott
Basilikum	Fleischspeisen – Universalgewürz für Suppen – Wirsing – Kohl – Erbsen – Hammelfleisch – Kräuterbutter – Krabben – Muscheln
Bohnenkraut	Eintopf – Pilzgerichte – Bohnengemüse – Suppen – Hammel- und Fleischragouts – Gurken- und Kartoffelsalat – Käse- und Salzgebäck
Borretsch	Kartoffelsuppen – Salate – Weiß- und Rotkraut – Wirsing – Rohkost – Quark
Chili	Tomatensoße – Tomatensuppe – Scharfe Fleischsoßen – Hackbraten – Gulasch – Ragout – Pasteten
Curry	Hühner- und Fleischgerichte – Hackfleisch – Suppen – Soßen – Tomatensaft
Dill	Gemüse – Suppen – Gekochtes Rind – Huhn – Karpfen – Forelle – Aal – Salz- und Bratkartoffeln – Quark – Zum Einlegen von Gurken
Fenchel	Sauerkraut – Grüner Salat und Gurkensalat – Karpfen – Rohkostplatten – Gemüse – Soßen – Pudding – Süße Brotspeisen
Gartenkresse	Als gesundheitsfördernder Salat – Zum Garnieren von kalten Platten
Gewürznelken	Sauerbraten – Fisch- und Hühnergerichte – Rote Rüben – Backwaren – Kompotte – Pilzsoßen – Glühwein
Ingwer	Obstsuppe – Obstsalat – Pudding – Süßer Auflauf – Suppen – Eingemachte Früchte – Getränke
Kapern	Zu Marinaden – Kaltes Fleisch – Tunken
Kardamom	Kuchen – Pasteten – Erbsensuppe – Früchte – Kaffee – Marzipan – Fruchtspeisen
Kerbel	Kartoffelsuppe – Würzsoßen – Käse- und Tomatensalat – Kräuterbutter – Grüner Salat – Salzkartoffeln – Fleisch
Knoblauch	Sparsam zu Suppen – Für alle Salate – Gemüse – Steaks – Soßen – Fleisch – Kartoffelsuppe – Käse- und Fleischfondue – Pikanter Quark
Koriander	Salate – Reis – Schweinebraten – Würste – Apfelkompott – Kuchen – Eingelegte Früchte – Gemüse – Aal – Soßen – Gewürztes Brot – Gulasch
Kümmel	Zu Backwerk – Kümmelbrot – Salzkartoffeln – Kohlgemüse – Sauerkraut – Suppen – Salate – Käse – Rote Beete – Wurst – Fettes Fleisch – Quark – Thunfisch – Krebs
Lorbeer	Wildgerichte – Sauerkraut – Kochfisch – Suppen – Marinaden – Gemüse – Krabben – Krebs – Hering – Ragout – Soßen – Eintopfgerichte
Majoran	Kartoffelsuppe – Pilzgerichte – Enten- und Gänsebraten – Hühner – Gemüse – Salate – Leber – Für Rohkost und Diät – Soßen – Leberknödel
Meerrettich	Salate – Rohkost – Rind – Gans – Aal – Karpfen – Schleie – Würstchen – Pikante Soßen
Muskatnuss	Suppen – Soßen – Fleischbrühe – Gebackener Fisch – Hackfleisch – Kartoffelbrei – Spinat – Käseauflauf – Gebäck – Rind – Geflügel – Pastete – Ragout – Spargel- und Erbsensalat

Nudelsuppe   **Salatplatte**

Gulasch   **Milchreis mit Früchten**

Aufgabe: Richtige Dosierung

1. Auch beim Würzen heißt es: Die richtige Dosierung macht's! Warum sollte man nicht zu viel würzen?
2. Überlege dir drei Regeln zum richtigen Umgang mit Kräutern und Gewürzen und trage sie auf das Arbeitsblatt ein (Punkt 4).

Aufgabe: Würzen nach Lust und Laune

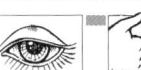

1. Stelle dir ein Lieblingsgericht zusammen und gib an, welche Kräuter und Gewürze du verwendest. Verwende dazu die Kräuter-Gewürz-Scheibe.
2. Notiere dein Ergebnis auf dem Arbeitsblatt (Punkt 2).

Medien: Arbeitsaufgabe, Wortkarten mit Gerichten, passende Gewürze und Kräuter

Medien: Arbeitsaufgabe, Arbeitsblatt

Medien: Arbeitsaufgabe, Arbeitsblatt, Kräuter-Gewürz-Scheibe (siehe S. 93/94)

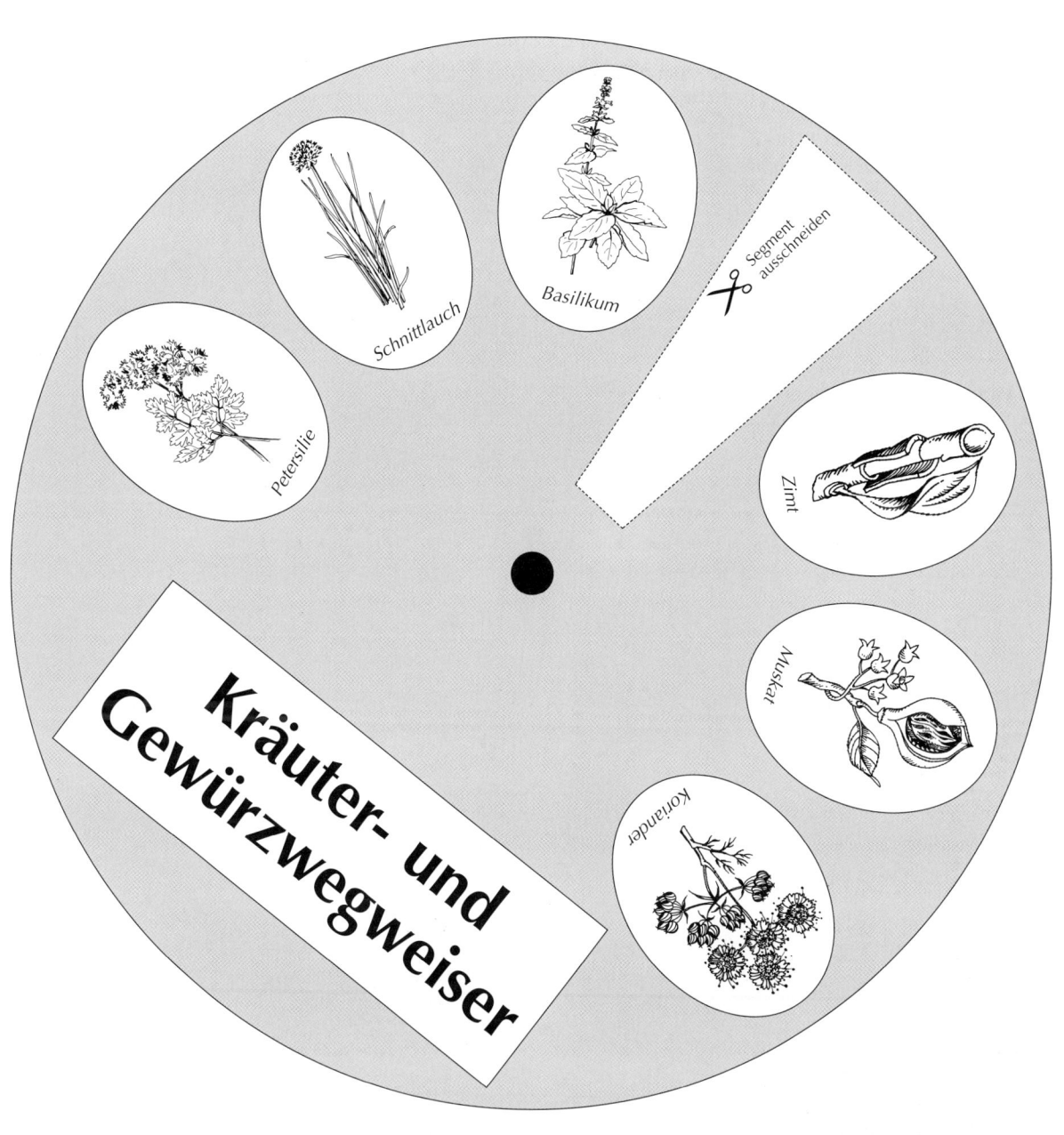

Kräuter- und Gewürzwegweiser

(Schnittlauch, Basilikum, Petersilie, Zimt, Muskat, Koriander)

Segment ausschneiden

Aufgabe: Gesunde Kräuter und Gewürze

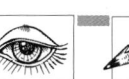

1. Lies folgenden Text gut durch.
2. Welche Vorteile haben Kräuter und Gewürze? Notiere zwei Merkpunkte auf dem Arbeitsblatt (Punkt 1).
3. Notiere einen Merksatz über die Verwendung von Kochsalz (Punkt 4).

Das Essen soll nicht nur unserer Gesundheit dienen, sondern auch gut schmecken. Zu allen Zeiten hat man sich der breiten Palette wohlschmeckender Kräuter und Gewürze bedient. Kräuter, frisch verzehrt, haben eine leichte Heilwirkung. Durch die beim Kauen ausgelöste Geruchs- und Geschmacksbildung regen sie eine intensive Speichel- und Magensaftbildung an. Frische Kräuter sind meist reich an Vitaminen und Mineralstoffen. Beim Umgang mit Kochsalz hingegen müssen wir vorsichtig sein. Früher war das Salz so wertvoll, dass es sehr sparsam verwendet wurde. 2 bis 3 Gramm Salz braucht der Mensch pro Tag, wir essen ca. 10 Gramm täglich. Salz kann bei übermäßigem Genuss zu Bluthochdruck führen und den Mineralstoffhaushalt negativ beeinflussen. Kochsalzarmes Essen muss aber nicht fade schmecken, wenn man die Geschmacksnerven mit Gewürzen und Kräutern verwöhnt.

Medien:
Arbeitsaufgabe,
Arbeitsblatt

Sesamkartoffeln mit Zucchinitsatsiki

Menge	Zutaten	Zubereitung
1 kg	festkochende Kartoffeln	– bürsten, in der Schale ca. 20 Min. kochen
100 g	Sesam	– in der Pfanne trocken leicht bräunen
100 g	Butter	– zum Sesam geben, schmelzen lassen
	Kräutersalz	– Butter und Salz über die geschälten Kartoffeln geben
1	kleine Zucchini	– waschen, raspeln
2 Becher	Joghurt	
1 Becher	saure Sahne	– mit dem Schneebesen alle Zutaten gründlich verrühren
1–2 EL	Zitronensaft	
1 EL	Olivenöl	
2 Bund	Dill	– waschen, fein schneiden
n. Geschmack	Kräutersalz, Pfeffer	– würzen
1	Knoblauchzehe	– schälen, pressen, mit den Zucchiniraspeln unterheben, abschmecken

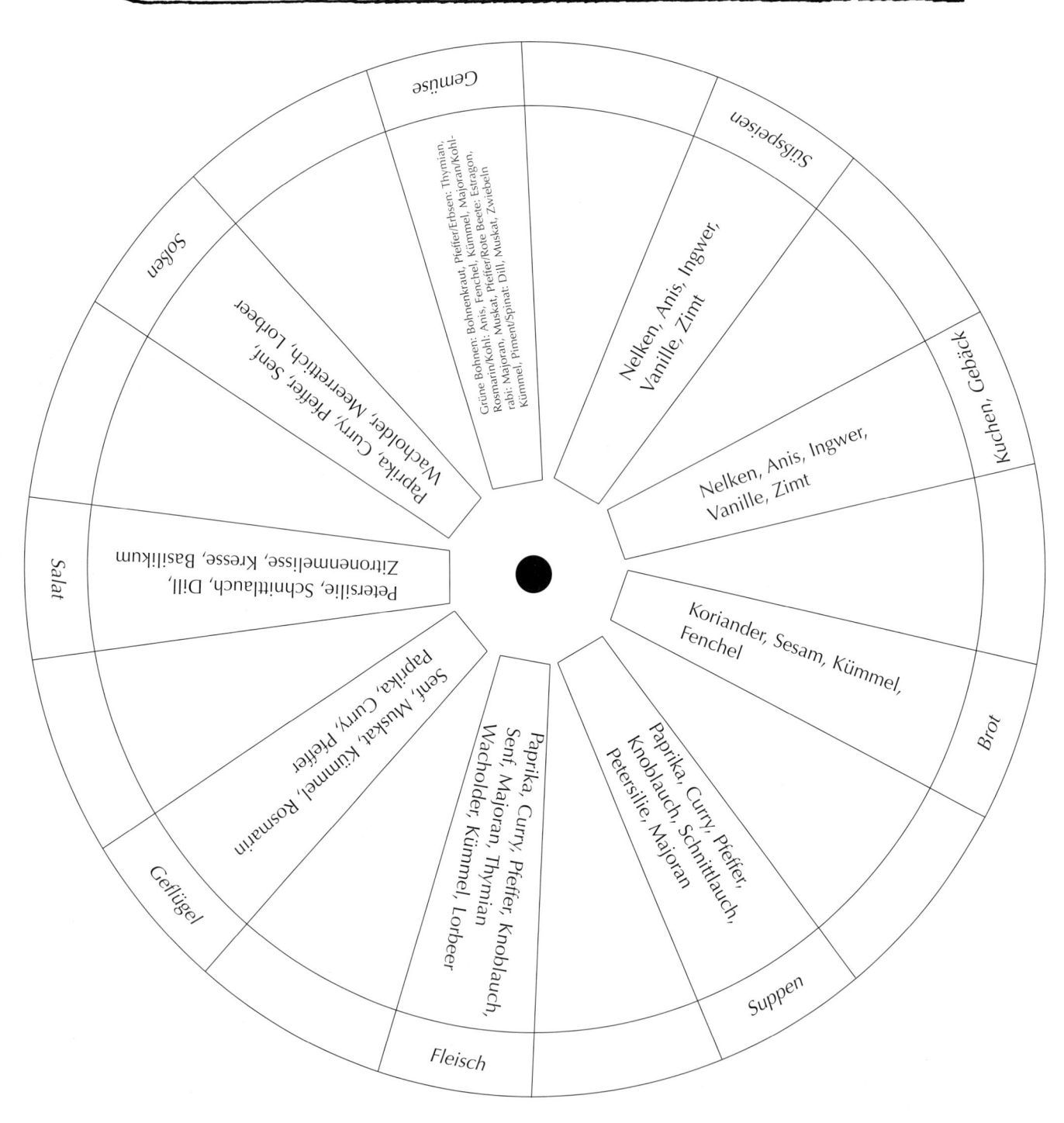

Gemüse — Grüne Bohnen: Bohnenkraut, Pfeffer/Erbsen: Thymian, Kümmel, Fenchel, Kümmel, Majoran/Kohl-rabi: Anis, Fenchel, Kümmel, Majoran/Kohl-rabi: Majoran, Muskat, Pfeffer/Rote Beete: Estragon, Kümmel, Piment/Spinat: Dill, Muskat, Zwiebeln

Süßspeisen — Nelken, Anis, Ingwer, Vanille, Zimt

Kuchen, Gebäck — Nelken, Anis, Ingwer, Vanille, Zimt

Brot — Koriander, Sesam, Kümmel, Fenchel

Suppen — Paprika, Curry, Pfeffer, Knoblauch, Schnittlauch, Petersilie, Majoran

Fleisch — Paprika, Curry, Pfeffer, Senf, Majoran, Knoblauch, Wacholder, Kümmel, Thymian, Lorbeer

Geflügel — Senf, Muskat, Kümmel, Paprika, Curry, Pfeffer, Rosmarin

Salat — Petersilie, Schnittlauch, Dill, Zitronenmelisse, Kresse, Basilikum

Soßen — Paprika, Curry, Pfeffer, Senf, Wacholder, Meerrettich, Lorbeer

| Name: | Klasse: 7 | Datum: | HsB | Nr.: |

Sparen Kräuter und Gewürze Salz?

Petersilie　　Schnittlauch　　Basilikum　　Zimt　　Muskat　　Koriander

1. Kräuter und Gewürze haben folgende Vorteile:

- _____
- _____

2. Zu traditionellen Gerichten passen typische Gewürze und Kräuter:

Gulasch	Nudelsuppe	Salatplatte	Milchreis mit Früchten

3. Mein Lieblingsgericht: _____

Passende Gewürze: _____

4. Regeln zum bewussten Würzen:

- _____
- _____
- _____

Basilikumnudeln

Menge	Zutaten	Zubereitung
5 EL	Öl	– in eine Schale geben
5	vollreife Tomaten	– schälen, Kerne entfernen, zerkleinern, zugeben
100 g	frisches Basilikum	– fein schneiden, zugeben
2	Knoblauchzehen	– schälen, fein pressen, zugeben
	Salz, Pfeffer	– Masse gut würzen und abschmecken
400 g	Spaghetti	– in reichlich Salzwasser „al dente" kochen, mit kaltem Wasser abschrecken, erwärmen
		– mit der rohen, kalten Soße servieren
	geriebener Parmesan	– nach Belieben darüberstreuen

Wasser ist lebensnotwendig

Artikulation:

Anfangsphase: Folie oder Plakat mit verschiedenen Getränkevorschlägen und Trinkmengen: Schüler markieren mit Punkten oder Strichen ihr Lieblingsgetränk und ihre Trinkmenge
1. Teilziel: Lernzirkel
2. Teilziel: Zubereiten des Getränks, Anrichten
Schlussphase: Auswerten des Plakates, Merkpunkte zu gesundem Trinken

Hinweise:

- Vorbereitende Hausaufgabe für diese Stunde: Die Schüler sollen ihre Trinkmenge über den Tag verteilt notieren.
- Sparsamer und umweltbewusster Umgang mit Wasser sollte seit Schuljahresbeginn als ständiges Unterrichtsprinzip beachtet werden. In dieser Stunde kann der Umweltgedanke nochmals besonders als Vertiefung aufgegriffen werden.
- Die Stationen 1, 3, 4 und 6 (= Pflichtstationen) müssen ausgewertet werden.

Lernziele:

Die Schüler sollen ...
- ... Einblick in die gesundheitliche Bedeutung von Wasser für den Körper erhalten.
- ... mindestens drei Folgeerscheinungen von zu wenig Flüssigkeitszufuhr für den Körper erkennen und verbalisieren.
- ... ihren täglichen Flüssigkeitsbedarf wissen und Merkpunkte zu gesundem Trinken erstellen.
- ... verschiedene „Durstlöscher" hinsichtlich ihres Geschmacks und gesundheitlichen Werts vergleichen und beurteilen.
- ... ihr eigenes Trinkverhalten kritisch überprüfen und bereit sein, Trinkfehler zu verbessern.

Medien:

Folie oder Plakat (stark vergrößert!) für die Anfangsphase (Schüler erhalten Folienstift oder 2–3 Klebepunkte und tragen das Ergebnis der vorbereitenden Hausaufgabe auf der Folie/dem Plakat ein, die Trinkmenge kann durch gefüllte Flaschen verdeutlicht werden), Arbeitsaufgaben (Stationen) für den Lernzirkel, diverse Getränke, mit Wasser gefüllte $1/2$-l-Flaschen, Arbeitsblatt

Folie oder Plakat (Anfangsphase)

Als Durstlöscher trinke ich meist:

- Mineralwasser: _____
- Saft: _____
- Saftgetränke: _____
- Limonaden: _____
- Cola/-getränke: _____
- Schorle (Wasser + Saft): _____
- Milch _____
- ... _____

Meine Trinkmenge am Tag beträgt:

(Angaben in Litern)

🍼 (und weniger) _____
🍼🍼 _____
🍼🍼🍼 _____
🍼🍼🍼🍼 _____
🍼🍼🍼🍼🍼 (und mehr) _____

Lernzirkel (1. Teilziel)

Aufgabe: Auswirkungen von zu wenig Flüssigkeit

1. Lies den Text aufmerksam durch.
2. Notiere auf das Arbeitsblatt (Punkt 2) fünf Körperstellen und Organe, die besonders unter unzureichender Flüssigkeitszufuhr leiden.

Unser Körper scheidet täglich 2–3 Liter Wasser aus, z. B. über die Atmung und die Haut. Wird dieser Verlust nicht täglich in ausreichender Menge ersetzt, so führt dies zu ernsthaften Folgeerscheinungen. Hier sind nur einige aufgelistet:
– Die Schleimhäute im Mund und in der Lunge trocknen aus.
– Die Nährstoffe können nicht mehr aus der Nahrung gelöst und aufgenommen werden.
– Die Niere kann die Abfallprodukte nicht mehr aus dem Körper herausfiltern und ausscheiden.
– Der Sauerstofftransport im Blut wird verschlechtert.
– Die Haut kann nicht mehr genügend Schweiß bilden, der den Körper vor Überhitzung schützt.
– Der Körper kann keine neue Zellen bilden.

Ohne ausreichende Flüssigkeitszufuhr trocknet der Körper aus, die gesamten Lebensfunktionen werden verschlechtert, er vergiftet sich selbst.

Medien:
Arbeitsaufgabe
= Station 1,
Arbeitsblatt

Aufgabe: Teste dein Vorwissen!

Kreuze die Antworten an, die deiner Meinung nach richtig sind. Kontrolliere dich dann selbst mit Hilfe des Kontrollstreifens.

1. Der tägliche Flüssigkeitsbedarf eines Jugendlichen beträgt:
☐ 1 l
☐ 1½–2 l
☐ 2–2½ l
☐ 2½–3 l

Die mit Wasser gefüllten ½-l-Flaschen sollen dir eine Vorstellung von der Flüssigkeitsmenge vermitteln.

2. Wird der tägliche Flüssigkeitsbedarf nur durch Getränke gedeckt?
☐ Ja, weil der Körper die Flüssigkeit aus der Nahrung nicht verwerten kann.
☐ Nein, nur ca. die Hälfte des Flüssigkeitsbedarfs muss getrunken werden, den Rest bekommt der Körper über wasserreiche Lebensmittel und flüssige Speisen.
☐ Nein, der Körper kommt auch einige Tage ohne Getränke aus, weil er die Flüssigkeit aus der Nahrung hat.

3. Es gibt Situationen, in denen der Bedarf erhöht ist.
☐ beim Fernsehen
☐ bei heißem Klima
☐ bei Sport und körperlicher Betätigung
☐ bei Regen
☐ bei stark gewürzten, gesalzenen und gesüßten Speisen
☐ bei sitzender Tätigkeit
☐ bei Fieber, Erbrechen und Durchfall
☐ beim Lesen

Medien:
Arbeitsaufgabe
= Station 2 (laminiert),
Folienstift,
Kontrollstreifen
(rückwärtig befestigt oder einzeln),
sechs ½-l-Flaschen,
gefüllt mit Wasser

Kontrollstreifen

1.
☐
☐
☐
☒

2.
☐
☒
☐

3.
☐
☒
☒
☐
☒
☐
☒
☐

Aufgabe: Deckung des Flüssigkeitsbedarfs

1. Lies den Text durch und vergleiche dann die Energiewerte und Inhaltsstoffe verschiedener Durstlöscher.
2. Wähle zwei gesunde Getränke aus, notiere sie auf das Arbeitsblatt (Punkt 3).
3. Begründe deine Wahl.

Tanken wie ein Ferrari!

Bei der Menge, die Kinder und Jugendliche trinken, könnte man meinen, sie sind ein Ferrari mit einem 12-Zylinder-Hochleistungsmotor. In gewisser Weise stimmt das auch, weil sie Hochleistungsenergiebündel sind, die einen hohen „Spritverbrauch" haben. Dabei darf man aber nicht vergessen, dass viele der „Super-Getränke" oft heimliche Dickmacher sind! (Die Energiewertangaben beziehen sich auf je 1 l.).

Getränk	Energiegehalt	Inhaltsstoffe
Mineralwasser	0 kJ	Viele Mineralstoffe
Milch (3,5% Fett)	2750 kJ	Tierisches Eiweiß und Fett, Mineralstoffe und Vitamine
Saft	1900 kJ	Viele Vitamine, Mineralstoffe, natürliche Fruchtsäuren, viel Zucker
Colagetränke	1850 kJ	Koffein, viel Zucker, künstliche Farb- und Geschmacksstoffe
Zitronenlimonade	2050 kJ	Viel Zucker, oft künstliche Zusatzstoffe (Geschmacksstoffe, Säuerungsmittel)
Frucht-/Kräutertees (ungesüßt)	0 kJ	Natürliche Farb- und Geschmacksstoffe
Bier, hell	1975 kJ	Alkohol (Genussgift!)

Das sollte dir zu denken geben!

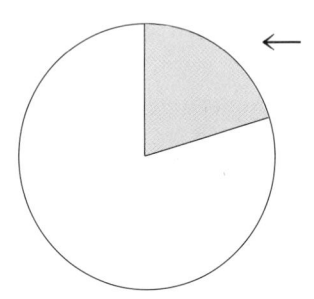

1 l Saft, Limo oder Cola deckt ca. ein Fünftel des Tagesbedarfs an Energie, die ein Jugendlicher benötigt.

Medien:
Arbeitsaufgabe
= Station 3,
Arbeitsblatt

Aufgabe: Die Bedeutung von Wasser

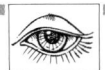

1. Lies den Text aufmerksam durch.
2. Notiere mindestens zwei Bedeutungen von Wasser für unseren Körper auf das Arbeitsblatt (Punkt 1).

Wasser ist der Grundstoff, aus dem unser Körper aufgebaut ist. Erwachsene bestehen zu 60 %, Säuglinge sogar zu 70 % ihres Gewichtes aus Wasser. Zur Neubildung der Körperzellen und -säfte (z. B. Blut, Schweiß) benötigt der Körper täglich eine ausreichende Flüssigkeitszufuhr.
Nur dann ist er in der Lage, die Nährstoffe aus der Nahrung zu lösen und sie zu den Zellen zu transportieren. Dasselbe gilt für den Abtransport und die Ausscheidung der Abfallstoffe.
Wasser schützt unseren Körper durch Schweißabgabe vor Überhitzung, es regelt somit auch die Körpertemperatur.

Medien:
Arbeitsaufgabe
= Station 4,
Arbeitsblatt

Aufgabe: Getränkebar

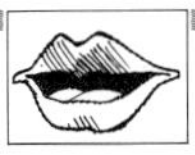

1. Verbinde dir die Augen. Lass dir von einem Mitschüler 3–4 Getränke zum Probieren reichen. Verwende dazu einen Strohhalm.
2. Wie viele Getränke kannst du am Geschmack erkennen?

Medien:
Arbeitsaufgabe
= Station 5,
ca. fünf verschiedene Getränke,
Gläser, Strohhalme,
Augenbinde

Aufgabe: Saft-Station

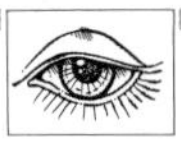

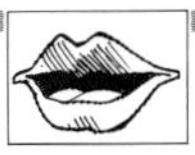

1. Betrachte die verschiedenen Getränke und teste drei „Frucht-Getränke".
2. Welche Unterschiede kannst du „sehen" und „erschmecken"?
3. Informiere dich dann auf dem Info-Blatt über den verschiedenen Fruchtgehalt und Zuckeranteil.

Medien:
Arbeitsaufgabe
= Station 6,
Getränke einer Fruchtsorte (Saft, Nektar, Limonade, Fruchtsaftgetränk),
Gläser, Strohhalm,
Info-Blatt

Info-Blatt: Fruchtgetränke

	Fruchtsaft	Nektar	Fruchtsaftgetränk	Fruchtlimonade
Fruchtanteil:	100 %	25–50 %	6–30 %	5–15 %
Zuckergehalt:	max. 15 g je Liter	bis zu 20 % (≙ 200 g je l)	bis zu 12 % (≙ 120 g je l)	mind. 7 % (≙ 70 g je l)

| Name: | Klasse: 7 | Datum: | HsB | Nr.: |

Wasser ist lebensnotwendig!

1. Wasser ist für unseren Körper von hoher gesundheitlicher Bedeutung!

– _____

– _____

– _____

2. Wir erkennen: Unzureichende Flüssigkeitszufuhr führt zu ernsthaften gesundheitlichen Schäden, z. B.

_____

_____

Wir decken den Flüssigkeitsbedarf durch: Der Bedarf erhöht sich in gewissen Situationen:

Tagesbedarf an Flüssigkeit: _____

Meine Trinkmenge: _____

3. Auch beim Trinken gibt es einiges zu beachten:

– _____

– _____

– _____

Und hier noch einige Getränke zum Nachmixen:
(Mengenangaben pro Person)

Sportler-Drink

50 ml Kirschsaft
50 ml Orangensaft
50 ml Apfelsaft
50 ml Mineralwasser
1/2 TL Zitronensaft

Alle Zutaten gut vermischen, mit Früchten oder einem Fruchtspieß garnieren.

Beeren-Shake

100 g Beeren (pürieren)
150 ml Kefir oder Buttermilch
Etwas Honig
1 Kugel Vanilleeis

Zutaten gut mixen, mit Früchten und Sahne garnieren.

Lösungsvorschlag zu S. 100

Wasser ist lebensnotwendig!

1. Wasser ist für unseren Körper von hoher gesundheitlicher Bedeutung!
– Der Körper ist überwiegend aus Wasser aufgebaut.
– Es löst die Nährstoffe aus der Nahrung und transportiert sie zu den Zellen.
– Wasser regelt die Körpertemperatur.

2. Wir erkennen: Unzureichende Flüssigkeitszufuhr führt zu ernsthaften gesundheitlichen Schäden, z. B. für die Niere, Schleimhäute trocknen aus, Sauerstofftransport im Blut wird schlechter, weniger Schweiß zur Regulierung der Körpertemperatur ...

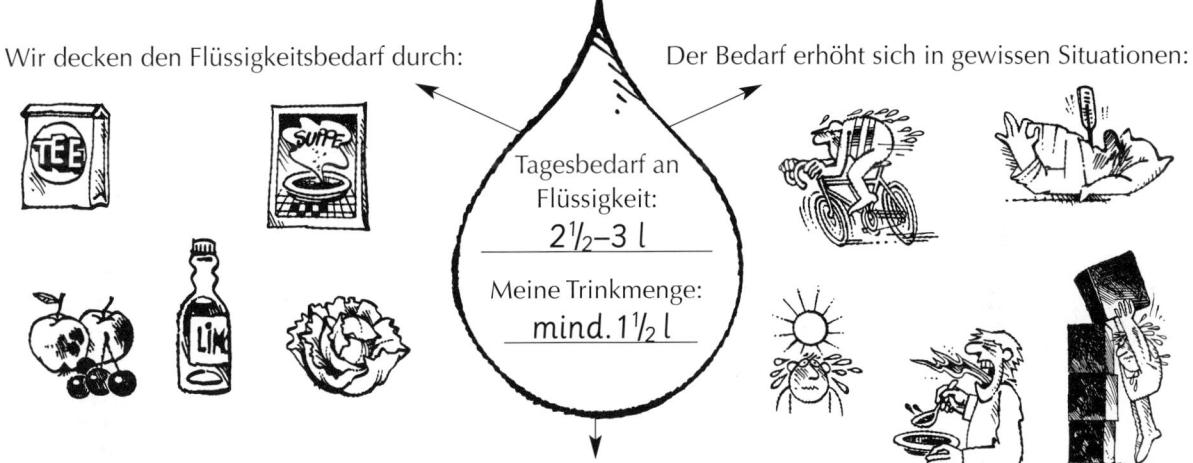

Wir decken den Flüssigkeitsbedarf durch: Der Bedarf erhöht sich in gewissen Situationen:

Tagesbedarf an Flüssigkeit:
2½–3 l

Meine Trinkmenge:
mind. 1½ l

3. Auch beim Trinken gibt es einiges zu beachten:
– Bevorzuge energiearme Getränke (z. B. Mineralwasser, Tees)!
– Säfte verdünnen (hoher Zuckergehalt)!
– Vermeide Limo und Colagetränke (viel Zucker und künstliche Zusätze)!

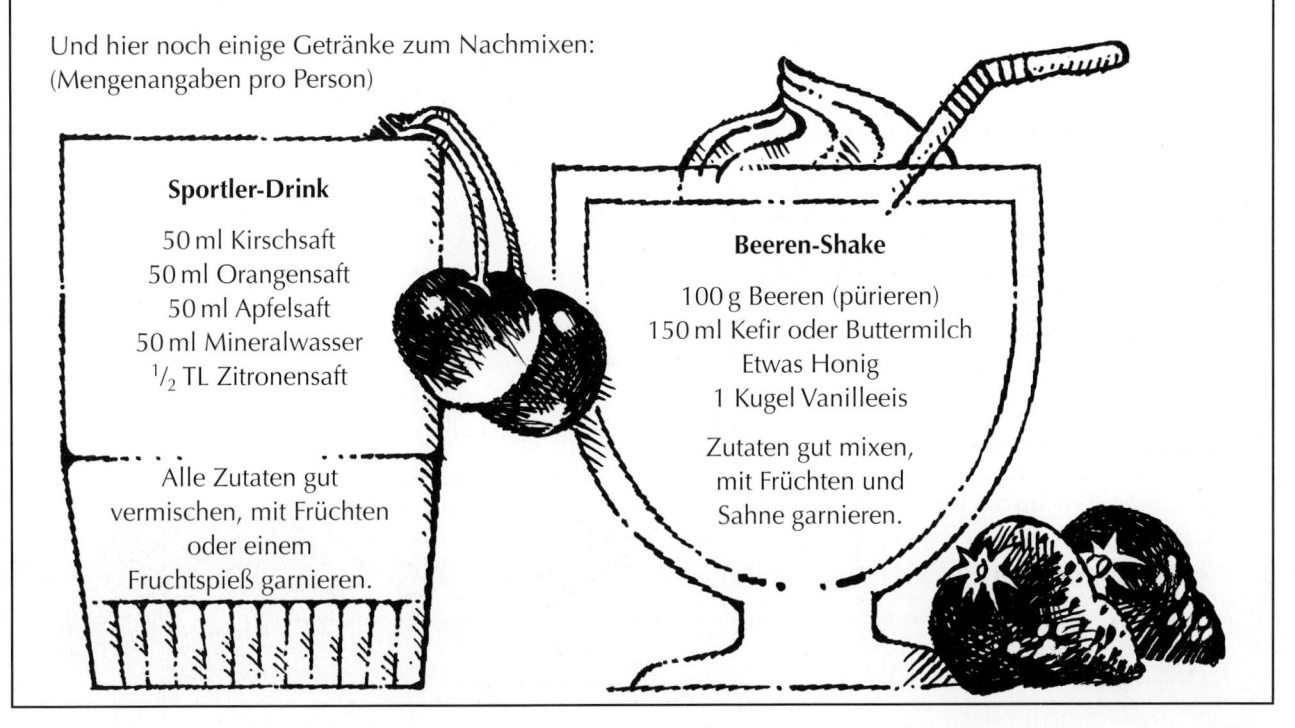

Und hier noch einige Getränke zum Nachmixen:
(Mengenangaben pro Person)

Sportler-Drink

50 ml Kirschsaft
50 ml Orangensaft
50 ml Apfelsaft
50 ml Mineralwasser
½ TL Zitronensaft

Alle Zutaten gut vermischen, mit Früchten oder einem Fruchtspieß garnieren.

Beeren-Shake

100 g Beeren (pürieren)
150 ml Kefir oder Buttermilch
Etwas Honig
1 Kugel Vanilleeis

Zutaten gut mixen, mit Früchten und Sahne garnieren.

Fett ist nicht gleich Fett

Artikulation:

Anfangsphase: Vorwissen der Schüler über verschiedene Fette
1. Teilziel: Zubereiten des Gerichtes, im Begleitgespräch wird bereits auf die Auswahl von Fetten beim Braten eingegangen
2. Teilziel: Lernzirkel
3. Teilziel: Fertigstellen des Gerichtes (Marinieren und Anrichten)
Schlussphase: Fett-Legespiel

Lernziele:

Die Schüler sollen …
… verschiedene sichtbare Fette kennen lernen.
… Fette nach ihrer Herkunft und Beschaffenheit zuordnen.
… den Geschmack verschiedener Fette erfahren und deren Qualität beurteilen.
… Fette für die Zubereitung von Speisen sachgerecht auswählen.
… Regeln für eine gesunde Ernährung mit Fett aufstellen.

Medien:

Arbeitsaufgaben und Material (siehe Angaben beim Lernzirkel), Wortkarten, Legespiel, Arbeitsblatt

Lernzirkel (2. Teilziel)

Aufgabe: Tierische und pflanzliche Fette

1. Lies den Text genau durch.
2. Rieche an beiden Ölen. Sie sind beide aus der gleichen Frucht gewonnen worden. Wie erklärst du dir die Unterschiede?
3. Beantworte die Fragen unter Punkt 1 auf dem Arbeitsblatt.

Kaltgepresste Öle: Fettreiche Samen oder Früchte werden unter Druck ausgepresst. Vitamine, Geschmacks- und Geruchsstoffe bleiben erhalten. Diese Öle sind gesünder, aber auch teurer! Man kann sie gut für Salate verwenden. Zum Braten sind sie zu schade!

Extrahierte Öle: Fettreiche Samen oder Früchte werden erhitzt, gepresst und mit einem Fettlösungsmittel, wie z. B. Leichtbenzin, behandelt. Dann wird das Öl noch raffiniert. Diese Öle sind billiger, da mehr Öl aus den Früchten gewonnen wird. Wertvolle Inhaltsstoffe gehen dabei aber zum Teil verloren. Diese Öle sind zum Garen von Lebensmitteln geeignet.

Medien: Arbeitsaufgabe, Arbeitsblatt, zwei Öle der gleichen Sorte: a) kaltgepresst b) extrahiert

Aufgabe: Herkunft und Beschaffenheit der Fette

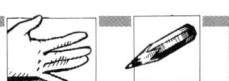

1. Ordne die Fette nach Beschaffenheit und Herkunft.
2. Trage sie in die Tabelle auf dem Arbeitsblatt unter Punkt 2 ein.

Medien: Arbeitsaufgabe, Arbeitblatt, verschiedene Fette (z. B. Butter, Margarine, Öle, Talg, Butterschmalz, Kokosfett …)

Aufgabe: Geschmackstest Öle

1. Probiere die verschiedenen Öle mit einer Gurke.
2. Ordne die Wortkarten mit den Namen der Öle zu.
3. Überprüfe die Zuordnung anhand der Nummern.

Medien: Arbeitsaufgabe, Augenbinde, verschiedene Sorten Öle (in Schälchen, mit Nummern beschriftet), Gurkenstücke, Wortkarten (je nach den verwendeten Ölen nummerieren und beschriften)

Medien:
Arbeitsaufgabe, Wortkarten (auf DIN A3 vergrößern), Pinnwand oder Tafel mit Magneten, Öl, Butter, Margarine, Butterschmalz

Aufgabe: Geeignete Fette bei der Zubereitung

1. Lies den Text genau durch. Ordne die Wortkarten den Fetten zu.

Butter und Margarine enthalten Wasser und sind daher nicht so hoch erhitzbar. Sie sind ungeeignet für Garmachungsarten mit hohen Temperaturen, wie z. B. Braten. Beim Dünsten entstehen nicht so hohe Temperaturen, daher sind diese Fette dafür geeignet. Harte und flüssige Fette, also z. B. Butterschmalz und Öl, enthalten kein Wasser und sind sehr hoch erhitzbar. Sie sind für das Braten geeignet.

Dünsten — Butter, Margarine

= niedrige Temperatur:

Braten — Öl, Plattenfett, Butterschmalz

= hohe Temperatur:

Aufgabe: Cholesterin

1. Betrachte die Abbildung genau.
2. Beantworte die Fragen auf dem Arbeitsblatt unter Punkt 3.

fettreiche Lebensmittel, tierische Fette, Übergewicht → **Folge** → erhöhter Cholesterinspiegel → **Folge** → Arterienverkalkung, Herz-Kreislauf-Erkrankungen, Herzinfarkt

deshalb ↓

Obst, Gemüse, pflanzliche Fette, weniger tierische Lebensmittel, mageres Fleisch, Vollkornprodukte, fettarme Milchprodukte usw.

Medien:
Arbeitsaufgabe, Arbeitsblatt

Aufgabe: Geschmackstest Brotaufstriche

1. Verbinde dir die Augen und lass dir von einem Mitschüler ein Brot zum Probieren reichen. (Wechselt euch beim Probieren ab.)
2. Erkennst du den Brotaufstrich am Geschmack?
3. Was denkst du: Enthält er viel oder wenig Fett?

Medien: Arbeitsaufgabe, Augenbinde, kleine Brotstücke mit unterschiedlich fetthaltigen Aufstrichen (z. B. Butter, Margarine, Hüttenkäse, Frischkäse, Obatzten, Magerquark, Leberkäse), Wortkarten (mit den entsprechenden Aufstrichen beschriftet)

Rezeptbaustein zum Austauschen

Gebratene Putenbrust auf Eissalat

Menge	Zutaten	Zubereitung
400 g	Putenbrust, Salz, Pfeffer	Öl erhitzen, Fleisch anbraten und würzen. Bei milder Hitze 10 Minuten garen. Pfirsiche mit heißem Wasser überbrühen und häuten, Orangen schälen, Obst in Spalten schneiden. Salat waschen und putzen. Marinade anrühren. Salat auf Platte geben, Fleisch in dünne Scheiben schneiden. Obst und Fleisch fächerförmig anrichten, Soße zugeben.
4 EL	Öl	
3	Pfirsiche	
2	Orangen	
¼ Kopf	Eissalat	
Marinade:		
50 g	Mayonnaise	
100 g	Crème fraîche	
1 EL	Orangenschale	
1 EL	Walnussöl	
½ Bund	Schnittlauch	
	Cayennepfeffer, Curry	

Lösungsvorschlag zu S. 107

Name: _____ Klasse: 7 Datum: _____ HsB Nr.: _____

Fett ist nicht gleich Fett!

1. Geeignete Fette

Dünsten
= niedrige Temperatur:
Butter, Margarine

Braten
= hohe Temperatur:
Butterschmalz, Öl,
Plattenfett

Blattsalat mit gebratenen Pilzen

Menge	Zutaten	Zubereitung
½	Kopfsalat	Blattsalate putzen, waschen und in Stücke reißen. Kräuter waschen und schneiden. Zwiebel in feine Würfel schneiden. Alle Zutaten für die Marinade mischen und abschmecken. Salat erst kurz vor dem Servieren marinieren. Fett in der Pfanne erhitzen, Pilze im Fett kurz anbraten. Salat anrichten.
½ Bund	Lollo Rosso Schnittlauch	
evtl.	Petersilie	
½ Bund	Zwiebel	
Marinade:		
2 EL	Essig	
evtl.	Senf	
	Salz, Pfeffer	
2 EL	Öl, z. B. Walnussöl	
200 g	frische Pilze (z. B. Champignons)	
etwas	Fett	

Warum ist kaltgepresstes Öl für Salate besonders gesund? <u>Vitamine, Geruchs- und Geschmacksstoffe bleiben erhalten.</u>

Nenne vier Öle: <u>Olivenöl, Sonnenblumenöl, Distelöl, Leinöl</u>

2. Herkunft und Beschaffenheit der Fette

	hart	streichfähig	flüssig
Tierische Fette	Butterschmalz Talg	Butter	Fischtran
Pflanzliche Fette	Kokosfett	Margarine	Olivenöl Sonnenblumenöl

3. Tierische und pflanzliche Fette in der Ernährung

Welche Fette können den Cholesterinspiegel erhöhen? <u>Tierische Fette, tierische fetthaltige Lebensmittel</u>

Folgen von zu hohem Cholesterinspiegel: <u>Arterienverkalkung, Herz-Kreislauferkrankung, Herzinfarkt</u>

Regel für eine gesunde Ernährung mit Fett: <u>Iss nicht zu viele tierische, fettreiche Lebensmittel. Der Anteil an tierischen und pflanzlichen Fetten soll ausgewogen sein.</u>

Troll u. a.: Unterrichtssequenzen Hauswirtschaftlich-sozialer Bereich (7. Jgst. Bd. 1)
© Auer Verlag GmbH, Donauwörth

Fett-Legespiel (Antwortdreiecke)

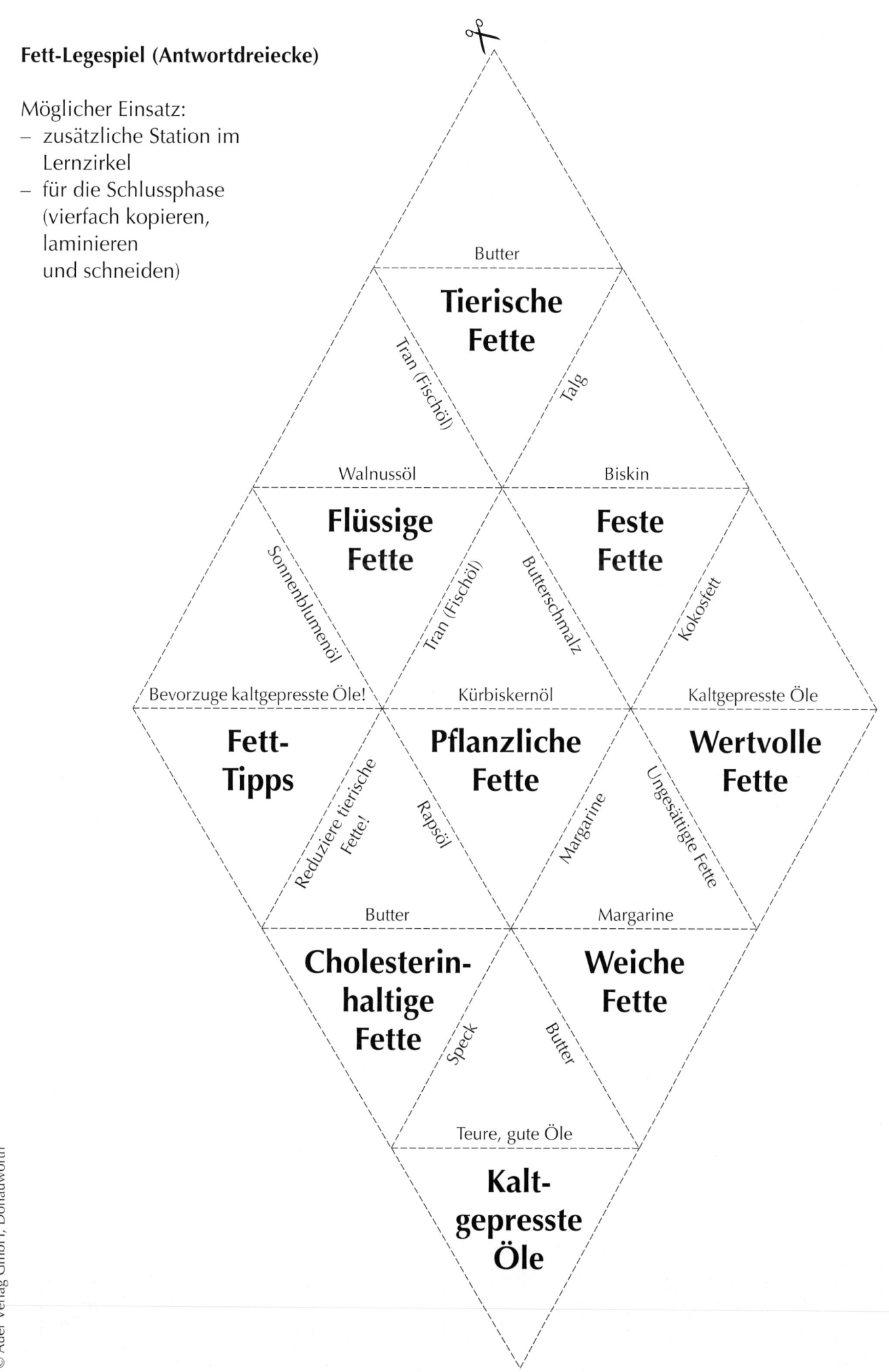

Möglicher Einsatz:
– zusätzliche Station im Lernzirkel
– für die Schlussphase (vierfach kopieren, laminieren und schneiden)

	Butter	
Tran (Fischöl)	**Tierische Fette**	Talg
Walnussöl		Biskin
Sonnenblumenöl	**Flüssige Fette** / Tran (Fischöl) / Butterschmalz	**Feste Fette** / Kokosfett
Bevorzuge kaltgepresste Öle!	Kürbiskernöl	Kaltgepresste Öle
Fett-Tipps / Reduziere tierische Fette! / Rapsöl	**Pflanzliche Fette** / Margarine	**Wertvolle Fette** / Ungesättigte Fette
	Butter	Margarine
Cholesterinhaltige Fette / Speck	**Weiche Fette** / Butter	
	Teure, gute Öle	
	Kaltgepresste Öle	

Fett-Legespiel (Spielfeld)

Dieses Spielfeld nicht zerschneiden! Als Unterlage zum Auflegen der Antwortdreiecke verwenden.

Tierische Fette

Flüssige Fette

Feste Fette

Fett-Tipps

Pflanzliche Fette

Wertvolle Fette

Cholesterin-haltige Fette

Weiche Fette

Kalt-gepresste Öle

| Name: | Klasse: 7 | Datum: | HsB | Nr.: |

Fett ist nicht gleich Fett!

1. Geeignete Fette

Dünsten

_____

_____

_____

Braten

_____

_____

_____

Blattsalat mit gebratenen Pilzen

Menge	Zutaten	Zubereitung
1/2	Kopfsalat	Blattsalate putzen, waschen
1/2	Lollo Rosso	und in Stücke reißen.
1/2 Bund	Schnittlauch	Kräuter waschen und
1/2 Bund	Petersilie	schneiden. Zwiebel in feine
1/2	Zwiebel	Würfel schneiden.
Marinade:		Alle Zutaten für die
2 EL	Essig	Marinade mischen und
evtl.	Senf	abschmecken. Salat erst
	Salz, Pfeffer	kurz vor dem Servieren
2 EL	Öl, z. B. Walnussöl	marinieren.
200 g	frische Pilze (z. B. Champignons)	Fett in der Pfanne erhitzen, Pilze im Fett kurz anbraten.
etwas	Fett	Salat anrichten.

Warum ist ein kaltgepresstes Öl für Salate besonders gesund? _____

_____

Nenne vier Öle: _____

2. Herkunft und Beschaffenheit der Fette

	hart	streichfähig	flüssig
Tierische Fette			
Pflanzliche Fette			

3. Tierische und pflanzliche Fette in der Ernährung

Welche Fette können den Cholesterinspiegel erhöhen?

_____

Folgen von zu hohem Cholesterinspiegel: _____

_____

Regel für eine gesunde Ernährung mit Fett:

tierisch ▪ pflanzlich

_____

_____

_____

Dem Fett auf der Spur

Artikulation:

Anfangsphase: Folie 1, „Stimmt diese Behauptung?"
1. Teilziel: Der tägliche Fettbedarf
Einzelarbeit: Berechnen des Tagesbedarfs (Arbeitsblatt)
Schüler legen die erlaubte Tagesmenge mit Butterportionsstücken auf einen Teller
Vertiefung: Krankheiten (Folie 2)
2. Teilziel: Gruppenarbeit: Fettgehalt von Rezepten berechnen und vergleichen
3. Teilziel: Zubereiten des Käse-Wurst-Salats
4. Teilziel: Sichtbare und versteckte Fette
Vertiefung (Folie 3)
Schlussphase: Rollenspiel: Zwei Schüler spielen „Ein Ernährungsprofessor trifft einen dicken Mann" (Folie 1)
Abändern von Rezepten (Folie 4)

Lernziele:

Die Schüler sollen ...
... den Tagesbedarf an Fett errechnen und mit Hilfe einer Portionsbutter eine konkrete Vorstellung vom tatsächlichen Bedarf erhalten.
... den Fettgehalt der Kochaufgabe mit unterschiedlichen Zutaten berechnen und vergleichen.
... Fette in sichtbare und versteckte Fette einteilen.
... Regeln für eine gesunde Ernährung mit Fett aufstellen.

Medien:

Folien, Arbeitsaufgaben, Wurstsorten mit unterschiedlichem Fettgehalt, drei Portionsbutterstücke, gelbe Tonpapierkreise (4 cm), Arbeitsblatt

Folie 1 (Anfangsphase) und Folie 2 (1. Teilziel): Nacheinander aufdecken!

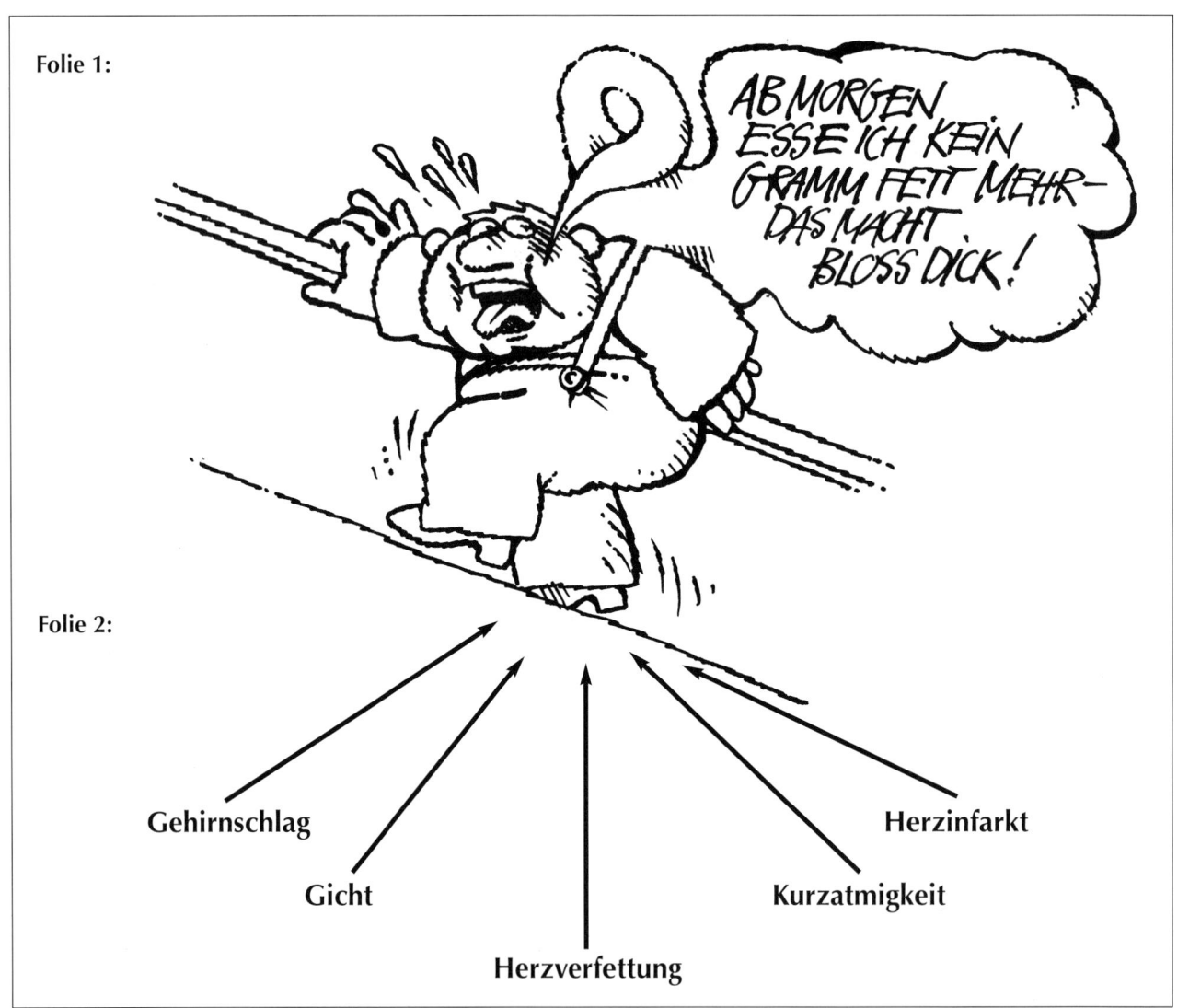

Folie 1:

AB MORGEN ESSE ICH KEIN GRAMM FETT MEHR – DAS MACHT BLOSS DICK!

Folie 2:

Gehirnschlag • Gicht • Herzverfettung • Kurzatmigkeit • Herzinfarkt

Arbeitsteilige Gruppenarbeit (2. Teilziel)

Aufgabe: Fettgehalt des 1. Rezepts

1. Berechne den Fettgehalt des 1. Rezepts. Den Fettgehalt der einzelnen Lebensmittel findest du auf deinem Arbeitsblatt.

Zutat	Fettgehalt (g)	
200 g Kochsalami 200 g Gouda 50 g Mayonnaise		
Fettgehalt für 3 Personen		Rechne die Fettmengen zusammen.
Fettgehalt für 1 Person (: 3)		Teile die Gesamtmenge durch 3.

Medien: Arbeitsaufgabe, Arbeitsblatt

Aufgabe: Fettgehalt des 2. Rezepts

1. Berechne den Fettgehalt des 2. Rezepts. Den Fettgehalt der einzelnen Lebensmittel findest du auf deinem Arbeitsblatt.

Zutat	Fettgehalt (g)	
200 g Lyoner 200 g Emmentaler 20 g Öl		
Fettgehalt für 3 Personen		Rechne die Fettmengen zusammen.
Fettgehalt für 1 Person (: 3)		Teile die Gesamtmenge durch 3.

Medien: Arbeitsaufgabe, Arbeitsblatt

Aufgabe: Fettgehalt des 3. Rezepts

1. Berechne den Fettgehalt des 3. Rezepts. Den Fettgehalt der einzelnen Lebensmittel findest du auf deinem Arbeitsblatt.

Zutat	Fettgehalt (g)	
200 g Putenbrust 200 g Edamer 50 g Magerjoghurt		
Fettgehalt für 3 Personen		Rechne die Fettmengen zusammen.
Fettgehalt für 1 Person (: 3)		Teile die Gesamtmenge durch 3.

Medien: Arbeitsaufgabe, Arbeitsblatt

Aufgabe: Sichtbare und versteckte Fette

1. Unterstreiche die fetthaltigen Zutaten im Rezept „Käse-Wurst-Salat" gelb.
2. Es gibt eine weitere Einteilung der Fette, und zwar nach ihrem Aussehen. Vergleiche den Fettgehalt und das Aussehen der Wurstsorten und überlege dir eine Einteilung. Die Anfangsbuchstaben in der Rezepttabelle helfen dir.
3. Überlege, in welche Gruppe die fetthaltigen Lebensmittel im Rezept gehören. Ordne die Symbole an der Tafel zu.

Medien: Arbeitsaufgabe, Arbeitsblatt (Folie), gelber Folienstift, je eine Scheibe Wurst von verschiedenen Sorten, Fettpunkte aus gelbem Tonpapier

Folie 3 (4. Teilziel)

Hinweis: Fettmengen visualisieren, z. B. ¹/₃ des Tagesbedarfs an Streichfetten entspricht einer Portionsbutter (= 20 g).

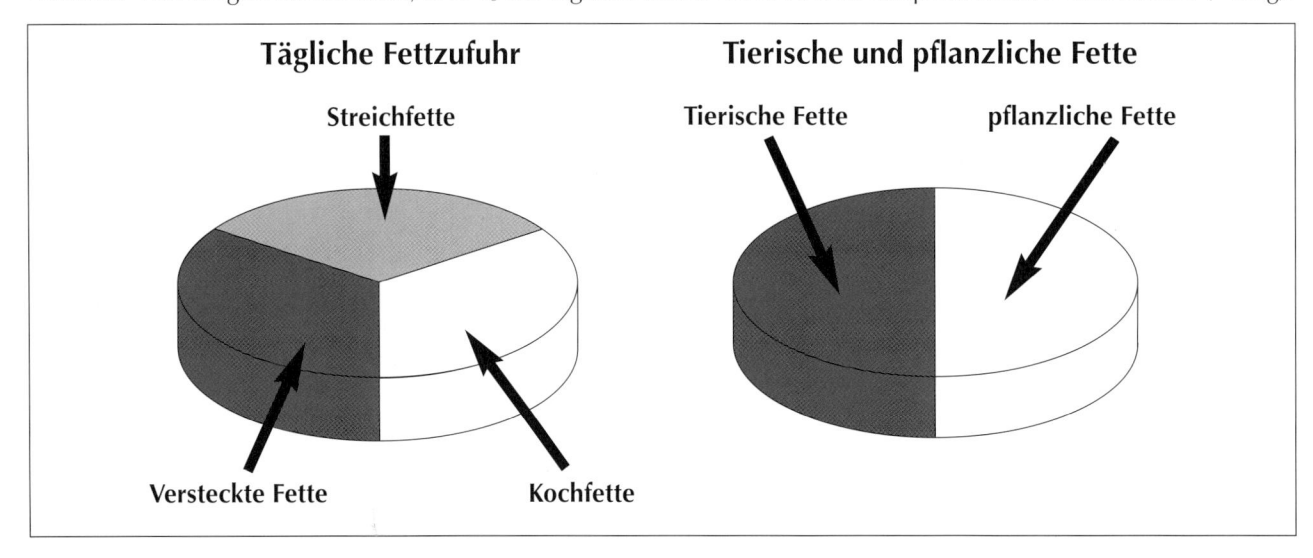

Tägliche Fettzufuhr
- Streichfette
- Versteckte Fette
- Kochfette

Tierische und pflanzliche Fette
- Tierische Fette
- pflanzliche Fette

Folie 4 (Schlussphase)

Hinweis: Auch für eine Partner- oder Gruppenarbeit einsetzbar!

Aufgabe: Welche fettreichen Zutaten kann man in den Rezepten weglassen oder durch fettärmere ersetzen?

Gebratene Putenbrust auf Eissalat

Menge	Zutaten	Verbesserungsvorschläge
400 g	Putenbrust	
4 EL	Öl	
3	Pfirsiche	
2	Orangen	
¹/₄ Kopf	Eissalat	
Marinade:		
50 g	Mayonnaise	
100 g	Crème fraîche	
1 EL	Orangenschale	
1 EL	Walnussöl	
¹/₂ Bund	Schnittlauch	

Quarkspeise mit Obst

Menge	Zutaten	Verbesserungsvorschläge
250 g	Sahnequark	
	Milch	
1	Sahnejoghurt	
50 g	Zucker	
1	Vanillezucker	
¹/₂	Zitrone	
2	Äpfel	
1	Banane	
¹/₂ Becher	Sahne	

Lösungsvorschlag

Gebratene Putenbrust auf Eissalat

Menge	Zutaten	Verbesserungsvorschläge
400 g	Putenbrust	evtl. mageren Putenaufschnitt
4 EL	Öl	
3	Pfirsiche	
2	Orangen	
¹/₄ Kopf	Eissalat	
Marinade:		
50 g	Mayonnaise	Magerjoghurt
100 g	Crème fraîche	saure Sahne
1 EL	Orangenschale	
1 EL	Walnussöl	evtl. weglassen
¹/₂ Bund	Schnittlauch	

Quarkspeise mit Obst

Menge	Zutaten	Verbesserungsvorschläge
250 g	Sahnequark	Magerquark
	Milch	
1	Sahnejoghurt	Magerjoghurt
50 g	Zucker	
1	Vanillezucker	
¹/₂	Zitrone	
2	Äpfel	
1	Banane	
¹/₂ Becher	Sahne	evtl. weniger oder weglassen

| Name: | | Klasse: 7 | Datum: | HsB | Nr.: |

Dem Fett auf der Spur!

1. Der Tagesbedarf an Fett

☐ pro kg ☐ -Gewicht!   Beispiel: _____

Aufgabe: Berechne deinen eigenen Tagesbedarf an Fett.

2. Käse-Wurst-Salat (S = _____ , V = _____)

S	V	Menge	1. Rezept	2. Rezept	3. Rezept	Zubereitung
		200 g	Kochsalami	Lyoner	Putenbrust	Wurst und Käse häuten bzw.
		200 g	Gouda	Emmentaler	Edamer	entrinden, in Würfel schneiden.
		2	Essiggurken	Essiggurken	Essiggurken	Gemüse putzen, waschen
		½	Zwiebel	Zwiebel	Zwiebel	und in Würfel schneiden.
		½	Paprika	Paprika	Paprika	Kopfsalat putzen und waschen.
		¼	Kopfsalat	Kopfsalat	Kopfsalat	Blätter ganz lassen!
		Marinade:				Marinade herstellen, Salat
		2 EL	Essig	Essig	Essig	marinieren und ziehen lassen.
			Salz	Salz	Salz	Schüssel mit Salatblättern
			Pfeffer	Pfeffer	Pfeffer	auskleiden, Salat einfüllen.
		2 EL	Mayonnaise	Öl	Joghurt	
Fettgehalt für 1 Person						Dazu passt z. B. Vollkorntoast.

Fettgehalt der Zutaten		
200 g	Kochsalami	100 g
200 g	Lyoner	54 g
200 g	Putenbrust	10 g
200 g	Gouda	64 g
200 g	Emmentaler	58 g
200 g	Edamer	31 g
20 g	Essiggurken	0 g
20 g	Zwiebeln	0 g
20 g	Paprika	0 g
20 g	Essig	0 g
50 g	Mayonnaise	40 g
20 g	Öl	20 g
50 g	Magerjoghurt	1 g

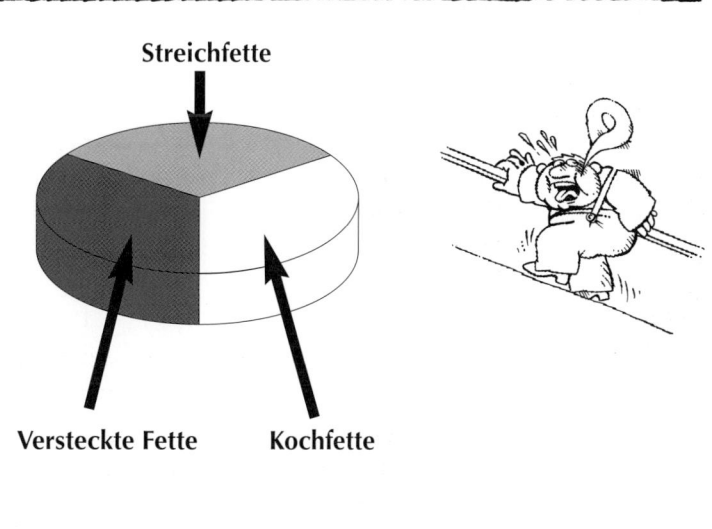

Streichfette

Versteckte Fette   **Kochfette**

3. Regeln für eine gesunde Ernährung mit Fett

_____
_____
_____
_____

Lösungsvorschlag zu S. 109

Aufgabe: Fettgehalt des 1. Rezepts

1. Berechne den Fettgehalt des 1. Rezepts. Den Fettgehalt der einzelnen Lebensmittel findest du auf deinem Arbeitsblatt.

Zutat	Fettgehalt (g)
200 g Kochsalami	100
200 g Gouda	64
50 g Mayonnaise	40
Fettgehalt für 3 Personen	204
Fettgehalt für 1 Person (:3)	68

Rechne die Fettmengen zusammen.
Teile die Gesamtmenge durch 3.

Aufgabe: Fettgehalt des 2. Rezepts

1. Berechne den Fettgehalt des 2. Rezepts. Den Fettgehalt der einzelnen Lebensmittel findest du auf deinem Arbeitsblatt.

Zutat	Fettgehalt (g)
200 g Lyoner	54
200 g Emmentaler	58
20 g Öl	20
Fettgehalt für 3 Personen	132
Fettgehalt für 1 Person (:3)	44

Rechne die Fettmengen zusammen.
Teile die Gesamtmenge durch 3.

Aufgabe: Fettgehalt des 3. Rezepts

1. Berechne den Fettgehalt des 3. Rezepts. Den Fettgehalt der einzelnen Lebensmittel findest du auf deinem Arbeitsblatt.

Zutat	Fettgehalt (g)
200 g Putenbrust	10
200 g Edamer	31
50 g Magerjoghurt	1
Fettgehalt für 3 Personen	42
Fettgehalt für 1 Person (:3)	14

Rechne die Fettmengen zusammen.
Teile die Gesamtmenge durch 3.

Lösungsvorschlag zu S. 111

Name: _____ Klasse: 7 Datum: _____ HsB Nr.: _____

Dem Fett auf der Spur!

1. Der Tagesbedarf an Fett

$1\,g$ pro kg $\boxed{S\,o\,l\,l}$ -Gewicht!   Beispiel: $60\,kg \times 1\,g = 60\,g$

Aufgabe: Berechne deinen eigenen Tagesbedarf an Fett.

2. Käse-Wurst-Salat   (S = sichtbar, V = versteckt)

S	V	Menge	1. Rezept	2. Rezept	3. Rezept	Zubereitung
x		200 g	Kochsalami	Lyoner	Putenbrust	Wurst und Käse häuten bzw. entrinden, in Würfel schneiden. Gemüse putzen, waschen und in Würfel schneiden. Kopfsalat putzen und waschen. Blätter ganz lassen! Marinade herstellen, Salat marinieren und ziehen lassen. Schüssel mit Salatblättern auskleiden, Salat einfüllen. Dazu passt z. B. Vollkorntoast.
x		200 g	Gouda	Emmentaler	Edamer	
		2	Essiggurken	Essiggurken	Essiggurken	
		½	Zwiebel	Zwiebel	Zwiebel	
		¼	Paprika	Paprika	Paprika	
			Kopfsalat	Kopfsalat	Kopfsalat	
Marinade:						
		2 EL	Essig	Essig	Essig	
			Salz	Salz	Salz	
			Pfeffer	Pfeffer	Pfeffer	
x	x	2 EL	Mayonnaise	Öl	Joghurt	
Fettgehalt für 1 Person			68 g	44 g	14 g	

Fettgehalt der Zutaten

200 g	Kochsalami	100 g
200 g	Lyoner	54 g
200 g	Putenbrust	10 g
200 g	Gouda	64 g
200 g	Emmentaler	58 g
200 g	Edamer	31 g
20 g	Essiggurken	0 g
20 g	Zwiebeln	0 g
20 g	Paprika	0 g
20 g	Essig	0 g
50 g	Mayonnaise	40 g
20 g	Öl	20 g
50 g	Magerjoghurt	1 g

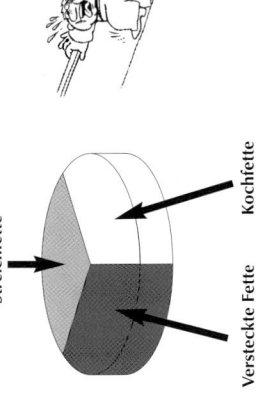

3. Regeln für eine gesunde Ernährung mit Fett

Halte deinen Tagesbedarf an Fett ein.
Achte auf versteckte Fette in Wurst, Käse, Milchprodukten, Torten usw.
Bevorzuge magere Lebensmittel (z. B. Schinken, Putenbrust).

Streichfette
Versteckte Fette
Kochfette

Troll u. a.: Unterrichtssequenzen Hauswirtschaftlich-sozialer Bereich (7. Jgst. Bd. 1)
© Auer Verlag GmbH, Donauwörth

Zucker auf dem Prüfstand

Artikulation:

Anfangsphase: Vorbereitetes Rollenspiel zweier Schüler bis zur Markierung (Sternchen); Schüler, die zuschauen, finden Zielangabe, z. B. „Der Nährstoff Zucker"

1. Teilziel: Weiterführung des Rollenspiels bis zur 2. Markierung; arbeitsteilige Gruppenarbeit: Vorteile und Nachteile von Weißzucker; Möglichkeiten, Weißzucker zu ersetzen
Evtl. Vertiefung oder Zusatzaufgabe: Folie „Der Honigfächer"

2. Teilziel: Zubereiten der Kochaufgabe

Schlussphase: Schluss des Rollenspiels; Vertiefung: Nicht nur Zucker ist ein Energielieferant!

Lernziele:

Die Schüler sollen ...

... mindestens zwei Regeln zur Ernährung mit Weißzucker wissen und anwenden.
... mindestens drei verschiedene Austauschmöglichkeiten für Weißzucker wissen/Rezepte abändern können.
... drei Nachteile und zwei Vorteile von Weißzucker wissen und verbalisieren.
... die Speisen sachgerecht zubereiten.
... sich des eigenen Ernährungsverhaltens bewusst werden und Bereitschaft zeigen, sich ein realistisches persönliches Ziel zu stecken und dieses umzusetzen.

Hinweise:

- Die Gruppenarbeit sollte dem Leistungsvermögen der Schüler entsprechend eingeteilt werden.
- Eine Durchführung der Gruppenarbeit als Lernzirkel ist ebenso möglich.
- In den Rezepten soll Weißzucker durch Honig, Dicksaft oder Ahornsirup ersetzt werden.

Medien:

Rollenspiel (vorher für zwei Schüler kopieren und einüben lassen), Arbeitsaufgaben, Material (siehe „Medien" bei Arbeitsaufgaben), Weißzuckerersatz-Stoffe (Apfel- oder Birnendicksaft, roher Rohzucker, Ahornsirup, Honig), Folie oder Zusatzaufgabe „Der Honigfächer", Arbeitsblatt

Rollenspiel:

Lisa und Lukas (18) treffen sich seit langem wieder zufällig auf der Straße. Dabei entsteht folgendes Gespräch:

Lisa: Hallo, Lukas! Oje! Ich kenn dich ja fast nicht wieder. Du hast aber zugenommen.

Lukas: Ja. Leider. Ich weiß auch nicht, wieso. Ich esse auch nicht mehr und nichts anderes als mit 13.

Lisa: Die Folgen einer falschen Ernährung sieht man oft recht spät. Es wird Zeit, dass du umstellst. Was isst du denn den ganzen Tag? Zum Beispiel heute in der Pause?

Lukas: Zur Pause, hm. Ah ja, ein Glas Zitronentee, du weißt schon, den zum Anrühren, und ein Marmeladenbrot und gestern z. B. nur ein Fruchtsaftgetränk und später, als ich hungrig wurde, ein Bounty und eine Dose Cola. Ich versuche doch eh schon, wenig zu essen und mehr zu trinken. Das ist doch wirklich o. k., oder?

Lisa: Oje! Da haben wir's ja schon. Du nimmst eindeutig einen Nährstoff zu viel zu dir.

Lukas: Von welchem Nährstoff sprichst du?

*

Lisa: Ich spreche von dem Kohlenhydrat Weißzucker. Von dem isst nicht nur du, sondern jeder Deutsche zu viel und zwar durchschnittlich 3,5 kg in einem Monat!
(Lehrkraft zeigt 3½ Päckchen Zucker.)

Lukas: Diese Menge! Das ist ja Wahnsinn, nein das kann ich gar nicht glauben. Und überhaupt: Zucker braucht man doch!

Lisa: Richtig, du brauchst ihn. Aber so schnell kann ich dir das hier auf der Straße nicht erklären. Ich bring dir die passenden Unterlagen vorbei, dann kannst du dich selbst mal informieren, wie viel Zucker du wirklich isst und was es mit dem so auf sich hat.

*

Nach ein paar Wochen treffen sich Lisa und Lukas wieder.

Lukas: Ich habe deine Unterlagen gelesen.

Lisa: Und?

Lukas: Ich bin so schockiert, ich esse kein einziges Gramm Zucker mehr! Mal sehen, ob ich dann nicht schlank werde.

Arbeitsteilige Gruppenarbeit (1. Teilziel)

Aufgabe: Vorteile von Weißzucker

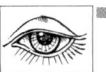

1. Lies den Text genau durch.
2. Unterstreiche die wichtigsten Vorteile von Weißzucker (je ein Stichpunkt).
3. Schreibe die Stichpunkte auf die Schriftstreifen.

Manche Lebensmittel schmecken mit Zucker besser, weil die Aromastoffe sich intensiver entwickeln, z. B. Kompott. Außerdem ist die kleine Prise Zucker an salzigen Speisen so wichtig wie die Prise Salz an süßen Speisen. Zucker rundet den Geschmack ab. Wie beim Salz gilt auch beim Zucker die Regel: „Nicht zu viel! Auf die richtige Menge kommt es an!"

Der Körper braucht Zucker zur Energiegewinnung. Nervenzellen und Gehirnzellen z.B. können nur aus Kohlenhydraten Energie gewinnen.

Medien: Arbeitsaufgabe, 2 Schriftstreifen, Plakatstifte, Arbeitsblatt

Aufgabe: Nachteile von Weißzucker

1. Lies den Text genau durch.
2. Unterstreiche die Nachteile von Weißzucker (je ein Stichpunkt).
3. Schreibe die Stichpunkte auf die Schriftstreifen.

Auswirkungen des Zuckergenusses auf die Zähne:

Im Mund werden Kohlenhydrate (z. B. in Zucker und Süßigkeiten) durch Bakterien abgebaut. Dadurch enstehen Säuren, die den Zahnschmelz angreifen und ihm Mineralien (z. B. Calcium) entziehen. So können Löcher in den Zähnen, Karies genannt, entstehen. Dabei kommt es darauf an, wie häufig Kohlenhydrate aufgenommen werden und wie lang diese im Mund bleiben. Zwischen 96 % und 100 % der Bevölkerung in den Industrienationen sind von Zahnkaries befallen!

Weitere Auswirkungen auf den Körper:

Weißzucker führt dem Körper keine einzige lebensnotwendige Substanz zu. Vitamine? Mineralstoffe? Ballaststoffe? Fehlanzeige! Zucker ist auf der ganzen Linie eine Null.

Nimmt man beispielsweise täglich nur 2 Bonbons (15 g) zu viel zu sich, so bedeutet dies 3,5 kg Gewichtzunahme in einem Jahr.

Nur Kalorien führt er dem Körper zu – leere Kalorien, von denen der Durchschnittsbürger ohnehin schon viel zu viele in sich hineinisst. Zucker birgt also die Gefahr des Übergewichts in sich.

Zum Abbau des Zuckers im Körper werden bestimmte Stoffe verbraucht, vorwiegend das Vitamin B_1. Nachgewiesen wurde ebenfalls ein indirekter Entzug der Kalk- und Mineralstoffreserven im Knochen- und Zahngewebe. Fabrikzucker ist ein „Vitamin-B-Räuber" und ein „Kalk-Räuber"!

Bei Zuckergenuss steigt der Blutzuckerspiegel, der durch eine Hormonausschüttung gesenkt wird. Dadurch entsteht vermeintlicher Bedarf, den wir als Hunger empfinden; man muss etwas „Süßes" essen. Der Mensch kann zuckersüchtig werden, die Bauchspeicheldrüse kann erlahmen. So kann das Krankheitsbild Diabetes, die so genannte Zuckerkrankheit, entstehen.

Medien: Arbeitsaufgabe, 5 Schriftstreifen, Plakatstifte, Arbeitsblatt

Aufgabe: Zuckergehalt von Süßigkeiten

1. In vielen Lebensmitteln ist Zucker enthalten. Lies den Text genau durch.
2. Wie viele Würfelzuckerstücke entsprechen dem Zuckeranteil der Lebensmittel? Wiege dazu die Zuckerstücke mit der Küchenwaage ab und ordne die entsprechende Anzahl an Zuckerstücken den Süßigkeiten zu.

Zuckergehalt von Süßigkeiten:
Bounty: 35 % Zucker, das entspricht für zwei Bountys 20 g
Marmelade: 65 % Zucker, das entspricht bei einem Glas 290 g Zucker
Müsliriegel: 60 % Zucker, das entspricht bei einem Riegel 15 g

Medien:
Arbeitsaufgabe,
2 Päckchen Würfelzucker,
1 Bounty,
1 Glas Marmelade,
1 Müsliriegel aus dem Supermarkt,
3 Teller,
Küchenwaage

Aufgabe: Zuckergehalt von Getränken

1. In vielen süßen Getränken ist Zucker enthalten. Lies den Text genau durch.
2. Wie viele Würfelzuckerstücke entsprechen dem Zuckeranteil der Getränke? Wiege dazu die Zuckerstücke mit der Küchenwaage ab und ordne die entsprechende Anzahl an Zuckerstücken den Getränken zu.

Zuckergehalt von verschiedenen Getränken:
Cola: 11 % Zucker, das entspricht bei einem Liter 110 g
Zitronenteegranulat: 96 % Zucker, das entspricht bei einer Dose Granulat 384 g
Fruchtsaftgetränk: 20 % Zucker, das entspricht bei einem Liter 200 g Zucker

Medien:
Arbeitsaufgabe,
2 Päckchen Würfelzucker,
1 l Cola,
1 Päckchen Zitronenteegranulat,
1 l Fruchtsaftgetränk,
3 Teller,
Küchenwaage

Aufgabe: Süßstoffe und Zuckeraustauschstoffe

1. Lies den Text genau durch.
2. Würdest du statt Zucker Süßstoff oder Zuckeraustauschstoff verwenden?

Zuckeraustauschstoffe (z. B. Fruchtzucker, Sorbit, Mannit, Xylit) sind isolierte Industriepräparate ohne Vitamin- und Mineralstoffgehalt, aber mit einer gehörigen Menge an Kalorien. Bei übermäßigem Verzehr können Zuckeraustauschstoffe Durchfall verursachen.
Süßstoffe (Saccharin, Cyclamat) sind rein synthetisch hergestellte chemische Verbindungen ohne jegliche Verwandtschaft mit Zucker. Sie führen dem Körper keine Energie zu. Deshalb können Menschen mit Diabetes (Zuckerkrankheit) Süßstoffe als Ersatz verwenden. Dass Süßstoffe krebserregend oder allergieauslösend sind, wurde vermutet, konnte bis jetzt aber nicht eindeutig nachgewiesen werden.

Medien:
Arbeitsaufgabe,
evtl. Süßstoffe

Rezeptbaustein zum Austauschen

Gebackene Banane mit Dattelsahne

Menge	Zutaten	Zubereitung
4	Bananen	– schälen, halbieren
1	Ei	– mit der Gabel verquirlen
100 g	Mandelblätter	– Mandeln mit Zimt mischen
½ TL	Zimt	– Banane im Ei, dann in der Mandel-Zimt-Mischung wenden
	Butter	– in der Pfanne schmelzen, Bananen hellbraun ausbacken
	Dattelsahne:	
¼ l	Sahne	– steif schlagen
10	Datteln	– entkernen, kleinschneiden, zugeben
2 EL	_____	– Süßungsmittel zugeben, Banane garnieren

Folie (Vertiefung 1. Teilziel oder Zusatzaufgabe)

Hinweis: Dieser „Honigfächer" zeigt mit aller Deutlichkeit den wesentlichen Unterschied von Haushaltszucker und Honig.

Der Honigfächer

Was enthält der Honig?

Duftstoffe
- Isobutyraldehyd
- Formaldehyd
- Acataldehyd
- Aceton
- Diacetyl
- usw.
- 50 Duftstoffe

Inhibine
- Osmotische Kräfte
- Arbutin
- Wasserstoffsuperoxid
- Penicillin B
- weitere Baktericide, teils empfindlich teils unempfindlich gegen Hitze und Licht

Hormone
- Acetylcholin
- Wuchsstoffe

Aminosäuren
- Leucin/Isoleucin
- Asparaginsäure
- Glutaminsäure
- Phenylalanin
- Threonin
- Alanin
- Arginin
- Histidin
- Glycin
- Lysin
- Sarin
- Valin
- Cystin
- Prolin

Zusammensetzung:
- Beistoffe 3,21 %
- Mehrfachzucker 10,12 %
- Traubenzucker (Glukose) 31,28 %
- Fruchtzucker (Fruktose) 38,19 %
- Wasser 17,2 %

Säuren
- Pyroglutaminsäure
- Phosphorsäure
- Citronensäure
- Salzsäure
- Essigsäure
- Apfelsäure
- Milchsäure
- Buttersäure
- Succinsäure
- Glukonsäure
- Ameisensäure

Mineralien
- Magnesium
- Kieselsäure
- Phosphor
- Schwefel
- Mangan
- Silicium
- Kalium
- Natrium
- Calcium
- Kupfer
- Eisen
- Chlor

Vitamine
- Nikotinsäure PP Faktor
- Pantothensäure
- Ascorbinsäure = Vitamin C
- Thiamin B$_1$
- Riboflavin B$_2$
- Pyridoxin B$_6$
- Folsäure
- Biotin H

Fermente
- Glukose-Oxydase
- Phosphatase
- Invertase
- Diastase
- Katalase

Troll u.a.: Unterrichtssequenzen Hauswirtschaftlich-sozialer Bereich (7. Jgst. Bd. 1)
© Auer Verlag GmbH, Donauwörth

Zucker auf dem Prüfstand

Weißzucker

Vorteile | Nachteile

Merke:

Kokoskugeln

Menge	Zutaten	Zubereitung
150 g	gemahlene Haselnüsse	– mischen
100 g	Kokosraspel	
½ TL	Malzkaffee	
ca. 150 g	_____	– Süßungsmittel zugeben
		– alles verrühren, kneten, Kugeln formen
	Kokosraspel	– Kugeln in Kokosraspeln wälzen

Ersatzmöglichkeiten für Weißzucker

Art

Verwendung

Lösungsvorschlag zu S. 117

| Name: | Klasse: 7 | Datum: | HsB | Nr.: |

Zucker auf dem Prüfstand

Weißzucker

Vorteile
- Geschmack
- Energielieferant

Merke: Iss wenig Süßes! Versuche, Weißzucker zu ersetzen!

Nachteile
- Karies
- „Vitamin-B-Räuber"
- „Kalk-Räuber"
- Übergewicht
- Zuckerkrankheit

Kokoskugeln

Menge	Zutaten	Zubereitung
150 g	gemahlene Haselnüsse	
100 g	Kokosraspel	– mischen
1/2 TL	Malzkaffee	
ca. 150 g	**Ahornsirup**	– Süßungsmittel zugeben
		– alles verrühren, kneten, Kugeln formen
	Kokosraspel	– Kugeln in Kokosraspeln wälzen

Ersatzmöglichkeiten für Weißzucker

Art	Honig	Dicksaft	Ahornsirup
Verwendung	Tee, Lebkuchen, Obstsalate	Fruchtige Speisen	Kuchen, Dessserts

Sind Ballaststoffe wirklich Ballast?

Artikulation:

Anfangsphase: Impuls: Lehrkraft zeigt Korb mit ballaststoffhaltigen Lebensmitteln
1. Teilziel: Zubereiten der Kochaufgabe
2. Teilziel: Lernzirkel: Bedeutung der Ballaststoffe
Schlussphase: Sicherung: Arbeitsblatt

Hinweise:

- Bei der Vorarbeit zum Hirseauflauf sollten geschälte und ungeschälte Nüsse gezeigt werden. Die Lehrkraft sollte die Hirse eine halbe Stunde vor der Unterrichtseinheit ansetzen.
- Für die Vollkornbrezen erarbeiten je zwei Schüler ein Rezept. Evtl. könnte noch ein Schüler Kräuterbutter herstellen.
- Statt frischer Hefe kann man auch Trockenhefe verwenden.
- Kleine Brezen haben eine kürzere Garzeit.
- Brezenstangen verkürzen die Formzeit für den Teig.
- Falls bei der Rezeptvariante „Vollkornbrezen" keine Zeit mehr zum Essen bleibt, können Sie den Schülern die Brezen mitgeben.
- Eine Auswertung des Lernzirkels ist nur bei Station 2 erforderlich.

Lernziele:

Die Schüler sollen …
- … drei Wirkungen der Ballaststoffe/Faserstoffe im Körper wissen und verbalisieren.
- … „Faserstoffe" als weiteren Ausdruck für Ballaststoffe wissen und verbalisieren.
- … bei Vollkornbrot Ballaststoffe/Faserstoffe herausschmecken können.
- … zwei Regeln für eine gesunde Ernährung mit Ballaststoffen/Faserstoffen wissen und verbalisieren.
- … ballaststoffreiche Lebensmittel von ballaststoffarmen unterscheiden können.
- … erfahren, wie frisch gemahlenes Vollkornbrot riecht, und die Qualität beurteilen.

Medien:

Korb mit ballaststoffhaltigen Lebensmitteln, geschälte und ungeschälte Nüsse, Arbeitsaufgaben (= Stationen) für den Lernzirkel, Materialien (= verschiedene ballaststoffhaltige Lebensmittel, siehe „Medien" bei den Arbeitsaufgaben), Wort- und Bildkarten, Wickelspiel: Ballaststoff-Zuckerspiel (so zusammenkleben, dass Startloch übereinander liegt), Arbeitsblatt

Lernzirkel (2. Teilziel)

Aufgabe: Wirkungsweise der Ballaststoffe

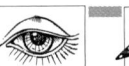

1. Lies den Text aufmerksam durch.
2. Notiere stichpunktartig die Bedeutung der Ballaststoffe für unseren Körper auf dem Arbeitsblatt.
3. Versuche, die Frage unten auf dem Arbeitsblatt zu beantworten.

Ballaststoffe haben diesen Namen erhalten, weil der Körper sie nicht abbauen kann. Sie werden auch Faserstoffe genannt, da es sich dabei um Pflanzenfasern handelt.

Wirkung der Ballaststoffe:

Ballaststoffe gleichen im Magen überschüssige Magensäure aus (gegen Sodbrennen!). Durch ihr Quellvermögen wird der Speisebrei vergrößert und reizt die Darmwand. Dadurch arbeitet der Darm mehr und schneller. Die Speisen bleiben nicht mehr so lange im Darm. So kann nicht so leicht eine „Verstopfung" entstehen.
Es wurde festgestellt, dass in Ländern, in denen wenig Ballaststoffe verzehrt werden, Darmkrebs immer häufiger auftritt.
Ballaststoffe dämpfen den Anstieg der Blutzuckerkurve nach Kohlenhydratverzehr (Vorbeugung gegen Zuckerkrankheit!).
Die Sättigung nach einer ballaststoffreichen Mahlzeit hält länger an, zudem tragen Ballaststoffe zur Senkung des Fettgehalts des Körpergewebes bei (gegen Übergewicht!).

Medien:
Arbeitsaufgabe, Arbeitsblatt

Aufgabe: Ballaststoffe in Lebensmitteln

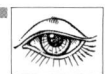

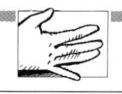

1. Du hast eine Auswahl von Lebensmitteln. Versuche, mit Hilfe der Nährwerttabelle drei Gruppen zu bilden: „ballaststoffreich/ballaststoffarm/keine Ballaststoffe". Ordne die Lebensmittel den Wortkarten zu.
2. Beantworte die Frage.
3. Markiere im Rezept mit brauner Farbe ballaststoffreiche Zutaten.

Nährwerttabelle:

Lebensmittel	Ballaststoffe (in 100 g)
Salami	0
Schnittlauch	2,3
Bohnen	4,0
Rosinen	2,4
helle Nudeln	0,4
Weizenkleie	10,3
Sahne	0
Bananen	0,6
Haselnüsse mit Schale	3,5
Haselnüsse ohne Schale	1,0
Thunfisch	0

Welche Lebensmittel enthalten keine Ballaststoffe?

_____
_____
_____

Medien: Arbeitsaufgabe und Rezept (kopiert oder Folie), brauner (Folien-)Stift, verschiedene Lebensmittel, z. B.: Salami, Schnittlauch, Bohnen, Rosinen, helle Nudeln, Weizenkleie, Sahne, Banane, Nüsse mit Samenschale, Nüsse ohne Samenschale, Thunfisch, Wortkarten

ballaststoffarm

ballaststoffreich

keine Ballaststoffe

Aufgabe: Faseranteil „erschmecken"

1. Verbinde dir die Augen.
2. Lass dir von einem Mitschüler nacheinander ein Stück Weißbrot, Vollkornbrot und Vollkorntoast reichen. Wo schmeckst du viel, etwas oder keinen Faseranteil heraus?

Medien: Arbeitsaufgabe, 3 Teller mit Brotwürfeln (beschriftet: Weißbrot, Vollkornbrot, Vollkorntoastbrot), Augenbinde

Aufgabe: Ballaststoffe in Mehl

1. Du hast drei Teller mit verschiedenen Mehlsorten (frisches Vollkornmehl, gekauftes Vollkornmehl, Weißmehl). Betrachte die Mehlsorten, beschreibe die Farbe.
2. Befühle die Mehlsorten (Augen schließen oder verbinden) und beschreibe dein Gefühl.
3. Rieche an den Mehlsorten (Augen schließen), beschreibe den Geruch.
4. Siebe die Mehlsorten, beschreibe die Reste im Sieb.

Medien: Arbeitsaufgabe, 3 Teller mit Mehlsorten (beschriftet: Vollkornmehl frisch gemahlen, Weißmehl, gekauftes Vollkornmehl), 3 leere Teller, Sieb, Augenbinde

Aufgabe: Wickelspiel

1. Wickle das Ballaststoff-Zuckerspiel.

Medien: Arbeitsaufgabe, mindestens 4 laminierte Wickelspiele

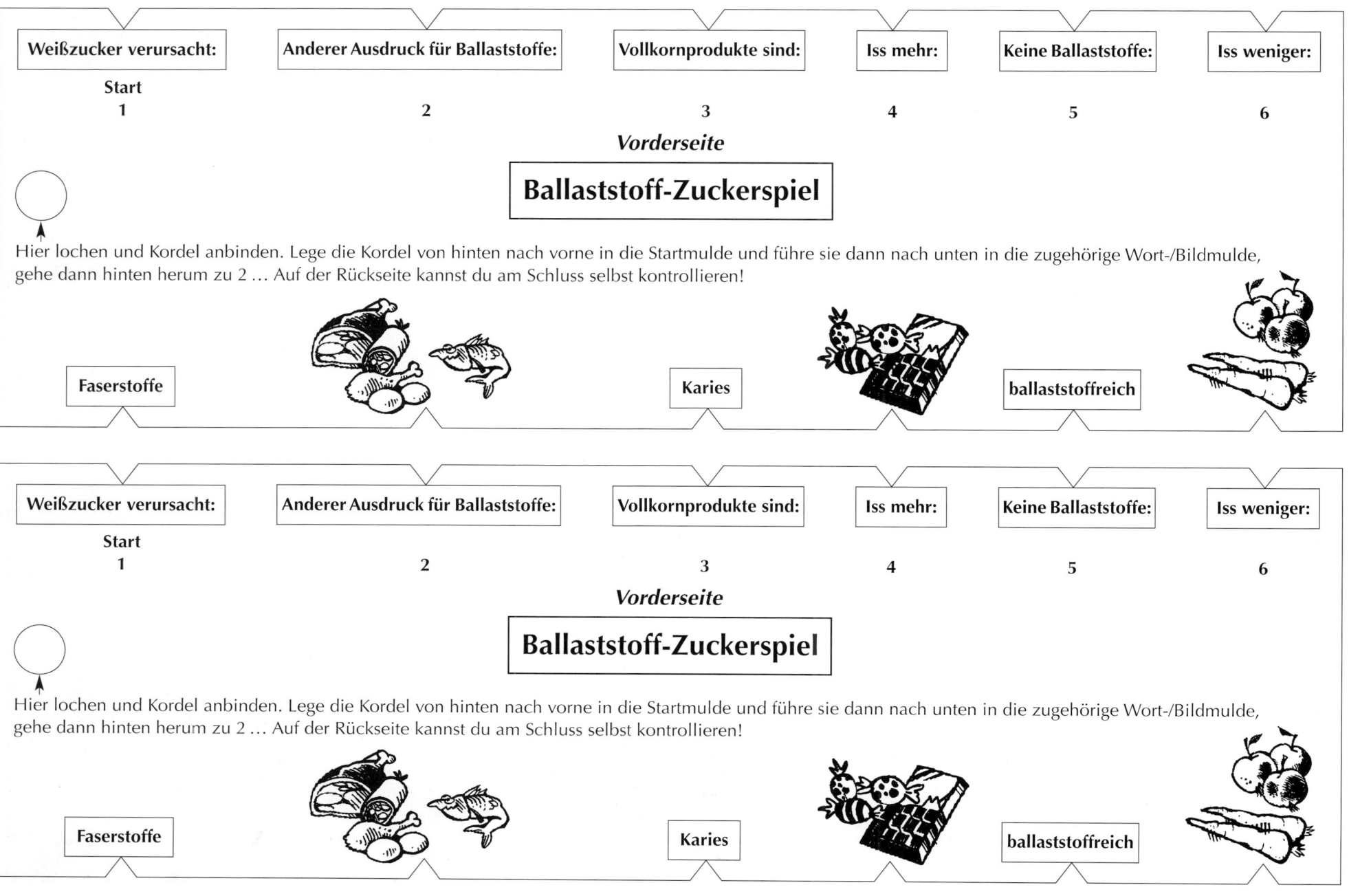

Troll u.a.: Unterrichtssequenzen Hauswirtschaftlich-sozialer Bereich (7. Jgst. Bd. 1)
© Auer Verlag GmbH, Donauwörth

Weißzucker verursacht:	Anderer Ausdruck für Ballaststoffe:	Vollkornprodukte sind:	Iss mehr:	Keine Ballaststoffe:	Iss weniger:
Start 1	2	3	4	5	6

Ballaststoff-Zuckerspiel

Vorderseite

Faserstoffe	Karies		ballaststoffreich

Hier lochen und Kordel anbinden. Lege die Kordel von hinten nach vorne in die Startmulde und führe sie dann nach unten in die zugehörige Wort-/Bildmulde, gehe dann hinten herum zu 2 ... Auf der Rückseite kannst du am Schluss selbst kontrollieren!

Weißzucker verursacht:	Anderer Ausdruck für Ballaststoffe:	Vollkornprodukte sind:	Iss mehr:	Keine Ballaststoffe:	Iss weniger:
Start 1	2	3	4	5	6

Ballaststoff-Zuckerspiel

Vorderseite

Faserstoffe	Karies		ballaststoffreich

Hier lochen und Kordel anbinden. Lege die Kordel von hinten nach vorne in die Startmulde und führe sie dann nach unten in die zugehörige Wort-/Bildmulde, gehe dann hinten herum zu 2 ... Auf der Rückseite kannst du am Schluss selbst kontrollieren!

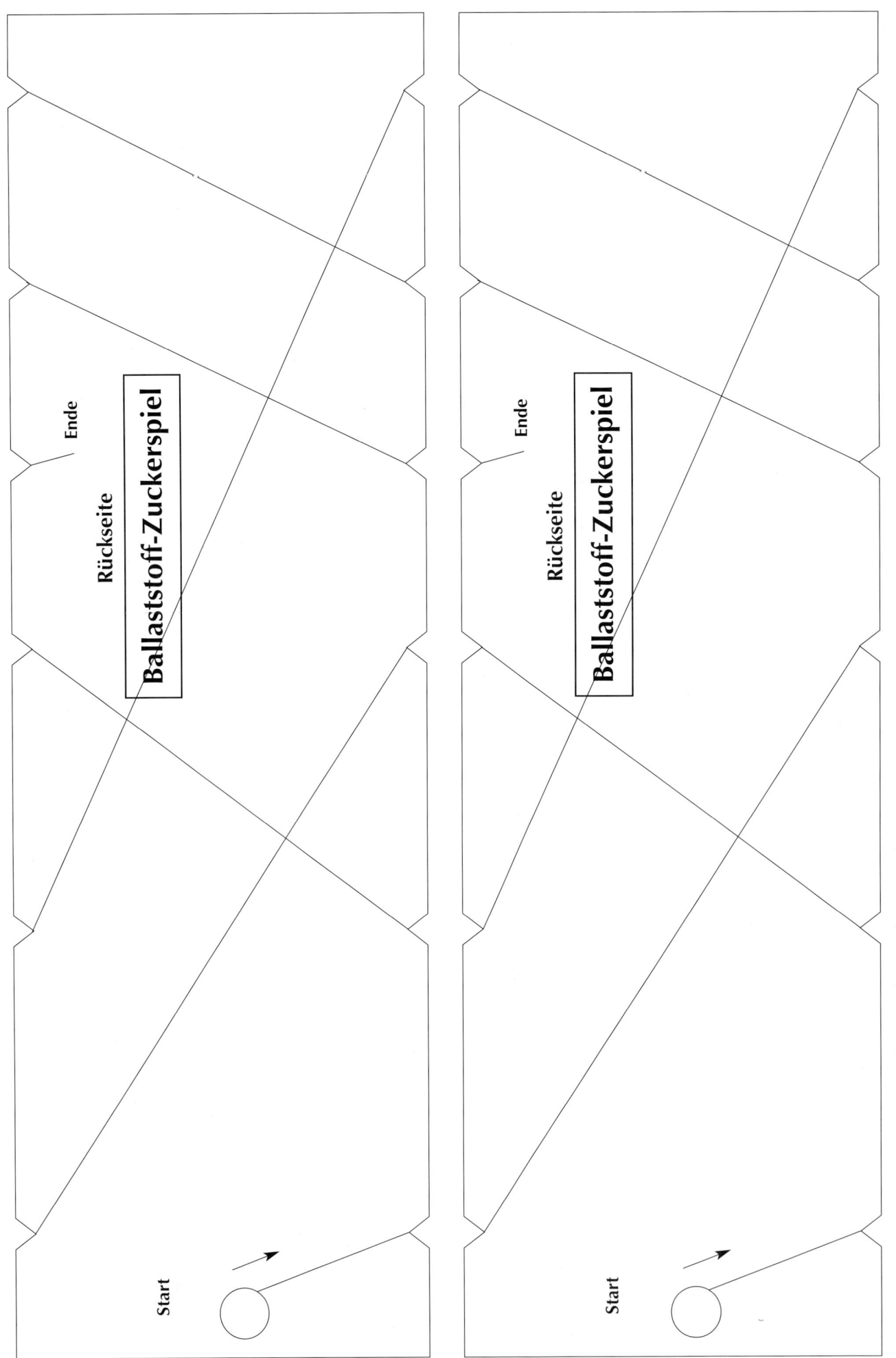

Ballaststoff-Zuckerspiel

Rückseite

Ende

Start

Rezeptbaustein zum Austauschen

Vollkorn-Laugenbrezen

Menge	Zutaten	Zubereitung	Merke
600 g	Weizenvollkornmehl	– auf das Backbrett geben, Vertiefung hineindrücken	
$^1/_8$ l	lauwarmes Wasser	– in die Vertiefung schütten	
40 g	Hefe	– zugeben und verrühren	
		– 5 Min. abgedeckt gehen lassen	
1 gestr. EL	Meersalz	– am Rand zugeben	
$^1/_4$ l	Wasser	– nach und nach zugeben, den Teig auf dem Brett 10 Min. gut durchkneten	
		– eine Rolle formen und in 16 Teile schneiden	
		– Teigstücke zu ca. 50 cm langen Rollen auslängen (Mitte dicker)	
		– Brezen formen (siehe Bilder)	
1 l	Wasser	– Wasser mit Natron in einem flachen Topf zugedeckt zum Kochen bringen	
5 g	Natron	– 1–2 Brezen hineinlegen, nach $^1/_2$ Min. mit dem Schaumlöffel herausnehmen und auf ein gefettetes Backblech legen (ca. 8 Stück auf ein Blech)	
		– mit grobem Salz bestreuen und backen	
		Temperatur: 225 °C	
		Backzeit: 25 Min.	

Lösungsvorschlag zu S. 124

Sind Ballaststoffe wirklich Ballast?

Ballaststoffe = Rohfaser = Zellulose = Faserstoffe

Hirseauflauf mit Bananensoße

Menge	Zutaten	Zubereitung	Merke
	Hirseauflauf:		
$^1/_2$ l	Wasser	– in einen Topf geben	**Bevorzuge Vollkornprodukte!**
$^1/_4$	Vanilleschote	– halbieren, ausschaben, zugeben	
$^1/_4$ TL	Zimt	– zugeben, Wasser zum Kochen bringen	
150 g	Hirse	– zugeben und bei schwacher Hitze 30 Min. ausquellen lassen	
2	Eiweiß	– Eischnee schlagen	
40 g	Butter	– Schaummasse herstellen	**Verwende Nüsse mit der Samenschale!**
2	Eigelb		
50 g	Honig	– zugeben	
50 g	Rosinen	– zugeben	
30 g	Nüsse	– Hirse unter die Schaummasse rühren, Eischnee unterheben, Masse in eine gefettete Auflaufform füllen, backen	
		Temperatur: 180 °C	
		Backzeit: 45 Min.	
	Bananensoße:		
2	Bananen	– pürieren	
1	Zitrone	– auspressen, zugeben	
$^1/_8$ l	Milch	– zugießen	
$^1/_2$ Becher	Sahne	– schlagen, unterheben	
	Honig	– abschmecken	

Aufgabe: Unterstreiche ballaststoffreiche Lebensmittel im Rezept.

Wirkung der Ballaststoffe in deinem Körper

Ballaststoffe...

...verhindern Sodbrennen.

...helfen dem Darm, besser zu arbeiten → keine Verstopfung.

...wirken Darmkrebs entgegen.

...beugen einer Zuckerkrankheit vor.

...sättigen.

...wirken Übergewicht entgegen.

Sind Ballaststoffe wirklich Ballast? Nein! Im Gegenteil, sie fördern die Verdauung!

| Name: | Klasse: 7 | Datum: | **HsB** | Nr.: |

Sind Ballaststoffe wirklich Ballast?

Ballaststoffe = Rohfaser = Zellulose = Faserstoffe

Hirseauflauf mit Bananensoße

Menge	Zutaten	Zubereitung	Merke
	Hirseauflauf:		
½ l	Wasser	– in einen Topf geben	
¼	Vanilleschote	– halbieren, ausschaben, zugeben	
¼ TL	Zimt	– zugeben, Wasser zum Kochen bringen	
150 g	Hirse	– zugeben und bei schwacher Hitze 30 Min. ausquellen lassen	
2	Eiweiß	– Eischnee schlagen	
40 g	Butter		
2	Eigelb	– Schaummasse herstellen	
50 g	Honig		
50 g	Rosinen	– zugeben	
30 g	Nüsse	– zugeben	
		– Hirse unter die Schaummasse rühren, Eischnee unterheben, Masse in eine gefettete Auflaufform füllen, backen **Temperatur:** 180 °C **Backzeit:** 45 Min.	
	Bananensoße:		
2	Bananen	– pürieren	
1	Zitrone	– auspressen, zugeben	
⅛ l	Milch	– zugießen	
½ Becher	Sahne	– schlagen, unterheben	
	Honig	– abschmecken	

Aufgabe: Unterstreiche ballaststoffreiche Lebensmittel im Rezept.

Wirkung der Ballaststoffe in deinem Körper

Ballaststoffe …

_____
_____
_____
_____
_____
_____

Sind Ballaststoffe wirklich Ballast? _____

Eiweiß – Nahrung für Muskeln und Hirn

Artikulation:

Anfangsphase:	Evtl. Folie oder Bild mit Einstein und körperlich arbeitendem Mensch
1. Teilziel:	Arbeitsteilige Gruppenarbeit: – Aufgaben von Eiweiß – Vorkommen in den Nahrungsmitteln – Ernährungsprobleme der Dritten Welt – Krankheiten durch falschen Eiweißkonsum – Biologische Wertigkeit
2. Teilziel:	Zubereiten der Kochaufgabe
Schlussphase:	Spiel: Eiweißpyramide

Lernziele:

Die Schüler sollen …
… die Aufgaben von Eiweiß für den menschlichen Körper kennen lernen.
… pflanzliche und tierische eiweißreiche Nahrungsmittel kennen lernen.
… den tierischen Eiweißkonsum in Hinblick auf die Entwicklungsländer kritisch betrachten.
… ernährungsbedingte Krankheiten durch falschen Eiweißkonsum erkennen.
… lernen, die biologische Wertigkeit und daraus folgende günstige Nahrungsmittelkombinationen zu bewerten.

Hinweise:

– Als Alternative für den Einstieg könnte der Begriff „Eiweiß" auch von einem aufgeschlagenen Ei abgeleitet werden.
– Alle Gruppenarbeiten sollten ausgewertet werden.
– Am Rezept „Quarknockerl" kann die GMA Garziehen verdeutlicht werden, am Rezept „Gratinierte Milchkartoffeln" die GMA „Backen im Rohr".

Medien:

Evtl. Bilder für die Anfangsphase (z. B. aus dem Internet) oder Eier, Arbeitsaufgaben (auf Folie kopiert), Nährwerttabelle aus einem Schulbuch oder Kochbuch, evtl. eiweißreiche Lebensmittel, Wortkarten, Folie „Getreideaufwand für Fleischerzeugung", Kochbücher, Arbeitsblatt, Eiweißpyramide (evtl. vergrößern, laminieren und in Dreiecke zerschneiden)

Arbeitsteilige Gruppenarbeit (1. Teilziel)

Aufgabe: Die Aufgaben von Eiweiß für unseren Körper

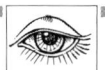

1. Lies den Text genau durch.
2. Wie heißt der wissenschaftliche Ausdruck für Eiweiß?
3. Welche Aufgaben erfüllt Eiweiß im menschlichen Körper? Unterstreiche sie.
4. Begründe, warum wir täglich Eiweiß zu uns nehmen müssen.

Die Wissenschaftler nennen Eiweiß auch „Protein". Diesen Begriff kannst du in vielen Kochbüchern finden.
Eiweiß nimmt im menschlichen Körper eine bedeutende Rolle ein.
Eiweiß ist ein wichtiger Baustoff für alle Körperzellen, es baut Blut, Hirn, Muskeln, Organe auf und erhält sie.
Eiweiß kann nicht gespeichert werden, und kein anderer Nährstoff kann es ersetzen.
So wird z. B. die menschliche Muskulatur in 158 Tagen neu gebildet!
Eiweiß liefert uns auch Energie, pro Gramm 17,2 kJ.

Medien: Arbeitsaufgabe auf Folie, Folienstift, Wortkarte

Protein

Aufgabe: In welchen Lebensmitteln kommt Eiweiß vor?

1. Betrachte die Tabelle mit den eiweißreichen Lebensmitteln. Finde je einen passenden Überbegriff (Herkunft) für die zwei Spalten.
2. Suche aus der Nährwerttabelle im Buch je zwei weitere eiweißreiche Lebensmittel dazu. Achte darauf, dass du sie nach der Herkunft richtig zuordnest.

_____ Lebensmittel	Eiweißgehalt je 100 g	_____ Lebensmittel	Eiweißgehalt je 100 g
Haferflocken	43 g	Milch	3,2 g
weiße Bohnen	21 g	Speisequark mager	14 g
Haselnüsse o. Schale	14 g	Rindfleisch mager	19 g
Rosenkohl	4 g	Rotbarschfilet	18 g
Kartoffeln o. Schale	2 g	Huhn	15 g

Medien:
Arbeitsaufgabe auf Folie, Folienstift, Nährwerttabelle (Schulbuch oder Kochbuch), evtl. Lebensmittel, Wortkarten

pflanzliches Eiweiß

tierisches Eiweiß

Aufgabe: Ernährungsprobleme in Entwicklungsländern

1. Lies den Text dieser Aufgabe aufmerksam durch.
2. Schau dir die Folie „Fleisch – die große Verschwendung …" genau an.
3. Was können wir in Deutschland im Hinblick auf unseren Fleischverzehr verändern, um den Menschen in Entwicklungsländern zu helfen?

Wir müssen einfacher leben, damit andere einfach leben können.

Ich war hungrig,
und ihr habt meine Nahrungsmittel eurem Vieh gefüttert.
Ich war hungrig,
und ihr wolltet nicht auf das Steak aus Südamerika verzichten.
(Auszug aus einem Gedicht von Bertold Burkhardt)

Die weltweite Lebensmittelproduktion reicht aus, um die gesamte Weltbevölkerung einigermaßen zu ernähren, dennoch müssen Millionen von Menschen hungern, weil die vorhandenen Nahrungsmittel ungerecht verteilt sind.
In der Bundesrepublik Deutschland essen wir ca. 64 kg Fleisch und Wurst pro Person und Jahr.
Für die Erzeugung von Fleisch braucht man ungefähr siebenmal so viel Energie, wie für die Erzeugung pflanzlicher Nahrungsmittel. Futtermittel für die Tiere stammen teilweise aus Entwicklungsländern, in denen die Menschen hungern müssen.
Es wäre nicht sinnvoll, völlig auf die Viehwirtschaft zu verzichten, aber die Tiere sollten mit für Menschen nicht genießbaren Pflanzen (z. B. Gras) gefüttert werden und nicht mit wertvollem Getreide oder Sojabohnen.

Medien:
Arbeitsaufgabe, Getreideaufwand für die Fleischerzeugung (Folie)

Fleisch – die große Verschwendung pflanzlicher Nahrungsmittel

(Aus: R. H. Strahm, Warum sie so arm sind, © Peter Hammer Verlag, Wuppertal 1985)

Der Anbau pflanzlicher Nahrungsmittel ernährt so viele Menschen:

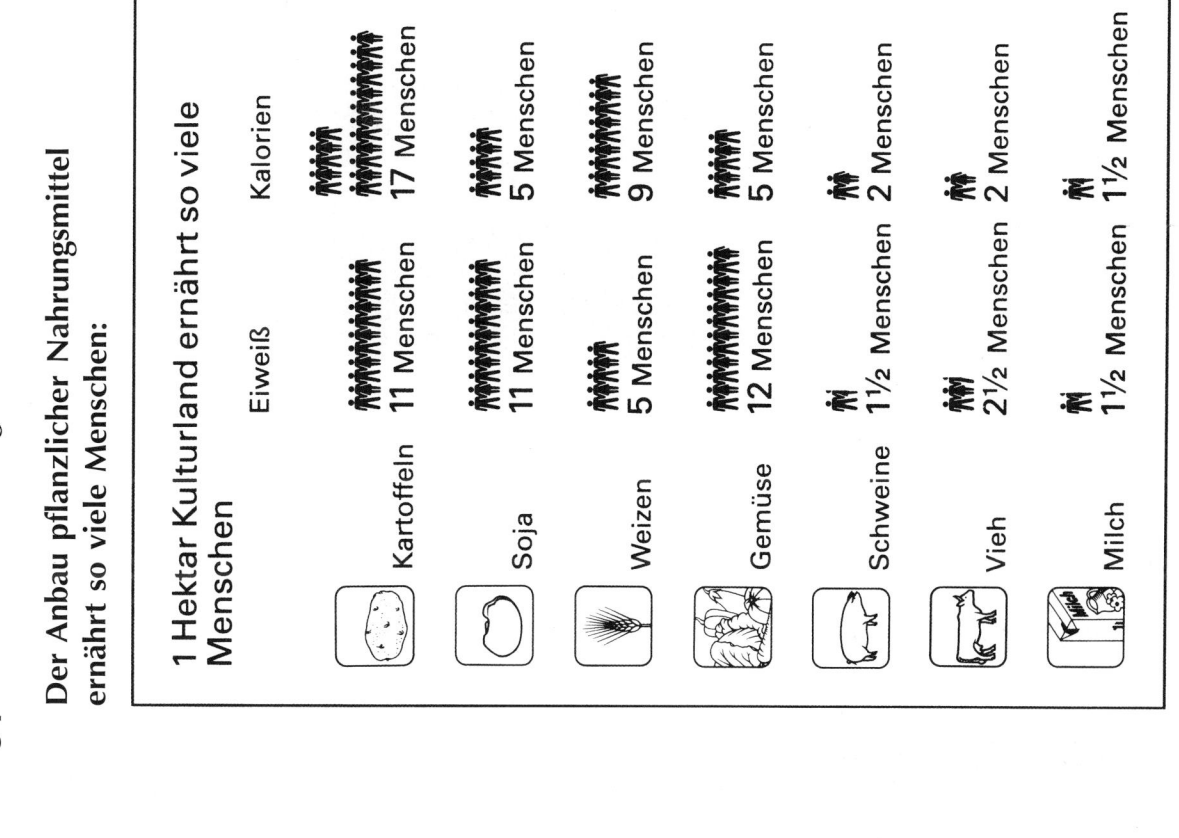

1 Hektar Kulturland ernährt so viele Menschen

	Eiweiß	Kalorien
Kartoffeln	11 Menschen	17 Menschen
Soja	11 Menschen	5 Menschen
Weizen	5 Menschen	9 Menschen
Gemüse	12 Menschen	5 Menschen
Schweine	1½ Menschen	2 Menschen
Vieh	2½ Menschen	2 Menschen
Milch	1½ Menschen	1½ Menschen

(Aus: J. Mühleisen, Gute Argumente: Ernährung, Beck'sche Reihe Nr. 342, © C. H. Beck'sche Verlagsbuchhandlung, München 1988)

Anteil des verfütterten Getreides:

Fleisch – die große Verschwendung von Getreide

Anteil des verfütterten Getreides

- Deutschland: 62 %
- Entwicklungsländer: 12 %

Kalorienverschwendung durch Getreideverfütterung
Benötigte Futterkalorien zur Produktion von 1 Kalorie tierischer Nahrung

- Hühnerfleisch: 12 : 1
- Rindfleisch: 10 : 1
- Milch: 5 : 1
- Eier: 4 : 1
- Schweinefleisch: 3 : 1

Fleisch auf Kosten der Dritten Welt

11 % tierischer Nahrungsmittel werden in der EG mit Hilfe von Futtermitteln aus Entwicklungsländern erzeugt

Aufgabe: Gicht

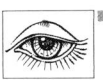

1. Lies den Text genau durch und betrachte das Bild.
2. Schau dir in der Tabelle an, welche Nahrungsmittel wenig Harnsäure enthalten.
3. Überlege dir ein Mittagessen für eine gichtkranke Person und notiere es unten.

Gicht kann z. B. bei überreichlichem Genuss von Fleisch und Fleischwaren, aber auch von Alkohol entstehen. Dabei bilden sich im Blut übermäßige Mengen an Harnsäure, die der Körper nicht mehr abbauen kann. Die Harnsäurekristalle führen zu einer äußerst schmerzhaften Entzündung von Gelenken. Im schlimmsten Fall kommt es zur Verformung der Gelenke bis hin zur Gelenkversteifung.

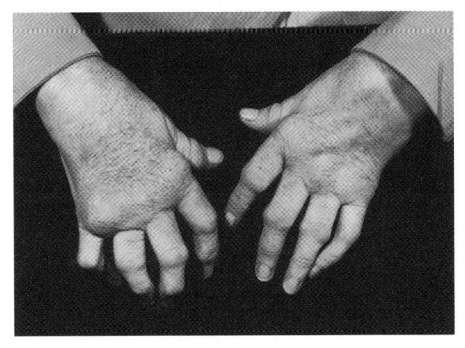

© Dr. Med. L. Reinbacher

Harnsäuregehalt (Puringehalt) in mg pro 100 g Lebensmittel

Blumenkohl	25	Apfel	2	Bananen	0
Camembert	0	Eigelb	5	Endiviensalat	20
Champignon	20	Erbsen	140	Gurke	8
Hackfleisch	127	Huhn	110	Kabeljau	150
Karotten	25	Kohlrabi	11	Leber	336
Mischbrot	36	Nudeln	38	Sahne	0
Reis	0	Schinken gekocht	118	Sellerie	8
Spargel	30	Speisequark	0	Tomaten	10

Medien:
Arbeitsaufgabe auf Folie, Folienstift

Aufgabe: Eiweißunterernährung

1. Lies den Text genau durch und betrachte das Bild.
2. Notiere unten in eigenen Worten die Folgen von Eiweißunterernährung.

200 Millionen Kinder leiden an extremer Unterernährung. Täglich sterben 40 000 Kinder weltweit.
Die Folgen des extremen Eiweißmangels sind Behinderung der körperlichen Entwicklung, Wachstumsverzögerung, geringe geistige Leistungsfähigkeit, Wasseransammlungen im Körper, schlechte Wundheilung und Blutarmut.

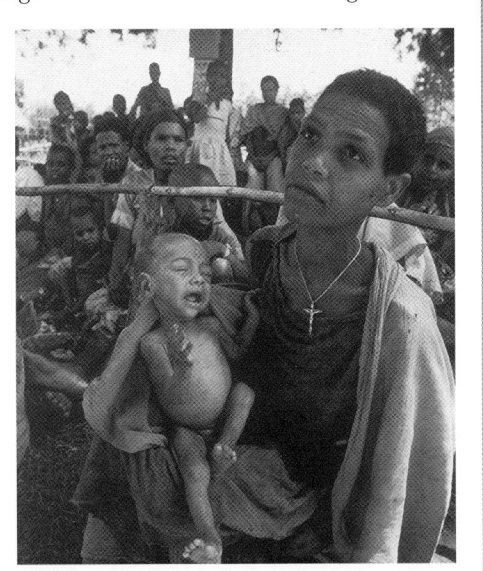

Hunger in Äthiopien © dpa

Medien:
Arbeitsaufgabe auf Folie, Folienstift

Aufgabe: Biologische Wertigkeit von Eiweiß

1. Lies den Text genau durch.
2. Welches Eiweiß hat die biologisch höhere Wertigkeit?
3. Was ergibt sich daraus für eine gesunde Ernährung mit eiweißhaltigen Lebensmitteln?

Nicht alle eiweißreichen Nahrungsmittel sind für den menschlichen Körper gleich wertvoll. Je ähnlicher der Aufbau der Eiweißstoffe dem menschlichen Eiweiß ist, desto wertvoller sind die Eiweißstoffe. Da das Tier dem Menschen ähnlicher als eine Pflanze ist, hat das tierische Eiweiß eine biologisch höhere Wertigkeit.

Das heißt aber auch, dass wir nicht so viel tierisches Eiweiß verzehren müssen, um gesund zu bleiben. In vielen tierischen Lebensmitteln ist zudem auch viel Fett und Cholesterin enthalten. Darum sollen wir den Eiweißbedarf von 1 g pro Körperkilogramm und Tag mit nur $1/3$ aus tierischem Eiweiß decken, $2/3$ aus pflanzlichem Eiweiß.

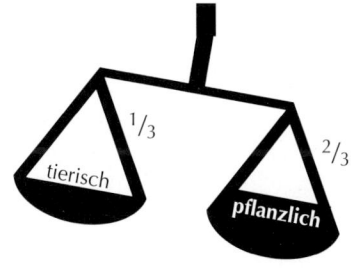

Medien: Arbeitsaufgabe, evtl. Wortkarten von S. 126

Aufgabe: Günstige Eiweißkombinationen

1. Lies den Text genau durch.
2. Stelle mit Hilfe dieser Lebensmittelkombinationen ein eiweißreiches Abendessen zusammen und notiere es unten.

Tierische und pflanzliche Eiweiße ergänzen sich gegenseitig. Günstige Eiweißverbindungen sind:
– Getreideerzeugnisse (Brot, Nudeln, Teigwaren, Reis) mit Milch, Ei, Hefe, Fisch.
– Kartoffeln mit Milch und Milcherzeugnissen, Fisch und Ei.
– Hülsenfrüchte mit Milch und Milcherzeugnissen, Ei, Getreideerzeugnissen, Fisch.
Durch günstige Eiweißverbindungen können sich Vegetarier vollwertig ernähren.

Medien: Arbeitsaufgabe auf Folie, Folienstift, evtl. Kochbücher (Lösungsvorschlag siehe Arbeitsblatt)

Rezeptbaustein zum Austauschen

Quarknockerln mit Erdbeersoße

Menge	Zutaten	Zubereitung
80 g	Butter	– Schaummasse schlagen
80 g	Zucker	
4	Eier	
je 1 Prise	Salz und Zitronenschalenaroma	– Geschmackszutaten unterrühren
750 g	Magerquark	– gut unter die Schaummasse rühren
150–180 g	grober Grieß	– untermengen
150–180 g	Mehl	– mit dem Backpulver mischen, unterrühren, 10 Min. quellen lassen
1 TL	Backpulver	
reichlich	Salzwasser	– Wasser zum Kochen bringen, Nockerln mit Esslöffel formen, 10 Min. leicht kochen lassen
Erdbeersoße:		
250 g	Erdbeeren	– waschen, entstielen, pürieren
ca. 2 EL	Honig	– unterrühren, Nockerln auf der Soße anrichten
1 EL	Puderzucker	– auf die Nockerln streuen

Spiel: Ernährungspyramide (Schlussphase)

Spielfeld
Nicht zerschneiden!
Als Unterlage für die
Antwortdreiecke
verwenden!

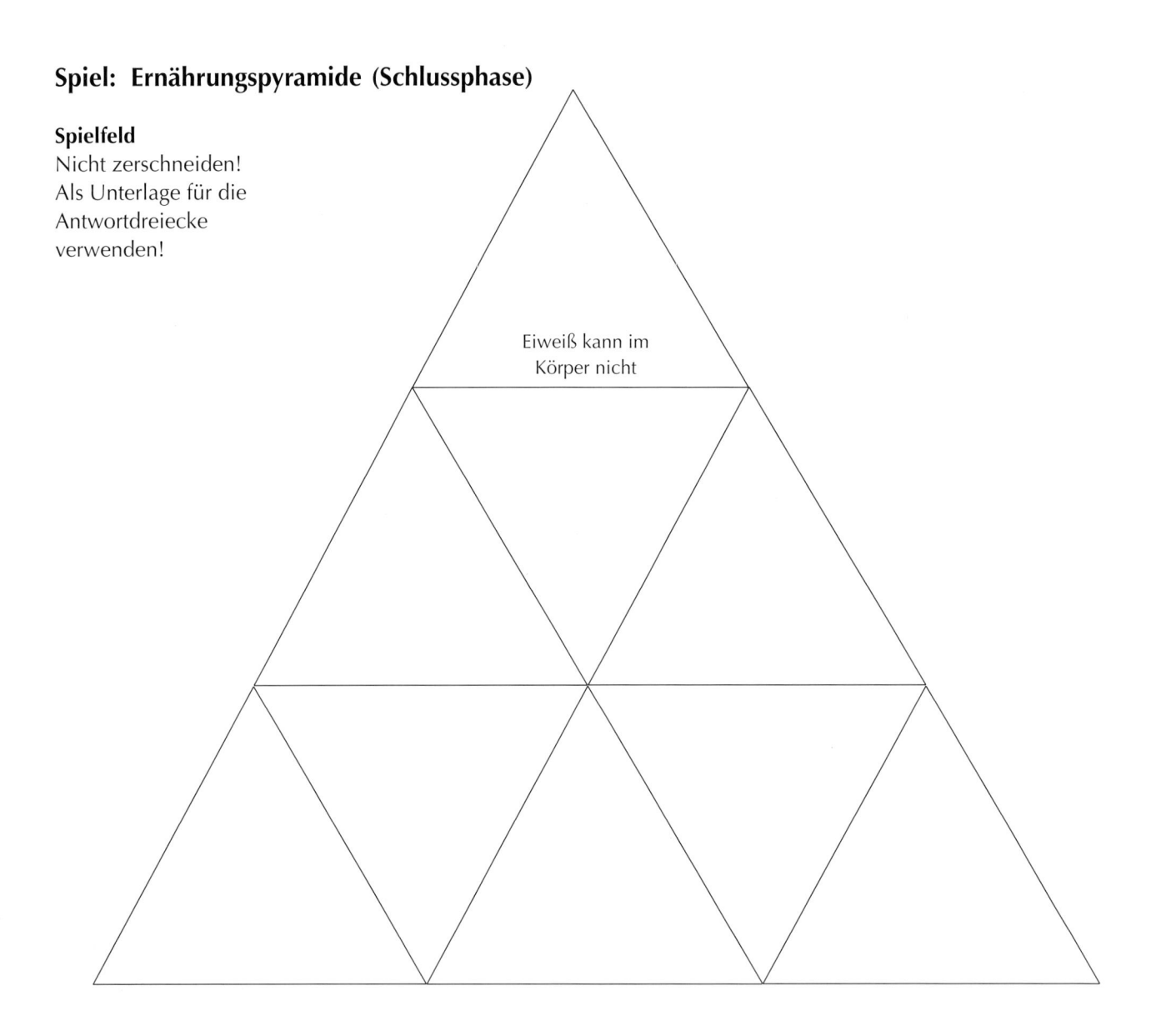

(Spielfeld: großes Dreieck, unterteilt in 9 kleinere Dreiecke. Im oberen Dreieck steht: „Eiweiß kann im Körper nicht")

Antwortdreiecke

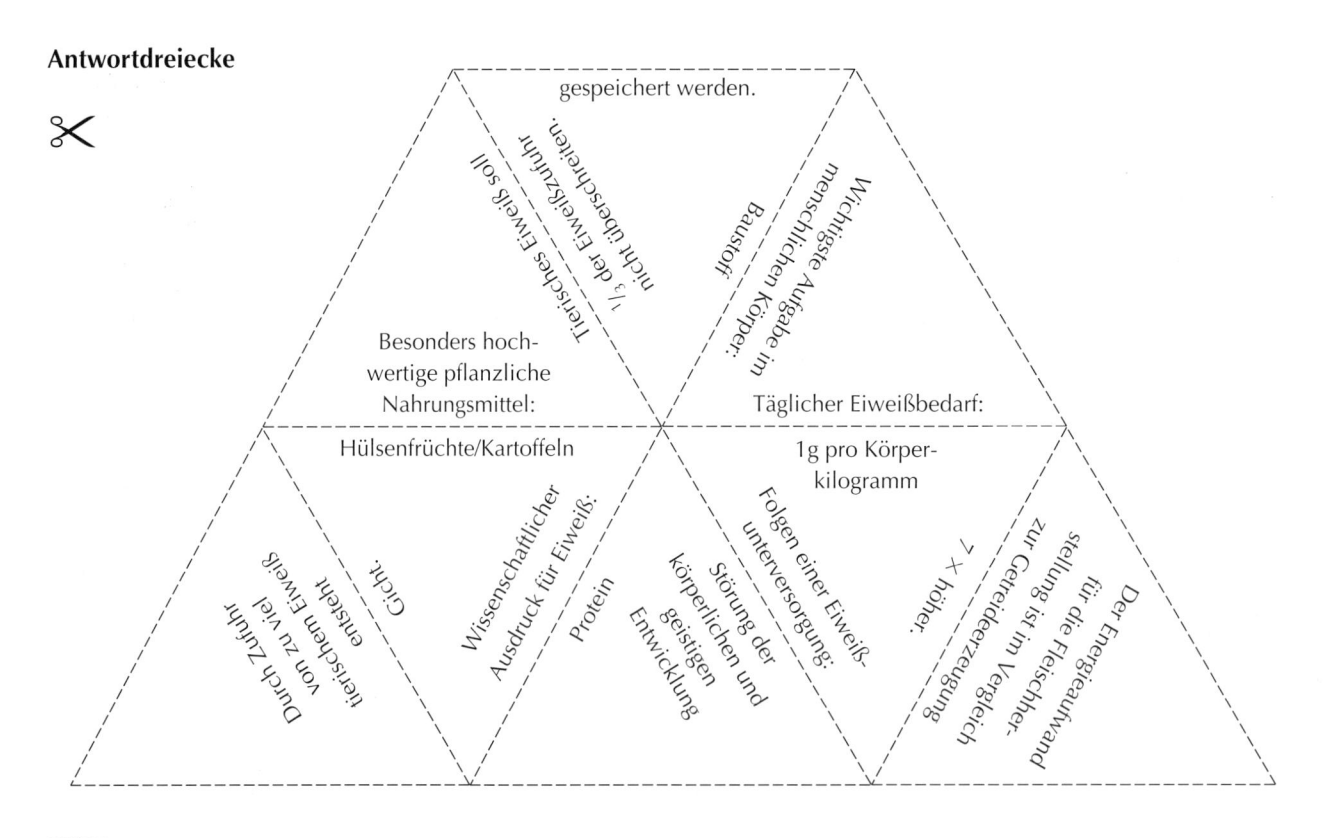

✂

Inhalte der Antwortdreiecke:
- gespeichert werden.
- Tierisches Eiweiß soll 1/3 der Eiweißzufuhr nicht überschreiten.
- Wichtigste Aufgabe im menschlichen Körper: Baustoff
- Besonders hochwertige pflanzliche Nahrungsmittel: Hülsenfrüchte/Kartoffeln
- Täglicher Eiweißbedarf: 1g pro Körperkilogramm
- Durch Zufuhr von zu viel tierischem Eiweiß entsteht Gicht.
- Wissenschaftlicher Ausdruck für Eiweiß: Protein
- Folgen einer Eiweißunterversorgung: Störung der körperlichen und geistigen Entwicklung
- Der Energieaufwand für die Fleischherstellung ist im Vergleich zur Getreideerzeugung 7 × höher.

130

Troll u.a.: Unterrichtssequenzen Hauswirtschaftlich-sozialer Bereich (7. Jgst. Bd. 1)
© Auer Verlag GmbH, Donauwörth

| Name: | Klasse: 7 | Datum: | HsB | Nr.: |

Eiweiß (_____) – Nahrung für Muskeln und Hirn

1. Die Aufgaben von Eiweiß in unserem Körper

Eiweiß ist ein wichtiger _____ für alle Körperzellen, es baut Blut, Hirn, Muskeln, Organe auf und erhält sie.

Merke: Eiweiß kann im Körper nicht gespeichert und durch keinen anderen Nährstoff ersetzt werden!

2. Gesunde Ernährung mit Eiweiß

Alle tierischen Lebensmittel sind eiweißreich, aber auch bestimmte pflanzliche Lebensmittel enthalten viel wertvolles Eiweiß, z. B.: _____

Merke: _____ Eiweiß ist dem menschlichen Körpereiweiß ähnlicher und kann von unserem Körper besser verwertet werden! Das Nahrungseiweiß sollte deshalb nur zu _____ aus tierischem Eiweiß bestehen!

Das Eiweiß von pflanzlichen und tierischen Lebensmitteln ergänzt sich gegenseitig!

Günstige Lebensmittelkombinationen sind z. B.: _____

Merke: _____

Wir stellen ein eiweißreiches Gericht her

Gratinierte Milchkartoffeln

Menge	Zutaten	Zubereitung
700 g	Kartoffeln	– waschen, schälen, in Scheiben hobeln
1 EL	Butter	– Form fetten, die Kartoffelscheiben dachziegelartig einlegen
je 1 Prise	Salz, Pfeffer, Paprika	– Kartoffelscheiben würzen
½	Knoblauchzehe	– schälen, durchpressen,
¼ l	Milch	– aus allen Zutaten und dem Knoblauch
¼ l	Sahne	eine Eiermilch rühren und gleichmäßig
2	Eier	über die Kartoffeln gießen
3–4 EL	geriebener Hartkäse	– auf dem Auflauf verteilen
1 EL	Butterflöckchen	

Temperatur: 200 °C
Backzeit: 30–40 Min.

Aufgabe: Suche aus dem Rezept alle eiweißhaltigen Nahrungsmittel heraus und unterstreiche sie in der Symbolfarbe rot.

Lösungsvorschlag zu S. 126

Aufgabe: In welchen Lebensmitteln kommt Eiweiß vor?

pflanzlich Lebensmittel	tierisch Lebensmittel
Sojasprossen, Linsen, Getreide …	Putenbrust, Thunfisch, Joghurt, Ei …

Lösungsvorschlag zu S. 128

Aufgabe: Gicht

3. Überlege dir ein Mittagessen für eine gichtkranke Person und notiere es unten.

Gemüsesuppe, Reis mit Champignons und Tomatensalat, Quark mit Obstsalat …

Aufgabe: Eiweißunterernährung

2. Notiere die Folgen von Eiweißunterernährung.

Störung der körperlichen Entwicklung, „Blähbauch",
Schädigung der geistigen Entwicklung

Lösungsvorschlag zu S. 129

Quarknockerln mit Erdbeersoße

Menge	Zutaten	Zubereitung
80 g	Butter	– aus Butter, Zucker und Eiern eine Schaummasse schlagen
80 g	Zucker	
4	Eier	
je 1 Prise	Salz und Zitronenschalenaroma	– Geschmackszutaten unterrühren
750 g	Magerquark	– gut unter die Schaummasse rühren
150–180 g	grober Grieß	– untermengen
150–180 g	Mehl	– mit dem Backpulver mischen, unterrühren, 10 Min. quellen lassen
1 TL	Backpulver	
reichlich	Salzwasser	– Wasser zum Kochen bringen, Nockerln mit Esslöffel formen, 10 Min. leicht kochen lassen
Erdbeersoße:		
250 g	Erdbeeren	– waschen, entstielen, pürieren
ca. 2 EL	Honig	– unterrühren, Nockerln auf der Soße anrichten
1 EL	Puderzucker	– auf die Nockerln streuen

Lösungsvorschlag zu S. 131

Name: _____ Klasse: **7** Datum: _____ HsB Nr.: _____

Eiweiß (Protein) – Nahrung für Muskeln und Hirn

1. Die Aufgaben von Eiweiß in unserem Körper

Eiweiß ist ein wichtiger **Baustoff** für alle Körperzellen, es baut Blut, Hirn, Muskeln, Organe auf und erhält sie.

Merke: Eiweiß kann im Körper nicht gespeichert und durch keinen anderen Nährstoff ersetzt werden!
Wir müssen täglich eiweißhaltige Lebensmittel zu uns nehmen.

2. Gesunde Ernährung mit Eiweiß

Alle tierischen Lebensmittel sind eiweißreich, aber auch bestimmte pflanzliche Lebensmittel enthalten viel wertvolles Eiweiß, z. B.: Haferflocken, Bohnen, Nüsse, Kartoffeln.

Merke: **Tierisches** Eiweiß ist dem menschlichen Körpereiweiß ähnlicher und kann von unserem Körper besser verwertet werden! Das Nahrungseiweiß sollte deshalb nur zu 1/3 aus tierischem Eiweiß bestehen!
Das Eiweiß von pflanzlichen und tierischen Lebensmitteln ergänzt sich gegenseitig.

Günstige Lebensmittelkombinationen sind z. B.: Pellkartoffeln mit Quark, Rührei mit Salzkartoffeln, Erbsen mit Spiegelei.

Merke: Zu viel tierisches Eiweiß schadet unserem Körper.
Es bilden sich im Blut übermäßige Mengen an Harnsäure.
Dies kann zu Gicht führen.

Wir stellen ein eiweißreiches Gericht her

Gratinierte Milchkartoffeln

Menge	Zutaten	Zubereitung
700 g	Kartoffeln	– waschen, schälen, in Scheiben hobeln
1 EL	Butter	– Form fetten, die Kartoffelscheiben dachziegelartig einlegen
je 1 Prise	Salz, Pfeffer, Paprika	– Kartoffelscheiben würzen
½	Knoblauchzehe	– schälen, durchpressen,
¼ l	Milch	– aus allen Zutaten und dem Knoblauch eine Eiermilch rühren und gleichmäßig über die Kartoffeln gießen
¼ l	Sahne	
2	Eier	
3–4 EL	geriebener Hartkäse	– auf den Auflauf verteilen
1 EL	Butterflöckchen	**Temperatur:** 200 °C
		Backzeit: 30–40 Min.

Aufgabe: Suche aus dem Rezept alle eiweißhaltigen Nahrungsmittel heraus und unterstreiche sie in der Symbolfarbe rot.

Troll u. a.: Unterrichtssequenzen Hauswirtschaftlich-sozialer Bereich (7. Jgst. Bd. 1)
© Auer Verlag GmbH, Donauwörth

Auswertung der Ernährungsprotokolle

Artikulation:

Anfangsphase: Rückschau auf bisherige Ernährungslehre-Stunden
1. Teilziel: Auswertung der Ernährungsprotokolle in Form einer Gruppenarbeit
2. Teilziel: Zubereiten der Kochaufgabe
Schlussphase: Zusammenfassen der Ernährungsregeln anhand des Ernährungskreises (Arbeitsblatt), Ernährungsspiel

Lernziele:

Die Schüler sollen …

… ihr eigenes Ernährungsverhalten anhand der Ernährungsprotokolle reflektieren.
… Regeln für eine gesunde Ernährung formulieren.
… diese Erkenntnisse im Alltag anwenden.

Hinweise:

– Die gesammelten Ernährungsprotokolle (siehe S. 71/75) werden von der Lehrkraft in Gruppen geordnet, z. B. Nährstoffe fehlen ganz oder teilweise, manche Nährstoffe kommen zu häufig oder zu wenig vor, gute Nährstoffverteilung.
– Die Auswertung erfolgt (z. B am Ende aller Ernährungslehre-Stunden) in Gruppenarbeit, wobei jede Schülergruppe ähnlich ausgefallene Protokolle erhält und diese beurteilen soll.
– Für jede Nährstoffgruppe soll die Schülergruppe Ernährungsregeln (siehe Arbeitsblatt) finden.

Medien:

Arbeitsaufträge (evtl. auf Folie), Folienstifte, Tonpapierstreifen, dicke Filzstifte, Ernährungsprotokolle, Ernährungsspiel (4-mal kopiert und laminiert), Arbeitsblatt

Arbeitsteilige Gruppenarbeit (1. Teilziel)

Aufgabe: Getränke

1. Schaut euch die Ernährungsprotokolle an und vergleicht sie.
2. Welche Gemeinsamkeiten haben sie?

3. Was sollten diese Schüler in Zukunft bei ihrer Ernährung beachten?

4. Formuliert eine Regel über das Trinken und schreibt sie auf die Tonpapierstreifen. (Ihr könnt das entsprechende Arbeitsblatt zu Hilfe nehmen.)

Medien:
Arbeitsaufgabe, Tonpapierstreifen, dicke Filzstifte, Ernährungsprotokolle, HsB-Mappe

Aufgabe: Tierische Lebensmittel

1. Schaut euch die Ernährungsprotokolle an und vergleicht sie.
2. Welche Gemeinsamkeiten haben sie?

3. Was sollten diese Schüler in Zukunft bei ihrer Ernährung beachten?

4. Formuliert drei Regeln über tierische Lebensmittel und schreibt sie auf die Tonpapierstreifen. (Ihr könnt das entsprechende Arbeitsblatt zu Hilfe nehmen.)

Medien:
Arbeitsaufgabe, Tonpapierstreifen, dicke Filzstifte, Ernährungsprotokolle, HsB-Mappe

Aufgabe: Fett und fetthaltige Lebensmittel

1. Schaut euch die Ernährungsprotokolle an und vergleicht sie.
2. Welche Gemeinsamkeiten haben sie?
   _____

3. Was sollten diese Schüler in Zukunft bei ihrer Ernährung beachten?
   _____
   _____

4. Formuliert zwei Regeln über den Verzehr von Fett und fetthaltigen Lebensmitteln und schreibt sie auf die Tonpapierstreifen. (Ihr könnt das entsprechende Arbeitsblatt zu Hilfe nehmen.)

Medien:
Arbeitsaufgabe,
Tonpapierstreifen,
dicke Filzstifte,
Ernährungsprotokolle,
HsB-Mappe

Aufgabe: Obst, Gemüse und Getreideprodukte

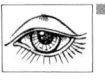

1. Schaut euch die Ernährungsprotokolle an und vergleicht sie.
2. Welche Gemeinsamkeiten haben sie?
   _____

3. Was sollten diese Schüler in Zukunft bei ihrer Ernährung beachten?
   _____
   _____

4. Formuliert drei Regeln über den Verzehr von Obst, Gemüse und Getreideprodukten und schreibt sie auf die Tonpapierstreifen. (Ihr könnt das entsprechende Arbeitsblatt zu Hilfe nehmen.)

Medien:
Arbeitsaufgabe,
Tonpapierstreifen,
dicke Filzstifte,
Ernährungsprotokolle,
HsB-Mappe

Rezeptbaustein zum Austauschen

Kartoffel-Rahmsuppe

Menge	Zutaten	Zubereitung
¾ l	Brühe	– zum Kochen bringen
3	mittelgroße Kartoffeln (mehlig kochend)	– waschen, schälen, in Würfel schneiden – in der Brühe weich kochen – Kartoffeln pürieren
1 TL	Salz	– würzen
1 Prise	Muskat	
15 g	Butter	– erhitzen
½ Bund	Petersilie	– fein hacken, andünsten
200 g	Lauch	– waschen, in Ringe schneiden, mit andünsten
1 Becher	Sahne	– zugeben, abschmecken

Troll u. a.: Unterrichtssequenzen Hauswirtschaftlich-sozialer Bereich (7. Jgst. Bd. 1)
© Auer Verlag GmbH, Donauwörth

| Name: | Klasse: 7 | Datum: | HsB | Nr.: |

Bausteine einer gesunden Ernährung: Der Ernährungskreis

Schnelle Vollkornbrötchen

Menge	Zutaten	Zubereitung
125 g	Dinkelvollkornmehl	
125 g	Quark	– alle Zutaten miteinander verrühren, den
1	Ei	Teig in 6 Teile portionieren, kleine Brötchen
1	Eiweiß	(Semmeln) formen
1 TL	Backpulver	
1 TL	Salz	
Zum Bestreichen:		
1	Eigelb	
1 Prise	Zucker	– Zutaten vermischen, Brötchen bestreichen
1 TL	Öl	
nach Belieben	Kümmel, Sesam, Mohn, Käse, Kürbiskerne, Sonnenblumenkerne	– Brötchen in die gewünschten Gewürze bzw. Körner tauchen, eindrücken

Temperatur: 180–200 °C
Backzeit: 20 Min.

Lösungsvorschlag zu S. 135

| Name: | Klasse: 7 | Datum: | HsB | Nr.: |

Bausteine einer gesunden Ernährung: Der Ernährungskreis

- Iss 1-mal pro Woche Fisch.
- Bevorzuge pflanzliches Eiweiß.
- Achte auf verborgene Fette.
- Verringere den Konsum von weißem Zucker.
- Iss viele Vollkornprodukte.
- Schränke den Verzehr von Fleisch und Wurst ein.
- Milch ist eines unserer wichtigsten Grundnahrungsmittel.
- Trink ausreichend kalorienarme, koffeinfreie Getränke.
- Iss täglich Obst, am besten roh.
- Verwende viel Gemüse, roh und gegart.
- Faserstoffe (Ballaststoffe) fördern die Verdauung.

Schnelle Vollkornbrötchen

Menge	Zutaten	Zubereitung
125 g	Dinkelvollkornmehl	– alle Zutaten miteinander verrühren, den Teig in 6 Teile portionieren, kleine Brötchen (Semmeln) formen
125 g	Quark	
1	Ei	
1 TL	Eiweiß	
1 TL	Backpulver	
	Salz	
Zum Bestreichen:		– Zutaten vermischen, Brötchen bestreichen
1	Eigelb	
1 Prise	Zucker	– Brötchen in die gewünschten Gewürze bzw. Körner tauchen, eindrücken
1 TL	Öl	
nach Belieben	Kümmel, Sesam, Mohn, Käse, Kürbiskerne, Sonnenblumenkerne	**Temperatur:** 180–200 °C **Backzeit:** 20 Min.

Spielregeln zum Ernährungsspiel

(Spielerzahl: 2–4)

1. Alle Spieler benötigen einen Spielstein in unterschiedlicher Farbe und einen Würfel.

2. Jeder Spieler setzt seinen Spielstein an eine Ecke des Spielfeldes.

3. Wer die höchste Augenzahl würfelt, beginnt.

4. Gehe so viele Felder in Pfeilrichtung vor, wie du Punkte gewürfelt hast.

5. Wenn du auf ein ❀-Feld kommst, ziehe eine „Glückskarte" und führe den Spielbefehl aus.

6. Kommst du auf ein ?-Feld, musst du eine „Fragekarte" ziehen und diese Frage richtig beantworten. Bei richtiger Antwort darfst du ein zweites Mal würfeln.

7. Hast du das Spielfeld einmal umrundet, so versuchst du, das Ziel „Salatbar" zu erreichen.

8. Wer am schnellsten im Ziel ist, hat gewonnen.

Troll u. a.: Unterrichtssequenzen Hauswirtschaftlich-sozialer Bereich (7. Jgst. Bd. 1)
© Auer Verlag GmbH, Donauwörth

Ernährungsspiel

Ziel

Glückskarten

Du hast ein Schälchen Müsli zum Frühstück gegessen und bist fit für den Tag. Rücke 3 Felder vor.	Du isst täglich Vollkornbrot und Gemüse, das ist toll! Rücke bis zum nächsten Glücksfeld vor.
Du hast heute statt einer Tafel Schokolade einen Apfel gegessen. Wegen deiner Vernunft darfst du 4 Felder vorrücken.	Als Sportler trinkst du seit kurzem Apfelsaftschorle statt Cola als Durstlöscher. Du darfst noch einmal würfeln.
Du hast das Rauchen aufgehört, das ist super! Rücke 8 Felder vor.	Du isst jetzt täglich Obst und Gemüse. Du fühlst dich fit und darfst 2 Felder vorrücken.
Du isst regelmäßig Milchprodukte, die viel Calcium enthalten. Das ist gut für dich. Überspringe das nächste Glücksfeld.	Du legst jetzt mit deiner Familie ab und zu einen fleisch- und wurstlosen Tag ein. Dass bekommt euch gut. Rücke 1 Feld vor.
Du hast in der Pause ein Mehrkornbrötchen mit Frischkäse gegessen und löst die Matheaufgabe besonders schnell. Würfle nochmals.	Du achtest jetzt auf die versteckten und sichtbaren Fette und hast dein Gewicht reduziert. Gratulation! Rücke nochmals um 3 Felder nach vorne.
Du nimmst dir öfter vom frischen Salat und fühlst dich gut. Als Belohnung rücke 2 Felder vor.	Du isst jetzt nicht mehr täglich Schokolade und Kuchen. Deine Haut sieht richtig gut aus. Überspringe 2 Felder.

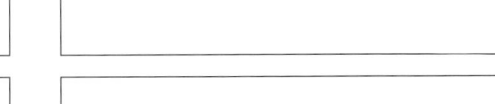

Du isst beim Fernsehen keine Knabbereien mehr und isst stattdessen Obst. Prima, rücke 2 Felder vor.	Immer öfter trinkst du Mineralwasser statt Cola, deinem Magen geht es gut. Gehe 1 Feld vor.
Du treibst regelmäßig Sport und isst sehr abwechslungsreich. Als Belohnung darfst du zum nächsten Glücksfeld vorrücken.	Du verwendest Salz nur sparsam, würzt deine Speisen möglichst mit frischen Kräutern. Für deine Vernunft bekommst du 4 Felder geschenkt.
Du schneidest in deinen Joghurt frisches Obst hinein und süßt es mit ein wenig Honig. Das schmeckt prima! Gehe 1 Feld nach vorne.	Du vermeidest langes Warmhalten der Speisen, weil die Vitamine darunter leiden. Dafür darfst du 1 Feld nach vorne gehen.
Du isst maßvoll und willst dein Übergewicht abbauen. Rücke auf das nächste Fragefeld vor.	Dein Pausensnack ist kein Schokoriegel mehr. Deine Zähne freuen sich darüber. Du darfst 1 Feld vorrücken.
Obwohl du Fisch nicht besonders gerne magst, isst du zu Hause eine kleine Portion mit. Als Belohnung darfst du nochmals würfeln.	Du zuckerst deinen Tee nicht mehr so stark. Deine Zähne freuen sich darüber. Du darfst 1 Feld vorrücken.
Du hast für deine Familie einen vegetarischen Auflauf gekocht, der allen gut geschmeckt hat. Für deinen Eifer gehe nochmals die gleiche Augenzahl nach vorne.	Du isst jetzt langsamer und versuchst, dein Essen gründlich zu kauen. Dein Magen freut sich, und deshalb rückst du 2 Felder vor.

Fragekarten

Du kennst den Ernährungskreis. Aus welchen Nahrungsmittelgruppen besteht er? **?**	Welche Ernährungsfehler treten in unserer Wohlstandsgesellschaft immer wieder auf? Zähle drei auf. **?**
Welche Stoffe befinden sich besonders in allen Vollkornprodukten und Gemüsen? **?**	Wie viel Flüssigkeit braucht ein gesunder Jugendlicher täglich? **?**
Welche Nährstoffe machen Obst und Gemüse für unsere Ernährung besonders wertvoll? **?**	Erkläre, warum der tägliche Konsum von Fleisch und Wurst nicht gesund ist. **?**
Nenne vier verschiedene Küchenkräuter. **?**	Nenne drei Nahrungsmittel, die viele versteckte Fette beinhalten. **?**
Wozu braucht dein Körper Fett? **?**	Welche Krankheit kann der übermäßige Verzehr von tierischem Eiweiß auslösen? **?**
Gib drei gesunde Durstlöscher an. **?**	Nenne drei Vorschläge, wie du dein Gewicht erfolgreich reduzieren kannst. **?**
Mit welchen pflanzlichen Nahrungsmitteln kannst du deinen Eiweißbedarf prima decken? **?**	Warum ist Seefisch für den menschlichen Körper wertvoll? **?**

Kinder und Jugendliche sollten viel Milch und Milchprodukte zu sich nehmen. Kennst du den wichtigen Mineralstoff? **?**	Der Wasserbedarf kann in manchen Situationen erhöht sein. Nenne zwei davon. **?**
Gib an, welche zwei Fette nicht zum Braten geeignet sind, weil sie wasserhaltig sind. **?**	Gib uns einen Tipp, wie sich ein Sportler richtig ernährt. **?**
Überlege dir, warum Speisen nicht im Backrohr warm gehalten werden sollen. **?**	Gib uns ein Beispiel dafür, wie ein Schulkind richtig frühstücken sollte. **?**
Kennst du noch Regeln zum richtigen Tischdecken? Nenne drei davon. **?**	Erkläre, warum fünf kleinere Mahlzeiten besser sind als drei große Mahlzeiten. **?**
Kennst du schonende Garmachungsarten? Nenne zwei. **?**	Warum ist zu viel Zucker in unserer Nahrung ungesund? Wie könnten wir ihn ersetzen? **?**
Welche Vorteile hat Vollkornmehl im Vergleich zu weißem Mehl? **?**	Welche Vorteile hast du, wenn du deine Nahrungsmittel saisongerecht einkaufst? **?**
Überlege dir, warum die Kartoffel ein wertvolles Nahrungsmittel ist. **?**	Warum sollst du deinen Salzkonsum einschränken? **?**

Einkauf von Obst und Gemüse

Artikulation:

Anfangsphase: Schüler riechen an einer Saftflasche. Wer erkennt die Sorte?

1. Teilziel: Zubereiten der Kochaufgabe
Im Begleitgespräch wird bereits auf äußere Qualitätsmerkmale der Äpfel, die für die Verwendung in diesem Gericht notwendig sind, eingegangen; in der Schülerpraxis kann das Obst für die Probierstationen im Lernzirkel vorbereitet werden

2. Teilziel: Garten der Sinne – Lernzirkel

3. Teilziel: Fertigstellen der Kochaufgabe

Schlussphase: Evtl. Vorbereiten eines Unterrichtsganges zum Markt

Hinweis:

Nur die Stationen 1, 5 und 6 des Lernzirkels müssen ausgewertet werden.

Lernziele:

Die Schüler sollen ...
- ... mit allen Sinnen Obst und Gemüse erfahren und unterscheiden lernen (Obst- und Gemüsesorten, Apfelsorten usw.).
- ... den Zusammenhang von Produktionsform, Saison und Güteklassen mit der Preisgestaltung erkennen.
- ... die Qualität von Obst beurteilen.
- ... Regeln für einen umweltfreundlichen Einkauf aufstellen.

Medien:

Dunkle Flasche, die mit intensiv duftendem Saft gefüllt ist, Arbeitsaufgaben, Wortkarten, Materialien (siehe Angaben beim Lernzirkel), Arbeitsblatt

Lernzirkel (2. Teilziel)

Aufgabe: Obst hat Saison

1. Vergleiche die Erdbeerpreise:
   Im Januar kostet eine Schale Erdbeeren 3 €.
   Im Juni kostet eine Schale Erdbeeren 1,49 €.
   Überprüfe die Saisonzeit von Erdbeeren im Kalender. Wie kannst du nun den Preisunterschied erklären?

Sorte	Jan.	Feb.	März	April	Mai	Juni	Juli	Aug.	Sept.	Okt.	Nov.	Dez.
Erdbeeren												
Äpfel												

2. Auch in Wintermonaten, wenn bei uns nur wenig wächst, kannst du fast alle Obstsorten im Supermarkt kaufen. Durch die Transporte aller Produkte durch die ganze Welt wächst der Verkehr und die Umweltbelastung. Wie kannst du ganz persönlich durch dein Einkaufsverhalten die Umwelt schützen?
3. Formuliere eine Regel für umweltfreundliches Einkaufsverhalten und schreibe diese an die Tafel.

Medien: Arbeitsaufgabe = Station 1

Aufgabe: Obst riechen und schmecken

1. Verbinde dir die Augen. Lass dir von einem Mitschüler 3–4 Obststücke der Reihe nach reichen. Rieche an dem Obst.
2. Probiere das Obst dann. Erkennst du die Sorte?

Medien: Arbeitsaufgabe = Station 2, Augenbinde, Teller mit geschnittenem Obst

Aufgabe: Obst ertasten

1. Verbinde dir die Augen. Lass dir von einem Mitschüler 3–4 Obststücke der Reihe nach zum Befühlen reichen.
2. Um welche Obstsorte handelt es sich?
3. Kannst du reifes Obst von unreifem Obst unterscheiden?
4. Kannst du fühlen, ob die Oberfläche des Apfels behandelt worden ist?

Medien: Arbeitsaufgabe = Station 3, Teller mit Obst- und Gemüsesorten, Wortkarten

reife Banane	unreife Banane
gewachster Apfel	unbehandelter Apfel

Aufgabe: Geschmacksunterschiede bei Äpfeln

1. Betrachte die verschiedenen Apfelsorten.
2. Lies die Namen der Apfelsorten. Welche hast du schon einmal gehört.
3. Probiere jede Sorte. Welche Geschmacksunterschiede stellst du fest?

Medien: Arbeitsaufgabe = Station 4, Wortkarten mit Namen der Apfelsorten, 3–4 Apfelsorten (je nach Angebot im Geschäft):
– Apfel ganz
– Apfel geschnitten

Boskop	Cox Orange	Golden Delicious
Elstar	Granny Smith	Jonathan
Jonagold	Red Delicious	

Aufgabe: Biologischer Obst- und Gemüseanbau

1. Lies den Text genau durch.
2. Vervollständige die Tabelle auf dem Arbeitsblatt.

Der biologische Obst- und Gemüseanbau nimmt immer mehr zu. Beim biologischen Anbau wird im Unterschied zum konventionellen Anbau ohne den Einsatz von chemischen Dünge- und Pflanzenschutzmitteln gearbeitet.
Durch diesen Verzicht ist der Ernteertrag geringer. Deshalb haben die Produkte einen höheren Preis. Trotzdem steigt die Nachfrage nach Obst und Gemüse aus dem biologischen Anbau. Gründe dafür sind z. B. das gestiegene Gesundheits- und Umweltbewusstsein der Verbraucher.

Medien: Arbeitsaufgabe = Station 5, Arbeitsblatt

Aufgabe: Güteklassen

1. Betrachte die Äpfel. Kannst du Unterschiede im Aussehen erkennen? Lies die Informationskarten durch und ordne sie zu.
2. Wie kannst du dir die unterschiedlichen Preise erklären?
3. Nach diesen Qualitätskriterien müsste ein verwurmter Apfel aus dem eigenen Garten zur Güteklasse 3 gehören. Glaubst du, dass die Qualität dieses Apfels wirklich schlechter ist?

Medien:
Arbeitsaufgabe = Station 6, Wortkarten mit Güteklassen, Qualitätsbeschreibung und Preisangabe, vier entsprechende Äpfel

Extra
Qualitätsmerkmale:
Spitzenqualität, keine Mängel

Preis: 2,49 €/kg

Klasse I
Qualitätsmerkmale:
gute Qualität, leichteste Fehler zulässig

Preis: 1,99 €/kg

Klasse II
Qualitätsmerkmale:
gute Ware, kleine Fehler in Form und Farbe

Preis: 1,49 €/kg

Klasse III
Qualitätsmerkmale:
Haushalt-/Industrieware, Fehler in größerem Umfang zulässig

Preis: 1,19 €/kg

Rezeptbaustein zum Austauschen

Hinweis: Äpfel der Güteklasse I, z. B. Boskop, verwenden. Alternativ kann auch das Rezept „Gebackene Apfelspeise mit Vanillesoße" im Band 2 für die 7. Jahrgangsstufe, S. 94, verwendet werden.

Apfelküchlein

Menge	Zutaten	Zubereitung
4	Äpfel	Güteklasse ____, Apfelsorte: _____ – Äpfel schälen, Kernhaus ausstechen, 1 cm dicke Ringe schneiden
Backteig:		
100 g	Mehl	– Mehl sieben
1 Prise	Salz	
1/8 l	Milch	– mit Salz und Milch zu einem dickflüssigen Teig rühren
1	Eigelb	– Eigelb und Öl unterrühren
1 TL	Öl	
1	Eiweiß	– Eiweiß steif schlagen und unter den Teig ziehen
	Ausbackfett	– Apfelringe einzeln im Teig wenden, im heißen Fett backen
1 EL	Zucker	– abtropfen lassen, mit Zucker und Zimt bestreuen
	Zimt	– eventuell mit Vanilleeis und Sahne anrichten und servieren

| Name: | Klasse: 7 | Datum: | HsB | Nr.: |

Einkauf von Obst und Gemüse

umweltfreundlich

_____
_____
_____
_____
_____
_____
_____

qualitätsbewusst

_____
_____
_____
_____
_____
_____
_____

preisgünstig

_____
_____
_____
_____
_____
_____
_____

Ergänze die Tabelle. Die Angaben in Klammern helfen dir.

	konventioneller Anbau	biologischer Anbau
Einsatz chemischer Dünge- und Pflanzenschutzmittel (ja/nein)		
Ernteertrag (höher/niedriger)		
Preis (höher/niedriger)		

Äpfel im Vanillemantel

Menge	Zutaten	Zubereitung
4	kleine Äpfel	Güteklasse ____, Apfelsorte: _____
¼ l	Wasser Zitronenschale	– Äpfel schälen, Kernhaus ausstechen, in Sud legen, rasch aufkochen lassen, bei schwacher Hitze gar ziehen lassen; einmal wenden
1 TL	Zucker	
50 g	rotes Gelee	– Äpfel in Dessertschälchen setzen, 2 Teelöffel Gelee in Öffnung füllen
½ l	Milch	– Stärke, Zucker, Vanillezucker, Eier und etwas kalte Milch mit Gabel gut verrühren; Milch mit halbierter Vanilleschote erhitzen; wenn sie heiß ist, Stärke-Ei-Teig noch einmal aufrühren und mit Schneebesen in die Milch einrühren; Creme einmal aufkochen lassen und dann vom Herd nehmen; Creme über die Äpfel gießen
1	Vanilleschote	
4 TL	Stärke	
1 EL	Zucker	
1 P.	Vanillezucker	
2	Eier	– die Nachspeise etwas kalt stellen
100 g	Sahne	– Sahne schlagen, in Spritzbeutel füllen und Nachspeise garnieren

Lösungsvorschlag zu S. 145

| Name: | Klasse: 7 | Datum: | HsB | Nr.: |

Einkauf von Obst und Gemüse

umweltfreundlich
Bevorzuge Obst und Gemüse aus deiner näheren Umgebung. Bevorzuge Produkte aus dem biologischen Anbau.

qualitätsbewusst
Kaufe nur frisches Obst und Gemüse.

preisgünstig
Beachte Saisonzeiten von Obst und Gemüse. Kaufe nicht Güteklasse I für Apfelmus.

Ergänze die Tabelle. Die Angaben in Klammern helfen dir.

	konventioneller Anbau	biologischer Anbau
Einsatz chemischer Dünge- und Pflanzenschutzmittel (ja/nein)	ja	nein
Ernteertrag (höher/niedriger)	höher	niedriger
Preis (höher/niedriger)	niedriger	höher

Äpfel im Vanillemantel

Menge	Zutaten	Zubereitung
4	kleine Äpfel	Güteklasse I, Apfelsorte: **Boskop**
¼ l	Wasser, Zitronenschale	– Äpfel schälen, Kernhaus ausstechen, in Sud legen, rasch aufkochen lassen, bei schwacher Hitze gar ziehen lassen; einmal wenden
1 TL	Zucker	
50 g	rotes Gelee	– Äpfel in Dessertschälchen setzen, 2 Teelöffel Gelee in Öffnung füllen
½ l	Milch	– Stärke, Zucker, Vanillezucker, Eier und etwas kalte Milch mit Gabel gut verrühren; Milch mit halbierter Vanilleschote erhitzen; wenn sie heiß ist, Stärke-Ei-Teig noch einmal aufrühren und mit Schneebesen in die Milch einrühren; Creme einmal aufkochen lassen und dann vom Herd nehmen; Creme über die Äpfel gießen
1	Vanilleschote	
4 TL	Stärke	
1 EL	Zucker	
1 P.	Vanillezucker	
2	Eier	– die Nachspeise etwas kalt stellen
100 g	Sahne	– Sahne schlagen, in Spritzbeutel füllen und Nachspeise garnieren

Achte auf das Etikett!

Artikulation:

Anfangsphase: Provokation: Lehrkraft zeigt mit weißem Papier umklebte Schachtel/Dose. Welche Probleme hättest du, wenn alle Lebensmittel so verpackt wären? Hypothesenbildung

1. Teilziel: Arbeitsteilige Gruppenarbeit „Was steht auf dem Etikett?" (Folie), Auswertung: Vergleich verschiedener Lebensmittel, Finden von Oberbegriffen

2. Teilziel: Arbeitsteilige Gruppenarbeit: Bedeutung der Begriffe auf dem Etikett

3. Teilziel: Zubereiten der Kochaufgabe

Schlussphase: Folie „Mogelpackungen", Rollenspiel: „Wie führe ich eine Reklamation durch?"

Hinweis:

Der abgepackte Schmelzkäse stellt ein Negativbeispiel für übermäßige Verpackung dar. Für die Kochaufgabe wird geschnittener oder geraspelter Gouda verwendet.

Lernziele:

Die Schüler sollen …

… wissen, welche Angaben laut Lebensmittelkennzeichnungsgesetz auf einem verpackten Lebensmittel stehen müssen.

… für problematische Zutaten in der Zutatenliste sensibilisiert werden.

… Ansprechpartner für Verbraucherinformation und -schutz kennen lernen.

Medien:

Mit weißem Papier umklebte Schachtel oder Dose, Folien, Arbeitsaufgaben, verpacktes Toastbrot, mehrere Colaflaschen, abgepackter Schmelzkäse in Scheiben, Butter, Mehl, Eierschachtel, Joghurt, Etikett vom Arbeitsblatt auf DIN A3 vergrößert, Wortkarten, Arbeitsblatt

Arbeitsteilige Gruppenarbeit (1. Teilziel)

Aufgabe: Was steht auf dem Etikett?

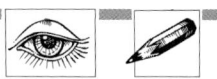

1. Lies, was auf der Verpackung des Lebensmittels steht.
2. Trage die wichtigsten Angaben auf der Folie ein.

Medien: Arbeitsaufgabe, jede Gruppe erhält dazu die Folie „Was steht auf dem Etikett?" und jeweils ein Lebensmittel (verpacktes Toastbrot, Colaflasche, abgepackter Schmelzkäse, Butter), Folienstift

Was steht auf dem Etikett?

1. _____
2. _____
3. _____
4. _____
5. _____
6. _____

Was steht auf dem Etikett?

1. _____
2. _____
3. _____
4. _____
5. _____
6. _____

Lösungsvorschlag siehe Wortkarten und Arbeitsblatt (S. 150/152).

Arbeitsteilige Gruppenarbeit (2. Teilziel)

Aufgabe: Verkehrsbezeichnung

1. Lies den Text genau durch.
2. Unterstreiche das Wichtigste.

Nach dem Lebensmittelkennzeichnungsgesetz wird der Name eines Produkts „Verkehrsbezeichnung" genannt. Der Name muss für den Verbraucher eindeutig sein. Fantasienamen, wie z. B. „Creme surprise", sind nicht erlaubt.

Medien: Arbeitsaufgabe, evtl. auf Folie

Aufgabe: Mengenangabe

1. Lies den Text genau durch und betrachte die Mengenangaben auf den Lebensmitteln.
2. Merke dir drei Möglichkeiten, wie die Menge eines Produkts angegeben sein kann.

Nach dem Lebensmittelkennzeichnungsgesetz kann die Menge eines Produkts als Gewicht, z. B. 1 kg Mehl, angegeben werden. Für flüssige Lebensmittel verwendet man die Volumenangabe, z. B. 1 Liter Orangensaft. Bei manchen Lebensmitteln, z. B. bei Eiern, kann auch nur die Stückzahl angegeben sein.

Medien: Arbeitsaufgabe, Mehl, Eierschachtel, Colaflasche

Aufgabe: Mindesthaltbarkeitsdatum

1. Lies den Text genau durch und suche das Mindesthaltbarkeitsdatum auf dem Joghurt.
2. Überlege dir, warum das Mindesthaltbarkeitsdatum angegeben werden muss.
3. Weißt du, was mit Lebensmitteln passiert, deren Mindesthaltbarkeitsdatum abgelaufen ist?

Nach dem Lebensmittelkennzeichnungsgesetz muss der Hersteller den Zeitpunkt angeben, bis zu dem sich das Produkt bei optimaler Lagerung hält. Entsprechende Aufbewahrungshinweise müssen auf der Packung stehen.

Medien: Arbeitsaufgabe, Joghurt

Aufgabe: Zutatenliste

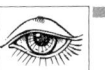

1. Lies den Text genau durch.
2. Welche Zutat ist in der Cola nach Wasser am meisten enthalten?
3. Überlege dir, für welche Verbrauchergruppen diese Angaben besonders wichtig sind.

Nach dem Lebensmittelkennzeichnungsgesetz muss der Hersteller alle Zutaten in der Zutatenliste angeben. An erster Stelle stehen die Zutaten, von denen die größten Mengen enthalten sind.

Medien: Arbeitsaufgabe, Colaflasche

Aufgabe: Zusatzstoffe

1. Lies den Text genau durch.
2. Welche E-Nummern findest du in der Zutatenliste deines Lebensmittels?
3. Du hast die Auswahl zwischen einem abgepackten Schmelzkäse in Scheiben und einem frisch aufgeschnittenen Käse. Für welchen Käse entscheidest du dich hinsichtlich der Qualität, der Umweltfreundlichkeit und des Gesundheitsaspekts?

Nach dem Lebensmittelkennzeichnungsgesetz muss der Hersteller Konservierungsmittel, Farbstoffe, Geschmacksstoffe, modifizierte Stärke, Süßstoffe, Schmelzsalze usw. angeben. Zum Teil werden diese Zusatzstoffe als E-Nummern gekennzeichnet, die in allen Ländern der Europäischen Union (EU) einheitlich gelten.
Diesen Zusatzstoffen sollte man kritisch gegenüberstehen. Der Verdacht, dass manche Stoffe krebserregend und allergieauslösend sind, „geistert" immer wieder durch die Medien.

Medien: Arbeitsaufgabe, abgepackter Schmelzkäse in Scheiben

Aufgabe: Name oder Firma und Anschrift des Herstellers

1. Nach dem Lebensmittelkennzeichnungsgesetz muss der Name oder die Firma und Anschrift des Herstellers auf jedem verpackten Lebensmittel angegeben sein. Überlege dir, warum diese Angabe für den Verbraucher besonders wichtig ist.
2. Du hast einen schimmeligen Joghurt, dessen Mindesthaltbarkeitsdatum noch nicht abgelaufen ist, gekauft. Was machst du nun?

Medien: Arbeitsaufgabe

Folie: Mogelpackung (Schlussphase)

Wortkarten für die Tafel (Auswertung 1. und 2. Teilziel)

Hinweis: Das Etikett auf dem Arbeitsblatt (S. 151) und die Wortkarten auf DIN A3 vergrößern!

→ **Verkehrsbezeichnung**

← **Mindesthaltbarkeitsdatum**

→ **Zutatenliste**

← **Mengenangabe**

→ **Preis**

← **Name/Firma und Anschrift des Herstellers**

| Name: | Klasse: 7 | Datum: | **HsB** | Nr.: |

Achte auf das Etikett!

Toastkäse

200 g
mindestens haltbar bis 26. 08.

0,69 €

Zutaten: Käse, Wasser, Butter, Eiweiß, Zucker, Schmelzsalze, E 450, E 339, Farbstoff Carotin

Käserei Huber, München, Maximilianstraße

Beachte: _____

Überbackener Birnentoast

Menge	Zutaten	Zubereitung
2	Birnen	Birnen schälen, halbieren, Kernhaus entfernen und
⅛–¼ l	Wasser	im Sud mit der Zimtstange einige Minuten garen.
1	Zimtstange	Toastscheiben mit Butter bestreichen, mit abgetropfter
4	Toastscheiben	Birne belegen.
	Butter	Käse in Scheiben schneiden, auf Toast legen.
200 g	Pfeffer-Weichkäse oder	Auf oberster Schiene bei 250 °C überbacken.
	Blauschimmelkäse	Toast mit grünen Pfefferkörnern belegen,
n. Bel.	eingelegter grüner Pfeffer	sofort servieren.

Überbackener Taost mit Putenbrust

Menge	Zutaten	Zubereitung
2	Putenschnitzel	Putenschnitzel halbieren, leicht klopfen, würzen und
	Salz, Pfeffer, Öl	im heißen Öl auf jeder Seite 3 Minuten anbraten.
1	kleine Zucchini	Schnitzel aus der Pfanne nehmen. Vorbereitetes
150 g	Champignons	Gemüse in Scheiben schneiden, kurz in der Pfanne
4	Toastscheiben, Butter	andünsten, würzen. Toastscheiben mit Butter bestreichen,
200 g	Käse	mit Fleisch und Gemüse belegen. Käse raspeln und auf
	frischer Thymian,	den Toast geben. Auf oberster Schiene bei 250 °C
	Basilikum	überbacken. Toast mit frischen Kräutern bestreut servieren.

Lösungsvorschlag zu S. 151

| Name: | Klasse: 7 | Datum: | HsB | Nr.: |

Achte auf das Etikett!

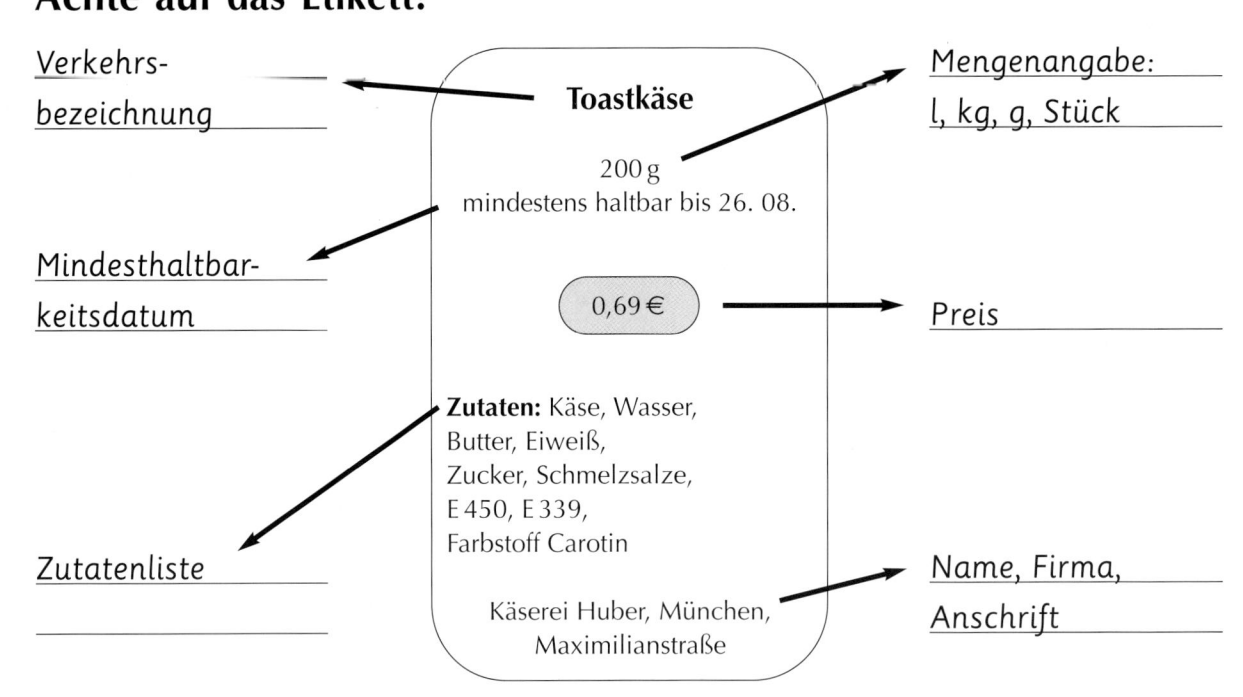

Verkehrs-bezeichnung ← Toastkäse

Mengenangabe: l, kg, g, Stück

200 g
mindestens haltbar bis 26. 08.

Mindesthaltbar-keitsdatum ← 0,69 € → **Preis**

Zutaten: Käse, Wasser, Butter, Eiweiß, Zucker, Schmelzsalze, E 450, E 339, Farbstoff Carotin

Käserei Huber, München, Maximilianstraße

Zutatenliste

→ **Name, Firma, Anschrift**

Beachte: Kontrolliere beim Einkauf das Mindesthaltbarkeitsdatum. Vergleiche das Mengen- und Preisverhältnis.

Überbackener Birnentoast

Menge	Zutaten	Zubereitung
2	Birnen	Birnen schälen, halbieren, Kernhaus entfernen und
1/8–1/4 l	Wasser	im Sud mit der Zimtstange einige Minuten garen.
1	Zimtstange	Toastscheiben mit Butter bestreichen, mit abgetropfter
4	Toastscheiben	Birne belegen.
	Butter	Käse in Scheiben schneiden, auf Toast legen.
200 g	Pfeffer-Weichkäse oder	Auf oberster Schiene bei 250 °C überbacken.
	Blauschimmelkäse	Toast mit grünen Pfefferkörnern belegen,
n. Bel.	eingelegter grüner Pfeffer	sofort servieren.

Überbackener Taost mit Putenbrust

Menge	Zutaten	Zubereitung
2	Putenschnitzel	Putenschnitzel halbieren, leicht klopfen, würzen und
	Salz, Pfeffer, Öl	im heißen Öl auf jeder Seite 3 Minuten anbraten.
1	kleine Zucchini	Schnitzel aus der Pfanne nehmen. Vorbereitetes
150 g	Champignons	Gemüse in Scheiben schneiden, kurz in der Pfanne
4	Toastscheiben, Butter	andünsten, würzen. Toastscheiben mit Butter bestreichen,
200 g	Käse	mit Fleisch und Gemüse belegen. Käse raspeln und auf
	frischer Thymian,	den Toast geben. Auf oberster Schiene bei 250 °C
	Basilikum	überbacken. Toast mit frischen Kräutern bestreut servieren.

Küche aus anderen Ländern: Der Mexiko-Trend

Artikulation:

Anfangsphase: Bilder, Kochbücher über die mexikanische Küche
1. Teilziel: Arbeitsteilige Gruppenarbeit:
- Typisch mexikanische Küche
- Herstellung von Tortilla-Teig
- Vergleich deutsche/mexikanische Küche
- Gestaltung des Essraumes

2. Teilziel: Zubereiten der Kochaufgaben
Schlussphase: Kennzeichen der mexikanischen Küche (Arbeitsblatt)

Lernziele:

Die Schüler sollen …
… neugierig auf Gerichte anderer Länder werden.
… erkennen, dass jedes Land seine landestypischen Gewürze und Nahrungsmittel hat.
… sich trauen, unbekannte Gerichte zu probieren.
… die Gerichte mit bekannten Gerichten vergleichen.

Medien:

Kochbücher (mexikanische/südamerikanische Küche, deutsches Kochbuch), Dekomaterial, Arbeitsaufgaben auf Folie, Rezeptblätter für die Schüler kopiert, Arbeitsblatt

Arbeitsteilige Gruppenarbeit (1. Teilziel)

Aufgabe: Mexikanische Nahrungsmittel und Gemüse

1. Lies den Text genau durch.
2. Unterstreiche die landestypischen Nahrungsmittel und Gewürze.

Die mexikanische Küche hat viele Elemente der Mittelmeerküche mit exotischen Elementen der Indios verbunden. Seit mehr als 6000 Jahren kultivieren die Indianer Mais und Bohnen, was bis heute die wichtigsten Grundnahrungsmittel der mexikanischen Küche sind. Daneben verwendet man Tomaten, Avocados, Kürbisse, Vanille oder Erdnüsse.
Ein Reichtum an 40 unterschiedlichen Paprikasorten bereichert das Angebot, bis hin zu den höllisch scharfen Chilis.

Medien:
Arbeitsaufgabe

Aufgabe: Tortillas

1. Lies den Text und das Rezept für die Tortillas genau.
2. Bereite den Teig für die Tortillas zu.

So beliebt wie in Italien die Pizza sind in Mexiko die **Tortillas**. Tortillas sind knusprig gebratene Fladen aus Weizenmehl oder Maismehl. In Mexiko werden sie zu jeder Tageszeit angeboten.
Je nach Füllung dieser Tortillas entscheidet sich, ob es ein Taco, ein Burrito oder eine Enchilada wird. Gefaltete Maistortillas mit Füllung heißen **Tacos**. Weizentortillas mit Füllung, die bereits gerollt an den Tisch gebracht werden, nennt man **Burritos**. Gefüllte, gerollte und mit Salsa-Sauce gratinierte Maistortillas heißen **Enchiladas**.

Medien:
Arbeitsaufgabe, Rezept „Tortillas" (siehe Arbeitsblatt S. 155)

Aufgabe: Mexikanische Raumdekoration

1. Überlege dir, mit welchen einfachen Mitteln wir unseren Essraum mexikanisch gestalten könnten.

Medien:
Arbeitsaufgabe, evtl. Prospekte aus Reisebüros, Postkarten, Hüte, bunte Stoffe etc.

Aufgabe: Vergleich deutsche-mexikanische Küche

1. Vergleiche die mexikanischen Rezepte mit deutschen Rezepten (z. B. Kartoffelsuppe, Schweinebraten, Pfannkuchen, Hackbraten).
2. Suche typische Nahrungsmittel und Gewürze für die deutsche und mexikanische Küche und trage sie in die Tabelle ein.

deutsche Küche	mexikanische Küche

Medien:
Arbeitsaufgabe, HsB-Mappe mit Rezepten, Kochbücher

Lösungsvorschlag zu S. 155

| Name: | Klasse: 7 | Datum: | HsB | Nr.: |

Mexikanische Küche

Viele Nahrungsmittel und Gewürze, die aus unserer einheimischen Küche nicht mehr wegzudenken sind, stammen aus Südamerika. Erst nachdem der amerikanische Kontinent entdeckt wurde (1492 durch Christoph Kolumbus), kamen sie zu uns nach Europa.
Südamerikanischen Ursprungs sind: Kartoffel, Tomate, Paprikaschote, Mais, Ananas, Banane, Avocado und der Kakao.

Kennzeichen der mexikanischen Küche:

- Scharfe Gewürze, z. B. Chili- oder Cayennepfeffer
- Verbindung von Scharfem mit Süßem
- Viele geschmorte Zwiebeln und Knoblauch
- Mitkochen von Kürbis oder Rosinen
- Verwendung von Mais
- Beliebteste Gemüse sind Bohnen in allen möglichen Sorten
- Hauptgewürz ist Paprika
- Verwendung von Tabasco-Soße
- Salsa = mexikanische Nationalsoße
- Frischer Fisch

| Name: | Klasse: 7 | Datum: | HsB | Nr.: |

Mexikanische Küche

Viele Nahrungsmittel und Gewürze, die aus unserer einheimischen Küche nicht mehr wegzudenken sind, stammen aus Südamerika. Erst nachdem der amerikanische Kontinent entdeckt wurde (1492 durch Christoph Kolumbus), kamen sie zu uns nach Europa.
Südamerikanischen Ursprungs sind: Kartoffel, Tomate, Paprikaschote, Mais, Ananas, Banane, Avocado und der Kakao.

Kennzeichen der mexikanischen Küche:

–
–
–
–
–
–
–
–
–
–

Tortillas

Menge	Zutaten	Zubereitung
500 g 1 EL	Maismehl Öl lauwarmes Wasser	– Mehl und Öl verrühren – langsam zugeben, bis ein fester Teig entsteht; auswellen und mit einer Untertasse Kreise ausstechen – auf einem nicht gefetteten Blech bei 180 °C so lange backen, bis sie braune Flecken bekommen

Kokosnuss-Salat

Menge	Zutaten	Zubereitung
1 Tasse	geraspelte Kokosnuss	– in Wasser einweichen (ca. 15 Min.)
2 Tassen	fein geschnittener Weißkohl	– Weißkohl und Ananas zugeben
1 Tasse	fein gewürfelte Ananas	
½ Tasse 1–2 EL 1 Spritzer	Mayonnaise Tomatenketchup Worchestersoße	– Mayonnaise mit Ketchup und Worchestersoße würzen, über die geschnittenen Zutaten geben
1	grüner Salat	– zum Anrichten

Feuer in der Küche – der Mexiko-Trend

Chili con carne

Menge	Zutaten	Zubereitung
500 g	Rinderfilet oder Hackfleisch	– waschen, in Streifen schneiden
2 EL	Öl	– Fleisch scharf anbraten
2	Zwiebeln	– in Ringe schneiden, mit anbraten
1	grüne Paprika	– waschen, putzen, in Würfel schneiden, mitbraten
200 g	rote Bohnen (Dose)	– in ein Sieb geben, gut kalt abspülen, zugeben
200 g	geschälte Tomaten (Dose)	– zugeben
1–2	Knoblauchzehen	– schälen, pressen, zugeben
$\frac{1}{2}$ TL	Salz	– würzen
1 Prise	Pfeffer	
1 TL	Chilipulver	– pikant abschmecken

Garzeit: 15–20 Min. (zugedeckt garen)

Süßscharfes Hackfleisch

Menge	Zutaten	Zubereitung
2 EL	Öl	– erhitzen
1	Zwiebel	– fein hacken, glasig dünsten
1	Knoblauchzehe	– schälen, zerdrücken, zugeben
500 g	gemischtes Hackfleisch	– zugeben und unter ständigem Rühren anbräunen
4	vollreife Tomaten	– häuten, in Würfel schneiden, zugeben
1 EL	Tomatenmark	– zugeben
$\frac{1}{2}$ Tasse	Petersilie	– fein hacken, zugeben
$\frac{1}{8}$–$\frac{1}{4}$ l	heißes Wasser	– aufgießen
50 g	gehackte Mandeln	– zugeben
8	schwarze Oliven	– schneiden, zugeben
2	ganze Nelken	– zugeben
1 Prise	Zimt	
1 TL	Chilipulver	– würzen
$\frac{1}{2}$ Tasse	Sultaninen	– brühen, zugeben

Garzeit: 30 Min.

1	Zitrone	– Schale in feine Streifen schneiden, zugeben
1	Banane	– in Scheiben schneiden, zugeben

Mazapanes

Menge	Zutaten	Zubereitung
1 Tasse	Butter	– alle Zutaten zusammen gut durchkneten
1 Tasse	Erdnussmasse (vom Reformhaus)	– Kugeln in Größe einer Praline ausformen
		– bei 200 °C ca. 10 Min. backen
1 Tasse	Puderzucker	– zum Aufbewahren in Ölpapier wickeln

Fächerübergreifendes Projekt

Fächerübergreifende Übersicht mit Lehrplanbezug

Arbeit-Wirtschaft-Technik

7.1 Erster Zugang zu betrieblicher Erwerbsarbeit und Beruf
7.1.1 Erwerbsarbeit am betrieblichen Arbeitsplatz
7.1.2 Persönliche Sichtweisen von Arbeit und Beruf

7.3 Schüler arbeiten und wirtschaften für einen Markt
7.3.1 Angebot und Nachfrage
7.3.2 Planung
7.3.3 Beschaffung
7.3.4 Produktion von Waren oder Dienstleistungen
7.3.5 Marketing
7.3.6 Verkauf
7.3.7 Erfolgsanalyse

Erstellen eines Kochbuches mit ausländischen Spezialitäten

Angebot von kostenlosen Probehäppchen

Hauswirtschaftlich-sozialer Bereich

7.1 Planen und Beschaffen
7.1.1 Wirtschaftliches und umweltbewusstes Haushalten
7.1.2 Einschlägige Hilfen beim Lebensmitteleinkauf

7.3 Lebensmittel auswählen und verarbeiten
7.3.1 Lebensmittel vergleichen
7.3.2 Lebensmittel verarbeiten

7.6 Soziale Verhaltensweisen in der Teamarbeit und in Betreuungssituationen
7.6.1 In der Gemeinschaft arbeiten und lernen
7.6.2 Gemeinsame Vorhaben mit ausgewählten Zielgruppen planen und gestalten

7.9 Schüler arbeiten und wirtschaften für einen Markt
7.9.1 Angebot und Nachfrage
7.9.2 Planung
7.9.3 Beschaffung/Auswahl
7.9.4 Produktion von Waren oder Festlegen von Dienstleistungen
7.9.5 Durchführen des Verkaufs oder Handeln im Rahmen der Dienstleistung
7.9.6 Bewerten der Ergebnisse

Projektphasen

1. Projektinitiative
2. Zielsetzung/Planung
3. Produktplanung/Produktionsplanung
4. Durchführung
5. Verkauf
6. Auswertung

Mögliche zusätzliche Fächerverbindung:

Geschichte/Sozialkunde/Erdkunde

7.1 Die Europäisierung der Neuen Welt
7.1.1 Lateinamerika vor 1500
7.1.2 Entdeckungen und Eroberungen

Kommunikationstechnischer Bereich

7.1 10-Finger-Tastschreiben/Texteingabe
7.1.1 Schreibtechnik/Texteingabe
7.1.2 Einschlägige Regeln

7.2 Dokumentbearbeitung/Dokumentgestaltung
7.2.1 Grundfunktionen eines Textverarbeitungsprogramms
7.2.2 Bearbeiten von Dokumenten
7.2.3 Ablegen von Dokumenten und Arbeitsunterlagen in einem Ordner

7.4 Projekt „Schüler arbeiten und wirtschaften für einen Markt" – Erstellen eines Printproduktes
7.4.1 Bedeutung von Printprodukten im Zeitalter elektronischer Medien
7.4.2 Planung
7.4.3 Grundfunktionen eines Layoutprogramms
7.4.4 Erstellen des Printproduktes
7.4.5 Verkauf

Zielsetzung

Projektinitiative und Grobplanung unter der Regie (= Dach) des Leitfaches Arbeit-Wirtschaft-Technik

Die fachpraktischen Fächer bilden die Säulen

Ideenbörse z. B.

(AWT)

Alternativer Bäckerladen
- Berufsbild Bäcker
- Herstellung von Backwaren
- Organisierter Pausenverkauf

Gärtner – ein Beruf für die Zukunft?
- Kräutergarten anlegen
- Kräuterprodukte herstellen und verkaufen

Partyservice zum Schulfasching
- Berufsgruppen, die für einen Partyservice arbeiten (z. B. Konditoren, Köche, Bäcker, Hausfrauen)
- Partyhäppchen herstellen, anrichten und verkaufen

Werdegang eines Buches
- Berufsgruppen rund ums Buch
- Kochbuch herstellen
- Verkaufsaktion mit Häppchen

Zielsetzung
= Entscheidung für diese Projektidee durch die Schüler

Aufgaben festlegen und verteilen/fächerübergreifendes Arbeiten organisieren

Ideenfindung: Als Erstes müssen die Ideen gesammelt werden, die für das Projekt geeignet sind. Das Produkt soll verkauft werden können.
Marktforschung: Mit Hilfe der Marktforschung soll erkundet werden, wie der Bedarf der potentiellen Käufer gegenüber dem Produkt ist. Hierbei muss mindestens erforscht werden, welche Menge zu welchem Preis verkauft werden kann. Sollte das angestrebte Produkt zu wenig Interesse wecken, muss es verworfen und ein neues gefunden werden.
Produktplanung: Innerhalb der Produktplanung muss definiert werden, zu welchen Mengen und zu welchen Kosten das Produkt geplant, produziert und auf den Markt gebracht werden kann. Hierzu sind folgende Einzelpläne nötig: Mengenplanung, Kalkulation, Break-Even-Analyse, Finanzplan, Design, Marketingplan.
Marktentscheidung: Innerhalb dieses Schrittes muss entschieden werden, mit welcher Menge, zu welchen Kosten und zu welchem Preis das Produkt verkauft werden kann. Ein mehrmaliger Rückschritt zur Produktplanung sowie zur kompletten Neufindung ist von den Ergebnissen abhängig.
Vertriebsplanung: Hier werden die Maßnahmen geplant, die den Verkauf durchführen und unterstützen sollen.
Produktion: In dieser Phase werden das Produkt selbst, die Dekoration und der Verkaufsstand hergestellt.

(KtB) **(HsB)**

Troll u. a.: Unterrichtssequenzen Hauswirtschaftlich-sozialer Bereich (7. Jgst. Bd. 1)
© Auer Verlag GmbH, Donauwörth

Projektverlauf

Produkt: Kochbuch mit ausländischen Spezialitäten, Verkaufsveranstaltung mit Probehäppchen

	Arbeit-Wirtschaft-Technik	Kommunikationstechnischer Bereich	Hauswirtschaftlich-sozialer Bereich
1. Projektinitiative	Ideenbörse – Sammeln von Projektideen – Auswählen einer Projektidee – Grobplanung – Marktforschung, Entwurf eines Fragebogens – Durchführung der Marktforschung (evtl. als Hausaufgabe)		Ausländische Küche – Wodurch unterscheiden sich die Rezepte? – Typische Gewürze – Ausprobieren ausländischer Rezepte
2. Zielsetzung/ Planung	Auswerten der Fragebögen Materialliste erstellen Planen des Vorgehens Unterrichtsgang in eine Druckerei (Einkauf, Lagerung, Produktionsablauf, Preisgestaltung, Verkauf, Werbung, Berufe)		Produktplanung – Sammeln und auswählen der Rezepte – Aufstellen einer Lebensmittelliste mit Mengenangaben und Preisangaben (Preise z. B. als Hausaufgabe herausfinden, weitergeben)
3. Produktplanung/ Produktionsplanung	Preiskalkulation Werbung – Möglichkeiten – Ideen realisieren, Grobentwürfe	Texteingabe – Eingabe der Rezepte – Gestalten der Buchseiten	
4. Durchführung	Produktion – Prinzip Fließbandarbei – Fertigstellen des Buches Verkaufsstrategien – Planung der Durchführung – Organisation eines reibungslosen Ablaufs	Dokumentbearbeitung/ Dokumentgestaltung – Korrektur – Gestalten von Rezepttabellen	
5. Verkauf	Durchführung des Verkaufs, Angebot von Probehäppchen		Verkaufsaktion – Herstellen von Probehäppchen – Anrichten und dekorieren – Anbieten, Information am Verkaufstand
6. Auswertung	Abschluss – Nachkalkulation – Bewertung, Verbesserungsvorschläge		

Arbeitsgrundlagen für die Lehrkraft des Leitfachs

Aufstellung der nötigen Schritte zur Umsetzung des Projekts:

- Marktforschung (Fragebogen, S. 161)
- Vorüberlegungen zu Design und Umschlag
- Marketingplan
- Preiskalkulation (Folie, S. 162)
- Gewinn-und-Verlust-Rechnung (Break-Even-Analyse, S. 164)
- Nachkalkulation (S. 164)
- Projektauswertung (Fragebogen, S. 165)

Hinweise zur Marktforschung:

- Bei der Durchführung des Fragebogens zur Marktforschung (S. 161) werden schulische Gegebenheiten hinsichtlich der Rezeptsammlung einzelner Länder berücksichtigt.
- Für die beispielhafte Preiskalkulation wurde ein Bedarf von 50 Büchern zum Verkauf gewählt zuzüglich 3 Freiexemplare für das Gewinnspiel. Es werden also 53 Bücher produziert.

Hinweise zu Design und Umschlag:

- Produktbezogen
- Ansprechend
- Zeitgemäß
- Altersgemäß
- Umweltgerecht

Hinweise zum Marketingplan:

- Ankündigungsphase/Information des Käuferkreises durch Plakat, Marktschreier etc.
- Verkaufsfördernde Maßnahmen: Fähnchen, Gewinnspiel, Häppchen (...)
- Präsentation durch Landkarte, Fotos usw.
- Verkaufsstand
- Dekoration für Tisch und Stand
- Evtl. Marktschreier
- Wechselgeld
- Personaleinteilung/Kleidung

Probleme bei der Projektrealisierung

Besonders für die Fachlehrkraft im Hauswirtschaftlich-sozialen Bereich bringt die Realisierung von Projekten in allen 7. Jahrgangsstufen große organisatorische Probleme mit sich. Da sie oft an mehreren Schulorten eingesetzt ist und die Klassleiter der HsB-Gruppen oft nur selten sieht, ist eine terminliche und inhaltliche Absprache sehr schwierig. Unterrichtet sie gar in verschiedenen 7. Jahrgangsstufen an verschiedenen Schulen, wird sie mit mehreren unterschiedlichen Projektrealisierungen konfrontiert. Die Arbeitsbelastung wird dadurch sehr hoch.

Zudem kann die Zusammenarbeit mit den anderen am Projekt beteiligten Lehrkräften schwierig sein. Stoßen hier unterschiedliche Temperamente, Unterrichts- und Erziehungsstile zusammen, ist die Durchführung eines gemeinsamen Projekts sicher nicht einfach.

Lassen Sie sich von diesen Problemen nicht entmutigen. Die Durchführung eines fächerübergreifenden Projekts ist bestimmt für die Schüler und ganz gewiss auch für die Lehrkräfte eine aufregende Sache. Die Schüler haben die Möglichkeit, komplexe Zusammenhänge praktisch zu erfahren. Der Lernerfolg und die Motivation unserer Siebtklässler, die sich ja in einer schwierigen Entwicklungsphase befinden, wird dieser Unterrichtsmethode Recht geben.

Fragebogen:

Name: _____ Klasse: _____

1. Hast du (deine Familie) Interesse an einem selbst gestalteten Kochbuch mit Spezialitäten aus anderen Ländern?

   ☐ Ja ☐ Nein ☐ Weiß ich noch nicht

2. Würdest du so ein Buch kaufen?

   ☐ Ja ☐ Nein ☐ Vielleicht

3. Wie viel Geld würdest du dafür ausgeben?

   ☐ bis 2,50 € ☐ bis 5,– € ☐ bis 7,50 €

4. Hast du ein tolles Rezept, das du uns zur Verfügung stellen würdest?

   ☐ Ja ☐ Nein

5. Aus welchem Land würden dich Gerichte besonders interessieren?

   Bitte nur zwei Länder ankreuzen!

   ☐ Italien ☐ Spanien ☐ Griechenland ☐ Frankreich
   ☐ China ☐ Russland ☐ Mexiko ☐ Türkei

Gewinnspiel:

Für jedes abgegebene Rezept bekommst du ein Freilos, mit dem du ein Kochbuch gewinnen kannst!
Je mehr Rezepte du ablieferst, desto höher sind deine Chancen, ein Kochbuch zu gewinnen!

Folie: Preiskalkulation

Preiskalkulation

Arbeit-Wirtschaft-Technik
„Wir vergleichen die Kosten für drei verschiedene Herstellungsmöglichkeiten des Kochbuches!"

1. Was/wie viel brauchen wir? _____

2. Wo kopieren wir? _____
   (Schüler erkundigen sich!)

3. **Möglichkeiten der Herstellung:**

a) Pro Buch 25 Seiten kopieren auf Kopierpapier
   Vorder- und Rückseite auf Fotokarton
   Bindung: Geleimter Rücken in der Druckerei/Buchbinderei
   Bedarf:
   Kopierpapier für 53 Bücher: 53 Bücher × 25 Seiten = 1325 Blatt Kopierpapier
   Fotokarton für 53 Bücher: 53 Bücher × 2 Seiten = 106 Blatt Fotokarton
   Kosten:
   1325 Kopien × 0,05 € = _____
   106 Kopien × 0,15 € = _____
   53 Bücher mit geleimtem Rücken × 2,50 € = _____
   _____

b) Pro Buch 25 Seiten kopieren auf Kopierpapier
   Vorder- und Rückseite auf Fotokarton
   Bindung: Plastikbinderücken (Spiralen)
   Bedarf:
   Kopierpapier für 53 Bücher: 53 Bücher × 25 Seiten = 1325 Blatt Kopierpapier
   Fotokarton für 53 Bücher × 2 Seiten = 106 Blatt Fotokarton
   Kosten:
   1325 Kopien × 0,05 € = _____
   106 Kopien × 0,15 € = _____
   53 Bücher mit Plastikbinderücken × 1,10 € = _____
   _____

c) Pro Büchlein 25 Seiten kopieren
   Blätter in einen Schnellhefter abheften
   Vorderseite des Schnellhefters mit Tonpapier gestalten
   Bedarf:
   53 Schnellhefter
   Kopierpapier für 53 Bücher: 53 Bücher × 25 Seiten = 1325 Blatt Kopierpapier
   53 Seiten Tonpapier für die Vorderseite
   Kosten:
   53 Schnellhefter × 0,20 € = _____
   1325 Kopien × 0,05 € = _____
   53 Kopien × 0,15 € = _____
   _____

Wir wählen die Methode für _____
Die Kosten für ein Buch betragen dann _____

Beispielkalkulation der fixen und variablen Kosten

(Dieses Beispiel ist nicht als Kopiervorgabe gedacht.)

Menge lt. Mengenplanung: 50 Stück zum Preis von 3,50 €
zzgl. 3 Stück Freiexemplare (Gewinnspiel)

Fixe Kosten:
Fixe Kosten sind Aufwendungen, die immer und unabhängig von der zu produzierenden Büchermenge anfallen.

Bezeichnung	Stück	Einzelwert in €	Wert in €
Papier/Kopierkosten für die Fragebögen Kleinmaterial Häppchen Verkaufsstand Tischdekoration Fähnchen	300	0,05	
Fixe Kosten GESAMT:			**70,00**

Variable Kosten:
Variable Kosten sind Aufwendungen, die nur durch die zu produzierende Büchermenge anfallen.

Bezeichnung	Stück	Einzelwert in €	Wert in €
Papier/Kopierkosten für das Kochbuch Umschläge (z. B. Schnellhefter, Tonpapier)	1325 53	0,05 0,35	
Variable Kosten GESAMT: Variable Kosten je Buch:		**0,40**	

Da drei Kochbücher für das Gewinnspiel mitproduziert werden müssen, sind die variablen Kosten von drei Büchern zu den fixen Kosten zu addieren.

Fixe Kosten zzgl. Freiexemplare: 70,00 € + 3 × 1,60 € =
Variable Kosten je Buch:

Festlegung des Verkaufspreises:
Gesamtkosten: 74,80 € + (50 × 1,60 €) =
Gesamtkosten für ein Buch: 154,80 € : 50 =
Möglicher Verkaufspreis je Buch:

Gewinn-und-Verlust-Rechnung (Break-Even-Analyse)

Berechnung, ab welcher verkaufter Menge die Gewinnzone erreicht wird:

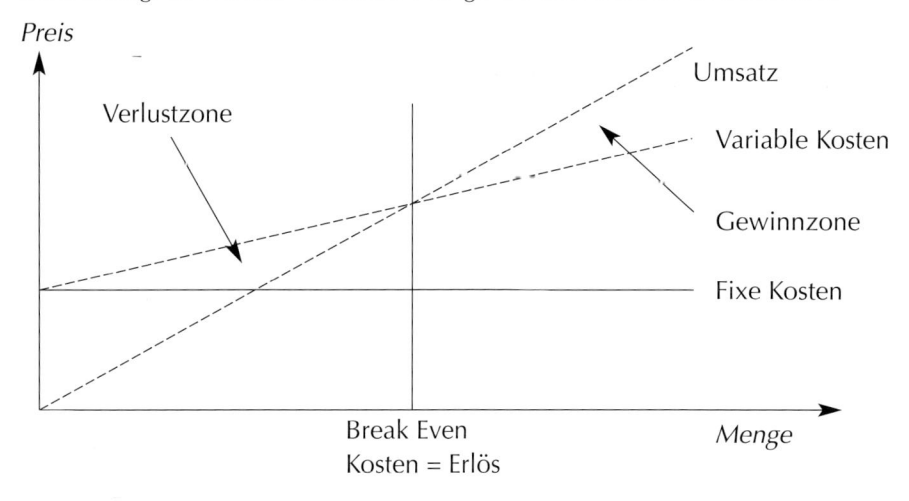

[Diagramm: Preis-Menge-Diagramm mit Verlustzone, Umsatz, Variable Kosten, Gewinnzone, Fixe Kosten, Break Even (Kosten = Erlös)]

Berechnung:
Break Even = Gleichheit Umsatz zu Gesamtkosten
Kostenfunktion: Gesamtkosten = fixe Kosten + variable Kosten × Menge
Umsatzfunktion: Umsatz = Preis × Menge

Preis × Menge	= fixe Kosten + (variable Kosten × Menge)
Preis × Menge − variable Kosten × Menge	= fixe Kosten
Menge × (Preis − variable Kosten)	= fixe Kosten
Menge	= fixe Kosten : (Preis − variable Kosten)
Menge	= 74,80 : (3,50 − 1,60)
Menge	= 39,37 = 40 Stück

Es müssen mindestens 40 Bücher verkauft werden, um in die Gewinnzone zu kommen (= Break Even).

Nachkalkulation

Die Nachkalkulation hat den Sinn, das Projekt zu reflektieren, um den geplanten Ist-Erfolg kontrollieren zu können. Die auf S. 166 angegebenen Werte stellen nur angenommene Zahlen dar. Bei eigener Projektdurchführung sind diese Zahlen durch die eigenen Ist-Werte zu ersetzen.

Bezeichnung	Soll	Ist	Abweichung
Menge Einzelpreis Buch Umsatzerlöse **Kosten:** Papier/Kopierkosten für die Fragebögen Kleinmaterial Häppchen Verkaufsstand Tischdekoration Fähnchen Papier/Kopierkosten für das Kochbuch Umschläge **Kosten Gesamt:**			
Gewinn/Verlust:			

Die Nachkalkulation (s. S. 166) zeigt, dass der geplante Gewinn von 20,20 € nicht erzielt werden konnte. Der Ist-Gewinn beträgt 10,20 € und ist somit um 10 € niedriger als erwartet.

Fragebogen: Projektauswertung

Um den Erfolg des Projekts bewerten zu können, ist eine Reflexion notwendig.

Überlegungen zum Projekt „Kochbuch mit ausländischen Spezialitäten"

Fragen	Bewertung
Hat sich in deiner Klasse durch das Projekt etwas geändert?	Ja ☐☐☐☐ Nein
Hat sich der Arbeitsaufwand für die Herstellung des Buches rentiert?	Ja ☐☐☐☐ Nein
War der Arbeitsaufwand auf alle Schüler gleich verteilt?	Ja ☐☐☐☐ Nein
Würdest du gerne bei einem neuen Projekt mitarbeiten?	Ja ☐ ☐ Nein
Hast du Verbesserungsvorschläge für die Durchführung dieses Projekts? _____ _____	
Welcher Teil des Projekts hat dir am besten gefallen? _____ _____	
War die Zeiteinteilung für dich in Ordnung (oder fühltest du dich unter Druck gesetzt)?	Ja ☐☐☐☐ Nein
Warst du mit unserer Projektplanung zufrieden?	Ja ☐☐☐☐ Nein
Hat sich unsere Werbung auf den Verkauf positiv ausgewirkt?	Ja ☐☐☐☐ Nein
Bist du mit dem Ergebnis unseres Projekts zufrieden?	Ja ☐☐☐☐ Nein
Hast du im Rahmen unseres Projekts einen Beruf gefunden, der dich interessiert? _____ _____	

Lösungsvorschlag zu S. 162

Preiskalkulation

Arbeit – Wirtschaft – Technik
„Wir vergleichen die Kosten für drei verschiedene Herstellungsmöglichkeiten des Kochbuches!"

1. Was/wie viel brauchen wir?   53 Bücher mit je 25 Seiten, einseitig kopiert

2. Wo kopieren wir?   Schule: aufwändiger und teurer
   (Schüler erkundigen sich!)   Copyshop: einfacher und günstiger

3. Möglichkeiten der Herstellung:

a) Pro Buch 25 Seiten kopieren auf Kopierpapier
   Vorder- und Rückseite auf Fotokarton
   Bindung: Geleimter Rücken in der Druckerei/Buchbinderei
   Bedarf:
   Kopierpapier für 53 Bücher: 53 Bücher × 25 Seiten = 1325 Blatt Kopierpapier
   Fotokarton für 53 Bücher: 53 Bücher × 2 Seiten = 106 Blatt Fotokarton
   Kosten:
   1325 Kopien × 0,05 € =   66,25 €
   106 Kopien × 0,15 € =   15,90 €
   53 Bücher mit geleimtem Rücken × 2,50 € =   132,50 €
                                                   214,65 €

b) Pro Buch 25 Seiten kopieren auf Kopierpapier
   Vorder- und Rückseite auf Fotokarton
   Bindung: Plastikbinderücken (Spiralen)
   Bedarf:
   Kopierpapier für 53 Bücher: 53 Bücher × 25 Seiten = 1325 Blatt Kopierpapier
   Fotokarton für 53 Bücher: 53 Bücher × 2 Seiten = 106 Blatt Fotokarton
   Kosten:
   1325 Kopien × 0,05 € =   66,25 €
   106 Kopien × 0,15 € =   15,90 €
   53 Bücher mit Plastikbinderücken × 1,10 € =   58,30 €
                                                   140,45 €

c) Pro Büchlein 25 Seiten kopieren
   Blätter in einen Schnellhefter abheften
   Vorderseite des Schnellhefters mit Tonpapier gestalten
   Bedarf:
   53 Schnellhefter
   Kopierpapier für 53 Bücher: 53 Bücher × 25 Seiten = 1325 Blatt Kopierpapier
   53 Seiten Tonpapier für die Vorderseite
   Kosten:
   53 Schnellhefter × 0,20 € =   10,60 €
   1325 Kopien × 0,05 € =   66,25 €
   53 Kopien × 0,15 € =   7,95 €
                                                   84,80 €

Wir wählen die Methode für 84,80 €
Die Kosten für ein Buch betragen dann 84,80 € : 50 = 1,70 €

Lösungsvorschlag zu S. 163

Fixe Kosten:
Fixe Kosten sind Aufwendungen, die immer und unabhängig von der zu produzierenden Büchermenge anfallen.

Bezeichnung	Stück	Einzelwert in €	Wert in €
Papier/Kopierkosten für die Fragebögen	300	0,05	15,00
Kleinmaterial			5,00
Häppchen			25,00
Verkaufsstand			15,00
Tischdekoration			5,00
Fähnchen			5,00
Fixe Kosten GESAMT:			**70,00**

Variable Kosten:
Variable Kosten sind Aufwendungen, die nur durch die zu produzierende Büchermenge anfallen.

Bezeichnung	Stück	Einzelwert in €	Wert in €
Papier/Kopierkosten für das Kochbuch	1325	0,05	66,25
Umschläge (z. B. Schnellhefter, Tonpapier)	53	0,35	18,55
Variable Kosten GESAMT:			**84,80**
Variable Kosten je Buch:			**1,60**

Da drei Kochbücher für das Gewinnspiel mitproduziert werden müssen, sind die variablen Kosten von drei Büchern zu den fixen Kosten zu addieren.

Fixe Kosten zzgl. Freiexemplare: 70,00 € + 3 × 1,60 € =   74,80 €
Variable Kosten je Buch: 1,60 €

Festlegung des Verkaufspreises:
Gesamtkosten: 74,80 € + (50 × 1,60 €) =   154,80 €
Gesamtkosten für ein Buch: 154,80 € : 50 =   3,10 €
Möglicher Verkaufspreis je Buch: 3,50 €

Lösungsvorschlag zu S. 164

Nachkalkulation

Bezeichnung	Soll	Ist	Abweichung
Menge	50	48	2
Einzelpreis Buch	3,50	3,50	0,00
Umsatzerlöse	175,00	168,00	7,00
Kosten:			
Papier/Kopierkosten für die Fragebögen	15,00	15,20	−0,20
Kleinmaterial	5,00	5,65	−0,65
Häppchen	25,00	23,90	1,10
Verkaufsstand	15,00	15,00	0,00
Tischdekoration	5,00	6,20	−1,20
Fähnchen	5,00	4,00	1,00
Papier/Kopierkosten für das Kochbuch	66,25	67,85	−1,60
Umschläge	18,55	20,00	−1,45
Kosten Gesamt:	**154,80**	**157,80**	**−3,00**
Gewinn/Verlust:	**20,20**	**10,20**	**10,00**

Troll u. a.: Unterrichtssequenzen Hauswirtschaftlich-sozialer Bereich (7. Jgst. Bd. 1)
© Auer Verlag GmbH, Donauwörth

Rezeptverzeichnis

Rezept	Seite
Ananas-Marzipan-Kuchen	51
Äpfel im Vanillemantel	145
Apfelküchlein	144
Banane, gebackene, mit Dattelsahne	115
Basilikumnudeln	95
Bauernsalat, griechischer	56
Beeren-Shake	100
Birnentoast, überbackener	151
Blattsalat mit gebratenen Pilzen	107
Bratäpfel, gefüllte	67
Champignon-Schinken-Risotto	62
Chili con carne	156
Chinapfanne mit Reis	88
Fischfilet mit pikantem Belag	60
Gurken in Dillsahne	26
Hackfleisch, süßscharfes	156
Hirseauflauf mit Bananensoße	124
Kartoffel-Rahmsuppe	134
Käsesoufflé	37
Käse-Wurst-Salat	111
Kirsch-Schokoflocken-Kuchen	52
Kokoskugeln	117
Kokosnuss-Salat	155
Mazapanes	156
Milchkartoffeln, gratinierte	131
Nudelpfanne, bunte	33
Pizzataschen	38
Putenbrust, gebratene, auf Eissalat	104
Putengeschnetzeltes mit Ananas und Reis	87
Quarknockerln mit Erdbeersoße	129
Quarkspeise mit Obst	24
Salatfondue mit Nussdip	74
Salatplatte, bunte, mit Schnittlauchecken	83
Schokocrossies	70
Sesamkartoffeln mit Zucchinitsatsiki	94
Sportler-Drink	100
Toast, überbackener, mit Putenbrust	151
Tomaten mit Mozarella	56
Tortellini in Schinken-Sahnesoße	29
Tortillas	155
Vollkornbrötchen, schnelle	135
Vollkorn-Laugenbrezen	123
Wanda	70

Praxiserprobt und topaktuell: Materialien von Auer!

Unterrichtsvorbereitung schnell und effektiv!

Unterrichtssequenzen Hauswirtschaftlich-sozialer Bereich

Verantwortliches Handeln im integrativen Hauswirtschaftsunterricht

7. Jahrgangsstufe – Band 2
96 S., DIN A4, kart.   Best.-Nr. **4329**

8. Jahrgangsstufe – Band 1
168 S., DIN A4, kart.   Best.-Nr. **2939**

8. Jahrgangsstufe – Band 2
120 S., DIN A4, kart.   Best.-Nr. **4330**

9. Jahrgangsstufe
Mit Materialien für die 10. Jahrgangsstufe
240 S., DIN A4, kart.   Best.-Nr. **2940**

> **Das Autorenteam**
> Christa Troll, Heidi Klapfenberger, Sabine Seiwald, Brigitte Luber, Judith Wimmer, Andrea Höck, Evi Günther, Barbara Rauch

Fachspezifisches Informationsmaterial
Diese Unterrichtssequenzen für Fachlehrkräfte enthalten eine Fülle von Stundenvorschlägen, interessanten neuen Rezepten, Arbeitsblättern, Kopiervorlagen für Spiele und Lernzirkel, die offene Unterrichtsformen ermöglichen.

Aktiver Unterricht – Projektunterricht
Jeder Band beinhaltet viele Projektvorschläge sowohl für einen freien, offenen Unterricht als auch für einen fachgebundenen Unterricht.

Optimale Vorbereitung mit minimalem Aufwand
Mit den Anregungen minimiert sich die Vorbereitungszeit für eine Unterrichtsstunde beträchtlich. Die Materialien entsprechen dem aktuellen Stand der Ernährungsforschung und den neuen Lehrplanvorgaben.

Neue Unterrichtswege beschreiten
Mit neuen Wegen in der Unterrichtsarbeit vermitteln Sie Ihren Schüler/-innen mehr Spaß an der Arbeit im Hauswirtschaftlich-sozialen Bereich der Hauptschule. Mit diesen Materialien sind Sie für alle Jahrgangsstufen optimal gerüstet.
Alle Unterrichtssequenzen können unabhängig von der Einführung eines bestimmten Schülerarbeitsbuches eingesetzt werden!

Auer BESTELLCOUPON Auer

Ja, bitte senden Sie mir/uns

Unterrichtssequenzen
Hauswirtschaftlich-sozialer Bereich

____ Expl. **7. Jahrgangsstufe – Band 2**   Best.-Nr. **4329**

____ Expl. **8. Jahrgangsstufe – Band 1**   Best.-Nr. **2939**

____ Expl. **8. Jahrgangsstufe – Band 2**   Best.-Nr. **4330**

____ Expl. **9. Jahrgangsstufe**
      Mit Materialien für die
      10. Jahrgangsstufe   Best.-Nr. **2940**

mit Rechnung zu.

Bequem bestellen direkt bei uns!
Telefon: 01 80/5 34 36 17
Fax: 09 06/7 31 78
Internet: www.auer-verlag.de

Bitte kopieren und einsenden an:

Auer Versandbuchhandlung
Postfach 11 52
86601 Donauwörth

Meine Anschrift lautet:

_____
Name/Vorname

_____
Straße

_____
PLZ/Ort

_____
E-Mail

_____
Datum/Unterschrift